幼儿园民族文化课程资源开发与指导

邓桦 ◎ 主编

西南大学出版社

图书在版编目(CIP)数据

幼儿园民族文化课程资源开发与指导/邓桦主编. -- 重庆：西南大学出版社,2023.5
ISBN 978-7-5697-1662-7

Ⅰ.①幼… Ⅱ.①邓… Ⅲ.①民族文化-中国-教学研究-学前教育 Ⅳ.①G613.2

中国国家版本馆CIP数据核字(2023)第078173号

幼儿园民族文化课程资源开发与指导
YOU'ERYUAN MINZU WENHUA KECHENG ZIYUAN KAIFA YU ZHIDAO

主编◎邓　桦

责任编辑：王传佳
责任校对：畅　洁
装帧设计：山林意造
排　　版：陈智慧
出版发行：西南大学出版社（原西南师范大学出版社）
　　　　　重庆·北碚　邮编：400715
印　　刷：重庆新生代彩印技术有限公司
幅面尺寸：185mm×260mm
印　　张：12.25
字　　数：290千字
版　　次：2023年5月第1版
印　　次：2023年5月第1次
书　　号：ISBN 978-7-5697-1662-7
定　　价：68.00元

前言

学前教育是国民教育体系的重要组成部分,是终身教育的开端,在教育体系中有着基础性、全民性、先导性的重要地位。学前教育的发展依赖于幼儿园的建设,而课程建设则是幼儿园建设的重要内容。幼儿教师的课程建设意识和能力在课程建设中起着决定性作用。聚焦优质、特色教育资源,提高课程教学质量,促进幼儿的全面发展已逐渐成为幼儿教师教育工作中的重要内容。我国是统一的多民族国家,民族的多样与文化的多元共生共存。优秀的少数民族文化是中华民族文化的重要组成部分,它丰富多彩、内涵深远。将少数民族文化融入幼儿园课程是多元文化社会发展、少数民族文化传承的需要,是推进幼儿园课程建设的需要。

本书以《幼儿园教育指导纲要(试行)》《幼儿园工作规程》《教师教育课程标准(试行)》等纲领性文件为依据,遵循科学性、系统性、实用性和时代性原则,在培养学前教育专业学生的民族文化课程建设意识与能力的基础上,传承民族文化,促进幼儿发展。

本书以云贵川三地特色民族文化与当地学前教育课程融合实践为着眼点,对民族文化融入学前教育课程的理论基础与价值、民族地区学前教育的课程设计等问题进行了深入研究与详细论述。本书注重理论和实践相结合,以理论为基础,以能力构建为重点,以民族地区文化传承与学前教育发展为研究核心,尝试筑造一条民族地区特色课程发展之路。

本书共分为两大篇:理论篇和实践篇。

第一篇:理论篇。该部分包括四章,主要阐述了将民族文化融入学前教育课程的理论基础与价值、民族地区学前教育的课程设计等问题,以期让学生能较为全面地认识在学前教育课程中整合民族文化的重要意义,增强学生的课程建设意识,为今后推动民族文化进校园奠定基础。

第二篇:实践篇。该部分包括三章,以云贵川三地特色民族文化与当地学前教育课程融合实践为着眼点,系统阐述了三地幼儿园民族文化课程实施现状、实施经验,并配以实践案例,以期培养学生的民族文化课程资源开发与实践技能。

此外,本书在每章前设有"学习目标"和"课前思考"板块,旨在帮助学生做好预习工作;每章后设有"课后实践"板块,旨在帮助学生掌握该章的重点和难点。

本书由邓桦主编并负责全书的统稿和修改工作。杨沐林、代晓梦、朱娜、段建菊、陈碧瑛、邓雅文、李楠等同学参与了书稿中的案例汇编工作。

我们衷心希望本书能够成为从事学前教育工作的老师的好帮手和好助理,成为学前教育专业学生、从事民族地区文化传承与学前教育的研究者以及对学前教育感兴趣的人的实用工具书和指导书。本书参考了国内外许多专家、学者的著述,借鉴了其研究成果,引用了一些幼儿园教育实践案例,在此对这些作者表示衷心的感谢!由于编者水平有限,本书错漏之处在所难免,敬请读者给予批评和指正,以使我们不断完善本书后续版本。

编　者

目录

第一篇 理论篇

第一章 绪论 ··· 001
第一节 学前教育的概念与意义 ··· 002
第二节 我国学前教育的目标、任务与原则 ····································· 005
第三节 国内外学前教育发展综述 ··· 007

第二章 民族文化传承与学前教育课程发展的价值分析 ····················· 014
第一节 民族文化传承的当代困境 ··· 014
第二节 民族地区学前教育课程的发展现状及存在的问题 ··················· 016
第三节 在学前教育课程中整合民族文化的意义、面临的问题以及要点 ······ 030

第三章 民族地区学前教育的课程设计 ·· 034
第一节 学前教育的课程要素 ··· 034
第二节 国外学前教育课程模式分析 ·· 042
第三节 民族文化与学前教育课程整合的理论基础 ··························· 057
第四节 民族文化融入幼儿园课程的影响因素 ································· 060

第四章 民族地区学前教育中的五大教育理论与课程研究 ··················· 066
第一节 健康教育与课程研究 ··· 067
第二节 语言教育与课程研究 ··· 070
第三节 社会教育与课程研究 ··· 074

第四节　科学教育与课程研究 ……………………………………………… 077
　　第五节　艺术教育与课程研究 ……………………………………………… 081

第二篇　实践篇

第五章　云南民族文化传承与学前教育课程发展实践 …………………………… 085
　　第一节　云南幼儿园民族文化课程实施现状 ……………………………… 086
　　第二节　云南幼儿园民族文化课程实施经验 ……………………………… 090
　　第三节　云南幼儿园民族文化课程实践 …………………………………… 093

第六章　贵州民族文化传承与学前教育课程发展实践 …………………………… 117
　　第一节　贵州幼儿园民族文化课程实施现状 ……………………………… 117
　　第二节　贵州幼儿园民族文化课程实施经验 ……………………………… 120
　　第三节　贵州幼儿园民族文化课程实践 …………………………………… 122

第七章　四川民族文化传承与学前教育课程发展实践 …………………………… 166
　　第一节　四川幼儿园民族文化课程实施现状 ……………………………… 166
　　第二节　四川幼儿园民族文化课程实施经验 ……………………………… 168
　　第三节　四川幼儿园民族文化课程实践 …………………………………… 169

参考文献 ………………………………………………………………………………… 185

第一篇　理论篇

第一章　绪论

【学习目标】

1. 理解学前教育的概念与意义。
2. 了解我国学前教育的目标、任务与原则。
3. 初步掌握国内外学前教育的发展史。
4. 理解几个典型的学前教育思想及其对我们当前学前教育的启示。

【课前思考】

1. 结合自己的学习经历,分析学前教育的价值和重要性。
2. 思考我国学前教育有哪些原则。
3. 搜集相关文献,了解学前教育机构产生的时代背景。

学前教育是教育的重要组成部分,不仅是每个社会个体一生发展的基础和关键环节,也是建设人力资源强国的奠基工程。本章重点解读学前教育的概念与意义,我国学前教育的目标、任务与原则,国内外学前教育发展综述等内容。

第一节　学前教育的概念与意义

什么是学前教育？学前教育包括哪些类型？学前教育有什么重要意义？本节将带你一起找寻这些问题的答案。在本节中，我们将走近学前教育，认识学前教育，掌握学前教育的概念，感悟学前教育的意义。

一、学前教育的概念

学前教育的概念是从教育的概念中延伸出来的。要明确学前教育的概念，首先应明确教育的概念。广义上讲，凡是增进人们的知识和技能、影响人们的思想品德的活动，都是教育。狭义的教育主要指学校教育，即教育者根据一定社会（或阶级）的要求，有目的、有计划、有组织地对受教育者的身心施加影响，把他们培养成一定社会（或阶级）所需要的人的活动。学校教育的类型有正规教育、成人教育、技术教育、特殊教育、终身教育等。[①]

据此，我们可以对学前教育的概念做出界定。广义的学前教育指所有能增进学前儿童知识、技能，促进其身心发展的活动，包括家庭教育、社会教育和幼儿园教育。狭义的学前教育指幼儿园及托幼机构的教育，是为实现国家教育目标而有目的、有组织、有计划地实施的教育。

二、学前教育的意义

学前教育作为提升国家人力资源竞争力的奠基工程，其重要性不言而喻。科学研究证明：6岁前是人社会化的起始阶段和关键时期，是人的行为习惯、情感、态度、性格等基本形成的时期，在人一生认识能力的发展中具有十分重要的奠基性作用。下文将从学前教育对人的发展的价值、对教育事业发展的价值、对家庭和社会的价值等方面来解读学前教育的重要意义。

（一）对人的发展的价值

学前教育的根本任务是为儿童一生的发展打好基础。学前教育对个体的全面发展具有重要的意义，具体表现在对个体的社会性、人格品质发展和认知发展等方面。

1.对人的社会性、人格品质发展的重要性

社会性、人格品质是个体素质的核心组成部分，它们是在社会化的过程中逐步形成与发展的。学前期是个体社会化的起始阶段和关键时期，在后天环境与教育的影响下，在与

[①] 沈晓莉.刍议学前教育文化内涵的创新策略[J].情感读本，2017(9):38.

周围人相互作用的过程中,婴幼儿逐渐形成最初也是最基本的对人、事、物的情感、态度,奠定了其行为、性格、人格基础。6岁前是人的行为习惯、情感、态度、性格等基本形成的时期,是儿童养成良好社会性行为和人格品质的重要时期。并且,这一时期儿童的发展状况具有持续性影响,其影响并决定着儿童日后社会性、人格的发展方向、性质和水平。同时,儿童在学前期形成的良好的社会性、人格品质有助于儿童积极地适应环境,顺利地适应社会生活,从而有助于他们成长、成才。

儿童社会性、人格的健康发展需要成人提供良好、适宜的教育环境。高质量的学前教育对于儿童社会性、人格的发展具有积极的促进作用。而缺乏良好的学前教育则容易使儿童形成不良的社会性及人格,严重的还可能使儿童产生情感、人格障碍。

2.对人的认知发展的重要性

学前期是人认知发展最为迅速的时期,在人一生认识能力的发展中具有十分重要的奠基性作用。婴幼儿具有巨大的学习潜力,例如:婴儿在3个月大时便能进行多种学习活动,1岁的幼儿能学会辨认物体的数量、大小、形状、颜色和方位。学前期还是个体心理多方面发展的关键期。在这一时期,个体在某些知识经验的学习或行为的形成上比较容易,比如:2~3岁是口头语言发展的关键期,4~6岁是形状知觉形成的关键期,5~5.5岁是掌握数概念的最佳年龄,5~6岁是词汇能力发展最快的时期。同时,学前期还是人的好奇心、求知欲、想象力、创造性等重要的非智力品质形成的关键时期。

处于学前期的儿童虽然发展变化迅速,具有巨大的学习潜力,但是这种发展特点只表明了儿童具有很大的发展可能性。要将这种发展可能性变为现实,需要成人提供适宜儿童发展的良好环境,尤其是良好的教育环境。单调、贫乏的环境刺激和适宜的学前教育的缺乏,会造成儿童在认知方面的落后;而为儿童提供丰富的感性经验并给予积极的引导、帮助和教育,则能够促进其认知的发展。良好的学前教育能使儿童的认知、语言和思维操作等能力发展得更好,并对儿童未来的发展形成长期的、积极的影响。同时,学前教育的质量还直接关系到儿童能否形成正确的学习态度、良好的学习习惯和强烈的学习动机,从而对个体的认知发展和终身学习产生重大影响。

综上所述,通过早期教育状况,在很大程度上可以预测儿童将来的认知、语言和智力发展水平。成人对儿童恰当的关爱、支持、鼓励和引导等,能够在很大程度上促进儿童日后认知与智力的发展。

(二)对教育事业发展、家庭和社会的价值

学前教育不仅对于个体的身心发展十分重要,而且对教育事业的发展、家庭的幸福和社会的稳定与进步也具有重要的作用。

1.对教育事业发展的价值

学前教育作为我国学制的第一阶段,通过帮助学前儿童做好上小学的准备(包括社会适应性、学习适应性、身体素质以及良好的学习与行为习惯、态度和能力等方面),让儿童顺利地适应小学的学习和生活。我国教育部和联合国儿童基金会历时5年合作进行的"幼小衔接研究"发现:学前儿童入小学前的准备工作,包含学习适应方面的准备(如培养抽象思维能力,观察能力,对言语指示的理解能力和读、写、算所需要的基本技能等)以及社会适应方面的准备(如培养任务意识与完成任务的能力、规则意识与遵守规则的能力、独立意识与独立完成任务的能力以及主动性、人际交往能力等)。做好这些准备工作,能够使儿童顺利地实现由学前教育阶段向小学教育阶段的过渡。由此可知,学前教育的质量对于基础教育乃至教育事业的整体发展具有重大影响。

2.对家庭和社会的价值

孩子是否能够健康成长和发展是整个家庭关注的焦点,并且这已成为决定家庭生活是否和谐幸福、影响家庭生活质量的一个关键因素。而家庭又是社会最基本的单位,每一个幼儿都连接着一个或几个家庭,因而学前教育牵动了全社会。

(三)学前教育价值的生理基础

学前教育对于人的发展的价值是学前教育诸多价值中最核心、最根本的价值,学前教育对于教育事业发展、家庭和社会的价值都是以这一价值为中介来实现的。学前教育对人的发展的价值有其生理基础,其中,最重要的生理基础是人脑的发展。

脑的发展是人的心理发展的自然物质基础。学前期是人一生中脑的形态、结构和机能发展最为迅速的时期。脑的形态和结构,如脑重的增长、大脑皮质的发展直接决定脑机能的发展,而脑机能的发展又反过来影响脑结构的发展。

脑电图可以反映大脑机能的发展状况。出生后5个月是脑电活动发展的重要阶段,脑电逐渐皮质化,伴随产生皮质下的抑制;1~3岁期间,儿童脑电活动逐渐成熟,主要表现为安静觉醒状态下脑电图上的主要节律的频率有较大提高,脑电图也复杂化;在4~20岁这个年龄段中,脑功能发展存在两个明显的加速期,第一次即在5~6岁左右,第二次是在13~14岁左右。两次明显加速的发展使个体脑的机能在一定程度上呈现出一个"飞跃"。

脑的结构和机能在学前期的发展并非处于一种自然的状态,而是在很大程度上受到环境和教育的影响与制约,大脑在学前期具有巨大的可塑性。

脑生理学研究揭示,儿童脑重的增加并不只是脑细胞大量增殖的结果,更是脑细胞生长的结果,即神经纤维分支增多、变粗和长度伸长的结果。脑细胞的生长自6个月开始一直持续到青春期,而丰富的环境刺激是促进脑细胞迅速生长的重要条件。丰富的环境刺激可以促进脑的发展,而适宜的早期教育是促进脑充分发育和完善的最有效的环境刺激因素。可见,学前教育对个体的发展和国民素质的提高具有重要而长远的作用是有其生理基础的。

以脑生理、心理研究为主要内容的儿童早期心理和教育研究的深入,使人们对于学前教育的重要性的认识不断地提高和深化。加强儿童早期教育,为每一个儿童创造受高质量学前教育的机会,正成为世界各国教育改革与发展的一个重要方面。

第二节 我国学前教育的目标、任务与原则

如上所述,学前教育是基础教育的重要组成部分,为幼儿的终身发展奠定了良好的基础,对于教育事业、家庭和社会的发展也具有重要的作用。基于此,学前教育在各国越来越受重视。就我国而言,学前教育的普及程度不断提高,越来越多的人走进了幼教行业。作为一名幼儿教育工作者,明确学前教育价值的同时,还需掌握我国学前教育的目标、任务与原则。学前教育的目标、任务与原则是进行保教工作的基本指南,关系到幼儿身心健康发展和国家学前教育事业的发展。

一、我国学前教育的目标

中华人民共和国教育部2016年颁布实施的《幼儿园工作规程》在第一章第三条中规定:"幼儿园的任务是:贯彻国家的教育方针,按照保育与教育相结合的原则,遵循幼儿身心发展特点和规律,实施德、智、体、美等方面全面发展的教育,促进幼儿身心和谐发展。"第一章第五条对幼儿园保育和教育的主要目标做了详细说明:促进幼儿身体正常发育和机能的协调发展,增强体质,促进心理健康,培养良好的生活习惯、卫生习惯和参加体育活动的兴趣;发展幼儿智力,培养正确运用感官和运用语言交往的基本能力,增进对环境的认识,培养有益的兴趣和求知欲望,培养初步的动手探究能力;萌发幼儿爱祖国、爱家乡、爱集体、爱劳动、爱科学的情感,培养诚实、自信、友爱、勇敢、勤学、好问、爱护公物、克服困难、讲礼貌、守纪律等良好的品德行为和习惯,以及活泼开朗的性格;培养幼儿初步感受美和表现美的情趣和能力。

学前教育目标可以从以下两个方面来把握:

其一,在人的素质发展的顺序结构上,学前教育目标充分考虑幼儿身心发展的年龄特

点,把"体"放在首位,形成体、智、德、美的顺序结构,而有别于其他年龄阶段德、智、体、美的顺序结构。一方面因为在人一生发展的所有阶段中,婴幼儿阶段的生命最脆弱。另一方面因为在幼儿阶段,身体的正常生长发育与机能的健全发展是其他各方面发展的基础。所以,保护幼儿的生命与健康,增强他们的体质,是学前教育最基本的任务。

其二,体、智、德、美各个方面的发展要求反映了幼儿身心发展的特点与可能性。例如,在智育方面,强调了发展幼儿正确运用感官和运用语言交往的基本能力,反映了幼儿阶段认知活动的发展特点。0~5岁是幼儿口头语言发展的重要时期,同时,各种感知觉是幼儿认识周围环境的基本手段。发展感知觉能力与运用语言交往的能力应该成为幼儿智育的重要内容。在德育方面,从萌发幼儿"爱"(包括爱祖国、爱家乡、爱集体、爱劳动等)的情感入手,重视幼儿良好性格和习惯的培养,这符合幼儿身心发展的可能性和他们实际生活的需要。

二、我国学前教育的任务

我国学前教育有以下三方面任务:

第一,促进学前儿童身心和谐发展。坚持保育与教育相结合的原则,对幼儿实施体、智、德、美诸方面全面发展的教育,促进其身心和谐发展。

第二,为家长提供便利。学前教育机构不仅是一个教育机构,也是一个社会服务机构。幼儿园与家长共同担负着教育幼儿的任务,因此,在促进幼儿身心发展的同时,幼儿园要为幼儿的家长提供一定的便利条件。

第三,为儿童入小学做好准备。做好幼小衔接工作,可以提高基础教育的质量。

三、我国学前教育的原则

(一)教育要适应每一名幼儿

教育要适应每一名幼儿,这是我国学前教育最基本的原则。幼儿能否适应学前阶段的教育,直接关系到学前教育的成效。因而,应注重研究每个幼儿的特点,然后进行有针对性的教育,以提高幼儿对学前教育的适应性。

(二)促进思维发展

学前教育一方面要适应幼儿的思维发展水平,另一方面要帮助幼儿掌握越来越复杂的思维方法,促进其思维发展。要让幼儿多接触实际事物,在观察事物的过程中培养其集中、分类、比较等思维能力,鼓励幼儿多角度地思考问题。

(三)自主发展

真正的教育并不是强加于人的。幼儿在成人的指导下,通过加工各种知识、经验,在头脑中建构自己的世界。因此,要十分重视激发幼儿的好奇心和求知欲,培养幼儿广泛且持久的兴趣。这是幼儿自我教育的动力。

(四)重视能力培养

应该让幼儿依靠自己的努力去发现周围五彩缤纷的世界,逐渐丰富感性知识。知识只有成为智力活动的内容与基础才是活的、有用的。因而,教师不应该只向幼儿灌输知识,也要注意发展幼儿的注意力、感知觉能力、观察力、记忆力、想象力、推理力、言语能力和审美能力等。

(五)教育面向未来

学前教育不可能为幼儿解决未来的问题。但是,学前教育必须考虑怎样才能使幼儿更好地适应未来的生活。因而,学前教育重要的内容之一便是培养幼儿的创造力。教师应该引导幼儿进行创造性思考,发现幼儿的新想法并鼓励、帮助他们去践行。

(六)人格平衡发展

促进幼儿全面、和谐发展,形成良好的个性,是学前教育的重要任务之一。学前期是幼儿个性形成的重要时期,学前教育应为幼儿未来的人格形成打下基础,使之均衡发展。幼儿的个性是在社会团体中,依靠集体的力量得到发展的。幼儿的自我只有在与他人的自我相互作用中,才能得到发展。因此,教师在给予幼儿个人活动机会的同时,还要给予他们参加社会活动的机会,培养他们社会交往的能力。

第三节　国内外学前教育发展综述

学前教育是终身教育的起点,是基础教育的基础。把握国内外学前教育的产生背景和发展趋势,有助于我们抓住学前教育发展的机遇,有助于我们解决当前学前教育面临的问题。

一、我国学前教育的产生及发展

在我国,具有公共教育性质的、有组织的学前教育是在近代产生的。

(一)我国学前教育的产生

我国的学前教育是在近代复杂的历史和社会背景下产生的。1840年之后,西方的教育思想在我国得到传播。1904年,清政府颁布《奏定学堂章程》,是年为癸卯年,亦称"癸卯学制"。癸卯学制的颁布标志着学前教育第一次被正式纳入国家学制。癸卯学制还确定了学前教育机构的名称——蒙养院。需要指出的是,癸卯学制亦有缺陷,它并没有承认和确定女子教育的地位。由此可见,中国最初的正式学前教育带有浓重的半殖民地半封建色彩。

(二)我国近现代学前教育的发展

我国近现代学前教育的发展与特定的历史、社会背景密切相关。下文将结合具体的时代背景,对我国近现代学前教育的发展状况进行阐述,以便进一步梳理和总结影响学前教育发展的因素。

1.清末与民国时期的学前教育

鸦片战争后,西方的各种教育理论对中国的教育产生了深刻影响,学前教育作为近现代教育体系中的一部分,自然也被影响。同时,我国教育学家以及众多一线教育工作者也意识到了外来理论的本土适应性问题。他们从实践出发,对近现代学前教育的中国化和科学化进行了艰难的探索。在众多外国教育理论中,杜威的实用主义教育学说在中国备受青睐。我国教育工作者将该学说结合实际,创造了中国化的教育理论。如"生活教育"理论、"活教育"理论以及"行为课程"理论等,都源于杜威的实用主义教育学说。

(1)"生活教育"理论

"生活教育"理论是陶行知先生教育思想的核心。生活教育就是以生活为中心的教育。"生活教育"理论包括三个基本观点。

①生活即教育。"生活即教育"是"生活教育"理论的核心。真正的生活教育是"以生活为中心的教育"。教育与生活是同一过程,教育含于生活之中,教育必须和生活结合才能发生作用。"生活即教育"所说的"生活",是整个自然界和人类社会生活的总体,是人类一切实践活动的总称。"生活即教育"不是说生活等同于教育,而是说教育离不开生活,生活离不开教育。

②社会即学校。"社会即学校"主张学校教育的范围不能局限在书本中,还应扩大到大自然、社会和群众生活中,向大自然、社会学习,使学校教育和改造自然、改造社会联系紧密。要让社会的每一个角落、每一个地方、每一个生活单位都担负起学校的职能,把整个社会作为一个大学校。同时,学校必须突破"围墙"之限,与整个社会联系起来,实行开放式办学,以充分发挥教育的作用。"社会即学校"主张真正把学校放到社会大环境中去,让学校不再是社会生活的附属部分,而是视其为社会生活的必需。

③教学做合一。"教学做合一"是非常具有针对性的。当时的教育界普遍存在着"以教师为中心,以教为中心"的现象,反对以"教"为中心,主张"教学做合一",这就从教学方法

上改变了教、学、做的分离状态,克服了书本知识与生活实践脱节、理论与实际分离的弊端,是教学法上的一大改革。

(2)"活教育"理论

"活教育"理论由陈鹤琴于1940年提出,是他在江西省立实验幼稚师范学校经过7年的教学实践建立的一个教育理论体系。要了解儿童心理,认识儿童,才能谈教育儿童,这是"活的教育",而不是死的教育。书本主义的教育就是死的教育。人们需要活的教育,方法是活的,课本也是活的。"活教育"理论倡导尽量利用儿童的手、脑、口、耳、眼睛,打破"只用耳朵听,眼睛看,而不用口说话,用脑子想事"的教育模式。"活教育"理论倡导以爱、以德来感化儿童,一切设施、一切活动都要以儿童为中心;强调做中学,做中教,做中求进步;主张儿童自定法则来管理自己;强调教育的目的是培养儿童做人的态度,使其养成优良的习惯,发现内在的兴趣,获得求知的方法,训练人生的基本技能。

(3)"行为课程"理论

"行为课程"的基本特征在于体现了"生活就是教育"。所以,"行为课程"首先注意的是实际行为,在生活中能够让儿童实际做的事情都应该让儿童去做。儿童在行动中获得直接经验,这样的经验对儿童发展才更有价值。课程是经过选择的有价值的经验,是儿童直接的、实际的行为和活动。"行为课程"理论对当今幼儿教育课程改革有着重要的影响。

2.中华人民共和国成立至改革开放前的学前教育

中华人民共和国成立之后,学前教育经历了全面的社会主义改造。1951年10月,中央人民政府政务院颁布《关于改革学制的决定》,规定实施幼儿教育的组织为"幼儿园",确立了幼儿园教育制度。幼儿教育成为社会主义教育事业的重要组成部分。我国的幼儿教育机构的名称也正式更名为"幼儿园"。

3.改革开放后的学前教育

改革开放以来,除了幼儿园综合教育研究对我国学前教育有重要的影响以外,素质教育对我国学前教育也有重要的影响。素质教育的概念是在反对"应试教育"的背景下提出的,它是对传统的应试教育的一种否定和革新,它要求教育应当与社会和文化的迅速变革相适应,要求教育应当主动顺应现代社会的人才观念。素质教育的研究影响了学前教育,同时,学前教育的研究也为素质教育思想的进一步发展提供了素材。

(三)中国学前教育的发展现状

随着现代社会文明的飞速发展,党和国家日益重视学前教育,我国的学前教育事业也取得了新发展、新提高。适龄幼儿的入园率不断提高,幼儿园的保教质量逐步提升。教育部先后下发的《幼儿园管理条例》《幼儿园工作规程》《幼儿园教育指导纲要(试行)》等一系列重要的规章制度,对有效转变广大幼儿园教师的教育观念,规范和指导幼儿园保育教育工作发挥了重要作用。"以幼儿为本"的教育理念正在成为所有幼儿教育工作者的共识。

然而,我们必须看到与这些成就共存的问题。从现状来看,我国学前教育在满足幼儿、幼儿家庭和社会的需求方面仍然存在诸多问题:城乡学前教育质量差距较大,教师专业水平偏低,学前教育小学化倾向十分严重,家长的学前教育观念与教育方式存在诸多误区,全社会的教育观、儿童观、发展观比较混乱,等等。

二、国外学前教育的产生、代表人物及其理论

国外学前教育的理论与实践对我国学前教育的发展有着深刻的影响,因此有必要了解国外学前教育的产生背景、代表人物及其理论。

(一)国外学前教育的产生

具有公共教育性质的学前教育是机器大工业发展的产物。由于工业大革命最早产生于西方,具有公共教育性质的学前教育也最早诞生在西方。

1816年,英国空想社会主义者罗伯特·欧文在苏格兰的纽兰纳克创办了第一所幼儿学校,目的是谋求儿童特别是社会下层出身的儿童的生存、健康和幸福。这是欧洲最早的幼儿教育机构。

1837年,德国幼儿教育家福禄培尔开办了一所幼儿教育机构,后来将其命名为"幼儿园(kindergarten)",专收3~7岁的儿童。"kindergarten"字面意思为"儿童花园",将幼儿园喻为花园,幼儿喻为花草,教师喻为园丁,寓意儿童的发展犹如植物的成长。而今,幼儿园(kindergarten)已成为幼儿教育机构的专用词并传遍全球。

幼儿教育机构的产生,标志着幼儿教育不再仅仅存在于家庭之内,还可以存在于家庭之外,意味着社会组织化的学前教育产生了。

(二)国外学前教育发展的代表人物及其理论

从对儿童早期教育价值的发现,到学前教育机构的创办,学前教育不断得到发展,并被社会所认同。推动学前教育发展的重要教育家有以下几位。

1.夸美纽斯

夸美纽斯(1592—1670),捷克著名的教育家。他相信教育可以使种族得到更新,因此,儿童不论贫富贵贱、不论男女都应受到教育。教育必须从幼年开始并顺应自然规律。他在自己的著作《母育学校》中提出了自己的学前教育思想,首次为6岁之前的儿童的教

育提出了详细的教学大纲。他认为,学前教育应当在家庭中进行,家庭就是母育学校,母亲就是母育学校最好的教师。这一阶段的儿童所接受的应当是简易的实物课程。

夸美纽斯具有丰富的儿童教育思想,其中许多仍具有现代意义。他是第一个提出"班级授课制"的人。之后的福禄培尔、卢梭和裴斯泰洛齐等关于学前教育的观点,都可以在夸美纽斯的著作中找到初步的论述。可以看出,夸美纽斯对后世的教育是很有影响力的。但是,他主张的母育学校仅仅停留在家庭教育上,公共的、社会化的学前教育并没有在他的理论观点中体现出来。

2. 卢梭

卢梭(1712—1778),法国启蒙思想家、教育家。卢梭的教育思想主要集中在他的教育著作《爱弥儿》中。卢梭对儿童教育的贡献首先是"儿童的发现"。他认为,儿童有自己独特的生活,儿童期有独特的发展规律,具有独立存在的价值,而并非单纯地为成年生活做准备。卢梭的另一个贡献是,强调教育应顺其自然,反对拔苗助长。他认为,教育的首要目的就是保护儿童善良的本性,主张教育要与儿童天性的自然发展一致。他自称这种教育为"否定教育"。"否定教育"并非不要教育,而是尊重儿童的天性,顺应儿童的发展需要。他的"否定教育论"对后世学前教育学基本观念的建构具有十分重要的意义。杜威对卢梭的教育理论推崇备至。

3. 福禄培尔

福禄培尔(1782—1852),德国著名的幼儿教育家,幼儿园的创始人。他曾研究过夸美纽斯的《母育学校》,认识到当时许多家庭的母亲没有充足的时间教育子女,而且也没有受过专门的训练,不可能做好教育工作。于是,1837年,他在德国的勃兰登堡建立了一所教育机构,专收3~7岁的儿童。1840年,福禄培尔把这所教育机构命名为"幼儿园"(kindergarten),并制定了幼儿园游戏和作业的内容与方法。

福禄培尔认为,幼儿园的任务是发展儿童的体格,锻炼儿童的外部感觉器官,使儿童在游戏和活动中认识人与自然,为未来的学习做准备。他认为,游戏是儿童认识世界的工具,是儿童快乐生活的源泉,最能表现和发展儿童的积极性和创造性。他的主要著作是《人的教育》。

福禄培尔对学前教育的贡献是开创性的。他是教育史上第一个建立了较为完备的学前教育理论体系的人。他明确提出了幼儿园的任务,建立了游戏的理论体系,制作了一系列的玩具(福禄培尔制作的玩具被称为"恩物"),提出了一套作业体系和教育方法。他积极宣传幼儿教育思想,培养了很多幼儿园教师。他认为教育方法有三种:第一种是让儿童在自由、自主的环境中发展;第二种是让儿童在游戏中发展;第三种是充分利用恩物,让儿童在操作恩物中发展。

4. 杜威

杜威(1859—1952),美国教育家,也是20世纪影响力最大的教育家。他主张"儿童中心论",即主张以儿童的需要为中心,要把教育的重心从学科知识的传授转移到儿童需要的满足上。但是杜威并不一味地鼓吹儿童中心论,他也关注到了社会的现实需要。

杜威认为,教育即生长,教育即生活,教育即经验的改造。他认为,教育应当以儿童的本能、能力为起点,应当让儿童充分地表现自己的生命力;儿童的本能和能力的生长是通过其经验的不断更新、改造而实现的;儿童本能的生长、发展及经验的改造过程表现为社会性的活动,也就是生活。因而,"教育即生长""教育即生活""教育即经验的改造"三者是相互联系、密不可分的。在此基础上,杜威建立了"以问题为中心"的课程体系,其中心观点就是"做中学"。

5. 蒙台梭利

蒙台梭利(1870—1952),是意大利著名的幼儿教育家,也是意大利第一位女医学博士,是世界上第一位杰出的女性学前教育家。蒙台梭利早年受过良好的家教,1896年从医学院毕业后,留校任精神病临床助理医师,并专门研究儿童的疾病。在当时,不论是身心有残缺的低能儿,还是患有精神病的孩子,都集中住在一间像牢房一样的屋子里。管理他们的妇女的态度也很糟糕。室内既没有玩具或教具,也没有一样能拿一拿、动一动的东西,更没有任何可以供儿童活动的空间。出于同情,她考察、研究了这些儿童,意识到他们身心的缺陷不仅是医学上的问题,更主要的是教育上的问题。因此,她立志成为一名教育家。

作为一位医学博士,在多年的缺陷儿童教育过程中,她一边研读前辈的著作,一边在实践中探索,终于形成了自己的教育原理,并摸索出了一套行之有效的幼儿教育方法。对缺陷儿童教育的成功给了她新启示:既然缺陷儿童通过教育能够达到正常水平,那么正常儿童通过训练和教育可以达到更高水平。20世纪初,她在罗马建立了第一所"儿童之家",把自己摸索出的缺陷儿童教育方法运用到正常儿童的教育当中,成效十分显著。随后,蒙氏教育法遍及欧洲大陆并走向世界。

蒙台梭利对儿童有深刻的认识,她认为儿童先天具有"吸收性心智",即儿童有一种自动成长的冲动,成人应充分尊重儿童成长的本能需要,充分发挥儿童活动的自由和学习的主动性,为儿童提供有准备的环境,以顺应和推动儿童内在的发展。她还认为,儿童具有成长的"敏感期"。成人要抓住儿童成长的各方面的敏感期,适时推动儿童的发展,"敏感期"错过后再想补救是很困难的事情。

上述几位教育家不仅对西方学前教育做出了巨大贡献,并且对我国学前教育理论的发展与实践探索也产生了深远影响。

【课后实践】

1. 简述学前教育的内涵和意义。
2. 作为一名幼师,在具体的教学实践中,该如何把握学前教育的目标、任务和原则?尝试举例说明。
3. 简述我国学前教育的发展历程。
4. 如何理解福禄培尔的游戏理论对当代学前教育的启示?

第二章　民族文化传承与学前教育课程发展的价值分析

【学习目标】

1. 了解传承民族文化的当代困境。
2. 明了民族地区学前教育课程的发展现状及存在问题。
3. 掌握民族地区学前教育课程实施的发展对策。
4. 知道在学前教育课程中整合民族文化的重要意义。

【课前思考】

1. 结合自己的教学实践，分析民族地区民办幼儿园的发展困境。
2. 在多元文化语境下，如何理解幼儿园开展民族文化教育的必要性？
3. 如何将民族文化融入幼儿园的教育教学活动中？

我国是一个统一的多民族国家，民族的多样性与文化的多元性并存。各民族的优秀文化是中华民族文化的重要组成部分，它多姿多彩、内涵丰富，是一笔宝贵的精神财富。本章重点解读民族文化传承的当代困境、民族地区学前教育课程的发展现状及存在问题、在学前教育课程中整合民族文化的意义。

第一节　民族文化传承的当代困境

我国历史悠久，民族众多，在漫长的历史长河中，各族人民创造了丰富多彩、绚丽多姿的民族文化。少数民族文化作为中华民族文化的重要组成部分，其传承与发展具有重要的理论意义和现实意义。但随着市场经济和现代化建设的快速发展,我国少数民族文化资源受到了严重的冲击,传承现状令人担忧。本节将带你一起了解少数民族文化传承的当代困境,以期共寻发展与传承之路。

一、少数民族文化传承现状堪忧

我国是一个由56个民族组成的统一的多民族国家,各民族在长期的历史发展过程中创造和积淀了丰富而独特的文化,共同为中华民族的形成和发展做出了杰出的贡献。每一种民族文化都是中华民族文化宝库中的重要组成部分,任何一种民族文化的消亡对于中华民族来说都是不可弥补的损失。可以说,一个民族的文化传承决定着这个民族的命运。

长期以来,少数民族文化的主要传播途径是日常生活中耳濡目染、口传身授、口传心记。在传统生活条件下,各少数民族的生存空间相对封闭,生活方式也相对简单,民族歌舞、节日等成为民族成员娱乐与交往的重要方式和载体。各少数民族儿童从小就沐浴在这种民族文化氛围之下,接受民族文化的熏陶,也就自然而然地习得了本民族的文化。

随着科技、交通、信息技术的发展,经济全球化进程的加快,我国的社会生活和文化生态发生了巨大的变化,少数民族文化正面临着前所未有的现代文化、外来文化和市场经济的全面冲击,少数民族文化在青少年中的传承断层现象日益严重,保护和传承优秀的少数民族文化势在必行。

文化的多样性是人类社会进步的象征,是人类生活丰富多彩、充满活力的源泉。因而,人类应该尽量保护各民族优秀的文化遗产,保留人类几千年创造的文化的多样性,而传承和弘扬优秀的少数民族文化,保护文化多样性的关键在于找到有效的途径。[①]由于经济全球化、现代化和市场经济的冲击,民族文化传承的场域遭到破坏乃至瓦解,其传承民族文化的功能性越来越弱。而少数民族地区的学校教育具有双重性特征,即少数民族地区的学校教育在向少数民族学生传授现代科学文化知识的同时,还承担着保存、延续和创新少数民族文化的历史使命。

综上所述,如何更好、更广泛地将少数民族文化纳入学校教育的课程与教学中,为少数民族文化构建一个稳定、系统的传承机制,使得少数民族文化的传承拥有一个可靠的途径,是一个亟待解决的问题。

二、民族地区学校课程适应性有待提升

民族教育是我国教育的一个重要组成部分和薄弱环节,其发展状况直接影响整个国

[①] 赖艳妮.传承与创生:少数民族文化与基础教育课程整合研究——以龙胜各族自治县M校为例[D].桂林:广西师范大学,2014:1.

家教育的发展进程。由于国家的重视,我国民族教育已有了很大的发展,但与发达地区的教育相比,仍显落后。20世纪90年代初,随着九年义务教育的推进,民族教育中存在的问题变得突出:一方面,少数民族学生入学率低、辍学现象严重;另一方面,教育教学质量严重滞后于当地经济、文化发展对各民族人才的需求,学生个体全面发展没有很好地实现。人们在寻求解决办法时,把矛头指向了学校课程,认为单一文化课程所造成的课程不适应性是主要的原因。民族教育除了具备一般教育的特征外,因其受少数民族地区自然、历史、社会、文化等因素的影响,又表现出鲜明的特殊性,而这种特殊性的重要载体与表现形式是课程。但是,我国民族地区长期以来没有充分考虑民族地区特有的文化境脉和少数民族学生的心理特点,忽略了学生之间的差异,致使课程文化与学生的文化背景出现割裂,从而阻碍学生对课程的理解与适应。而且,单一性文化课程也导致少数民族学生无法获得均等的教育机会,这极不利于少数民族学生的发展。

多元化是现代社会发展的趋势之一,课程的发展也应体现社会文化的多样性。因而,在新课程改革中如何吸收少数民族文化的精华以构建有民族特色的课程体系,使课程反映少数民族群体的声音,使少数民族文化得到有效传承的同时创生课程,增强课程对民族地区的适应性,成为摆在人们面前的一个迫切需要解决的问题。

第二节　民族地区学前教育课程的发展现状及存在的问题

学前教育是幼儿终身学习的开端和后继学习的基础。学前教育课程作为实现学前教育目标的主要载体,直接关系到幼儿的成长和学前教育的发展,因此,学前教育课程的科学化一直是我国课程改革的焦点,学前教育课程的发展与变革更是贯穿于学前教育发展过程的始终。本节立足于民族地区学前教育发展的现实需要,重点解读了民族地区学前教育课程的发展现状及存在的问题,并就"如何发展民族地区学前教育课程"问题展开了深入探讨。

一、民族地区学前教育课程的发展现状

基于民族地区的现实情况,下文将从幼儿园课程开设情况、教育者对课程的理解及其教育观、家长对课程的理解及期望、民族文化课程资源开发情况四个方面来阐述民族地区学前教育课程的发展现状。

(一)幼儿园课程开设情况

民族地区学前教育课程的开设都以中华人民共和国教育部颁布的《幼儿园工作规程》

和《幼儿园教育指导纲要(试行)》为指南,课程设置主要参照发达地区幼儿园课程并由园长或主管学前教育的直接领导(小学校长)决定,教育局主要起监督指导作用。由于学前教育是非义务教育,幼儿园及学前班的具体事务由园长或小学校长负责。目前,民族地区学前教育课程形式主要为分科课程,科目之间根据实际需要有一定的交叉。幼儿园环境布置普遍简单划一,环境等潜在课程没有受到重视。在课程安排上,存在一刀切的现象,不同班级间少有区分,且过于程式化。具体来说,针对不同年龄的幼儿,各个科目的数量安排没有梯度,无法体现幼儿能力发展的侧重点。而且,课时安排也都一样,没有体现出差异性。

无论是幼儿园还是学前班,都有教材,且教材种类繁多、版本不一。教材是由园长或小学校长负责选择或定制的,有些能结合实际需要,有些是模仿别人,但总的来说,教师的选择权是有限的,这在很大程度上降低了教材的适宜性。

(二)教育者对课程的理解及其教育观

园长是幼儿园的引领者,其教育理念及办学态度直接关系幼儿园的发展方向。园长对课程的理解直接关系教材的选择、对教师行为的评价,也直接影响幼儿园的管理方式及风格。而教师是幼儿园课程的主要实施者,其课程观、教育观直接关系教育活动的实际效果。

1.教育者对课程的认识

在对课程的认识上,大部分教师认为课程是幼儿的活动和经验。这说明多数幼儿教师的课程观有了变化,对课程的理解已不局限于教材,能从幼儿的活动中领悟课程的内涵。这就把幼儿置于课程的主体地位,幼儿已不是一个被动的接受者,而教育者的任务也随之发生变化。

也有教师认为课程是幼儿园所设科目,如体育、语言、常识、计算、音乐、美术等。这说明目前还有不少教师对幼儿园课程的理解比较狭隘,把课程局限于所设科目。[1]在这一认识基础上,课程实施的主要任务就是给幼儿传授知识,完成每门科目的教学任务,其出发点不是考虑幼儿的实际和需要,而是关注教学内容完成与否。

2.教育者对教材的看法

教材又称教科书,是以文字和图形等语言符号反映一定的课程内容的教学用书。教材是课程内容的直接载体,是民族地区学前教育课程内容的主要来源,选择适合本地幼儿的教材是提高教育质量、实现学前教育任务和目标的关键。

民族地区幼儿园和学前班都有教材。教材一般是由幼儿园园长或学前班负责人(小

---

[1] 李晓梅.基于民族地区幼儿园课程实施现状的思考——以张家川回族自治县为例[D].兰州:西北师范大学,2008:3.

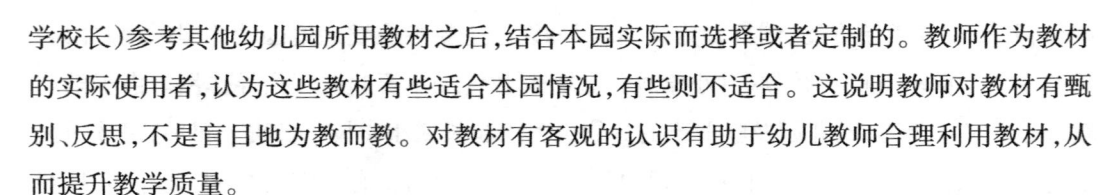

学校长)参考其他幼儿园所用教材之后,结合本园实际而选择或者定制的。教师作为教材的实际使用者,认为这些教材有些适合本园情况,有些则不适合。这说明教师对教材有甄别、反思,不是盲目地为教而教。对教材有客观的认识有助于幼儿教师合理利用教材,从而提升教学质量。

3.教育者对幼儿需要的认识

对幼儿需要的认识也是教师教育观和儿童观的集中体现,直接关系到教师对教育内容的选择与把握,以及教师对教材的处理和教学活动的组织。大多数教师认为,幼儿最大的需要是游戏,其次是健康;部分教师认为,游戏和健康对幼儿同等重要;极少数教师认为,学知识文化是幼儿的最大需要。这也体现了幼儿教师的教育观从知识本位教育观到儿童本位教育观的转变。幼儿教师已能从幼儿的特点来考虑其需要,这有利于教师在课程实施中把儿童置于课程主体地位,从儿童的实际需要来组织教学。

4.教育者对幼儿园教育目标的认识

幼儿园教育目标是幼儿园教育的总的要求和规划,体现着幼儿园的教育任务和内容,关系到为幼儿的发展打好基础。幼儿园教育目标的实现有赖于课程的实施。对幼儿园教育目标的认识直接关系到课程目标的确定,而课程内容的选择、组织也影响着最终的教育效果。大部分教师认为,幼儿园教育目标应是培养幼儿的兴趣,养成其良好的习惯;少数教师认为,幼儿园的教育目标是让幼儿学会读、写、算,为幼儿上小学打好基础。这说明大多数幼儿教师已经认识到,在学前教育中培养幼儿的兴趣、养成幼儿良好的学习及生活习惯,比让幼儿学会读、写、算以及掌握一定的知识更重要。

5.教育者对课程内容来源的认识

课程内容是课程的核心要素,也是幼儿园课程实施的载体。教师对课程内容来源的认识直接影响其对课程内容的选择和组织,继而影响课程目标的实现,因而非常重要。虽然民族地区幼儿园的及学前班的教师对课程内容来源的认识有所不同,但总体上,他们认为课程内容的来源不是单一的。部分教师认为,课程内容来自教材、幼儿日常生活经验、本地文化习俗和幼儿学习活动。这是相对较为全面的认识。也有少数教师认为,课程内容只来源于教材和幼儿学习活动。

由此可以看出,大多数幼儿教师都已认识到课程内容的来源不只教材,还关注到了幼儿的日常生活经验、学习活动和本地的文化习俗。这样的认识有利于他们在教学活动中从更广的范围里选择教学内容,从而使教学内容更丰富,更贴近幼儿的生活实际。

(三)家长对课程的理解及期望

不同家庭背景的家长对学前教育有不同的理解,对课程的理解也千差万别。在课程内容方面,家长普遍同意幼儿园教给幼儿一些民族文化知识,但这一愿望的强烈程度因家长的家庭背景而有所差异。但在希望自己孩子在幼儿园能学会认字、写字及算术这一点上,不同家庭背景的家长又表现出了惊人的相似性。

1.工薪家庭的幼儿家长

这一类幼儿家长一般有稳定的工作,通常夫妻双方都是工薪阶层。学历层次相对较高。他们对外界信息接触较多,深知文化教育的重要性,比较重视幼儿的智力开发和启蒙教育。这些家长认为,幼儿教育旨在开发幼儿的各种能力,使孩子有所发展。他们比较重视孩子在幼儿园开心与否,关注幼儿内心的情感和需要。

在对课程的理解上,他们普遍认为课程不局限于教材,教材不是幼儿获得知识的唯一来源。他们也认为,幼儿良好的行为习惯,尤其是良好的学习习惯的养成也非常重要。尽管这类家长希望孩子在幼儿园快乐成长,但他们还是希望幼儿园能给幼儿提供认字、写字教育,为孩子上小学打下一个良好的基础。分析这种愿望产生的原因,不难发现,这类家长对孩子有着成龙成凤的高期望,又深知现实社会竞争的激烈性和残酷性,孩子要想在未来获得良好发展,就必须尽早学习文化知识,否则就会输在起跑线上。对于民族文化知识的态度,这类家长认为幼儿园应给予幼儿民族知识的启蒙教育,这样有利于孩子了解本民族的文化,培养孩子的民族自豪感。

2.商人家庭的幼儿家长

这一类幼儿家长文化程度普遍不高,大多经营小本生意,也有一些家长生意做得比较大。因为做生意的缘故,他们有机会走南闯北,也有一定的见识,知道出门在外没有知识是万万不行的。在对待幼儿教育的问题上,他们送孩子上幼儿园主要是为了让孩子学到知识,认为孩子在幼儿园学会认、写、算,这样上小学后才能跟得上,学习好。这类家长不太注重孩子的兴趣培养。

这类家长认为课程就是教学内容,学会书本上的知识是最重要的。在对待民族文化问题上,孩子在幼儿园能学到一些民族文化知识是他们乐于见到的。但他们也认为,民族文化知识可以在家庭中获得,所以,他们更希望自己的孩子学会认、写、算等基本技能,获得书本上的文化知识,为孩子将来的发展打好基础。他们对幼儿园的唯一要求就是教好孩子,让他成为一个好学生。

3.农民家庭的幼儿家长

这一类幼儿家长主要以耕种庄稼为生。农民家庭的幼儿上学前班的较多。农民家庭的幼儿家长对学前教育的认识一般有两种观点。大部分家长把幼儿园或学前班看作托管孩子的地方,把孩子交给幼儿教师就了事,较少关注孩子在幼儿园或者学前班的情况;也有一部分有一定知识、觉悟较高的家长认为学前教育主要是为孩子上小学打基础,希望孩子能多认些字,多背几首唐诗,学会简单的算术。他们的文化知识有限,但对孩子的期望较高,希望孩子通过上学彻底改变命运。

由于文化水平的限制,农民家庭的幼儿家长不了解幼儿园的教学内容,对幼儿园也没有要求,主要希望教师帮他们看好孩子,注意孩子的安全。对于本民族文化知识的学习,他们的热情不高,认为学会课本上的内容是最主要的。

综上所述,不同家庭背景的家长对学前教育的认识不同,对课程的理解也不同。在对民族文化知识的需求方面,家长的文化程度与对民族文化课程资源的重视程度成正比。工薪家庭的幼儿家长受教育程度相对较高,他们比商人和农民家庭的幼儿家长更重视幼儿园课程中融入民族文化资源。但在对幼儿园教学内容的要求上,家长们的态度是一致的,幼儿能认、写、算,多学文化知识是所有家长共同的愿望和要求。

(四)民族文化课程资源开发情况

对于民族地区的幼儿园来说,民族文化课程资源的开发利用既是园本课程开发的需要,也是传承民族文化,促进民族教育发展的客观要求。

在民族文化课程资源的开发利用上,民族地区的幼儿园已经做了有益的探索。有些幼儿园在常规课程教育中融入民族文化元素。也有些幼儿园通过专门开设民族文化课将本民族文化渗入幼儿园课程中,彰显了民族特色。所设置的民族文化课程,其内容主要涉及民族历史、民族服饰与礼仪、民族饮食文化、民族艺术、民族语言等内容。具体而言,幼儿园会请教师教幼儿一些简单的民族语言知识,给幼儿讲一些经典的民族故事,唱一些民族歌曲,等等。这些在民族文化资源开发利用方面的初步探索,彰显了民族特色,也取得了一定的成效。但总体而言,这些探索仍停留在较低的水平,民族文化的精华未能得到深入开发利用。此外,对于民族文化融入课程的"度"、民族文化课课时安排的科学性、民族文化课课程内容的选择是否有益于幼儿发展、幼儿对于民族文化课程的接受能力以及接受程度等问题,还有待进一步验证。

综上所述,民族文化课程资源的低水平开发使得民族地区幼儿园课程体系未能体现出民族特色,这不仅使幼儿无法受到民族文化的熏陶,制约民族文化的传承,而且不利于幼儿在已有的生活经验基础上学习科学文化知识,从而影响学前教育的实际效果。

二、民族地区幼儿园课程实施存在的问题与发展对策

幼儿园课程实施实质上是将静态的课程方案转化为动态的课程实践的过程,是幼儿园课程目标实现的一个重要环节,事关学前教育的发展。分析当下民族地区幼儿园课程

实施的现状,是在学前教育课程中整合民族文化,发挥民族文化多重教育功能的基本前提,有助于提高学前教育课程建设的有效性。民族地区幼儿园课程的实施,既取得了诸多成就,也存在不少亟待解决的问题。

(一)民族地区幼儿园课程实施的成就

自2001年9月《幼儿园教育指导纲要(试行)》施行之后,我国的学前教育进行了深入的课程改革。随着幼儿园课程改革的不断深入,"幼儿园课程实施"日益成为人们关注的焦点和话题。在新课改背景下,民族地区幼儿园课程的实施取得了显著的成绩。

1.幼儿教师的课程观出现变化

幼儿教师对课程的理解已不再局限于幼儿园所设科目,教师们开始认识到课程也是幼儿的活动和经验。基于此,许多幼儿教师已经能从幼儿的活动中去把握课程的内涵,对教材的适宜性(即教材是否适合本地幼儿)有了初步的甄别和反思。虽然这种反思还很浅显,但为教师选择适宜的教学内容做了思想上的准备。幼儿教师已经认识到游戏对幼儿成长的重要意义,并尝试在教学活动中以游戏的形式组织教学,吸引幼儿的注意力,寓教于乐。

在对幼儿园教学目标的认识上,大部分幼儿教师已从原有的传授知识转变为培养幼儿的兴趣,帮助幼儿养成良好的习惯。从知识本位到儿童本位的转变,有利于教师在课程实施中把儿童置于课程主体地位,以儿童的实际需要来组织教学。幼儿教师已经能认识到教材不是幼儿园课程内容的唯一来源,还能从幼儿的日常生活经验、学习活动和本地的文化习俗中去挖掘课程内容。幼儿教师这些课程观的变化反映了幼教理念的发展。

2.常规教学有序进行

幼儿教师教学态度端正积极。大多数教师认为听、评课有利于学习别的教师的教学方法和教学策略,从而提高自己的教育教学能力,应该多开展听、评课活动。常规教学环节齐全,课前有教案,课后有总结。教师对课前备课以及课后总结的必要性和重要性有了充分认识。课前备课保证了教学的有序进行;课后总结对教学行为进行反思,有利于提高教师的施教质量。许多幼儿园开始有计划地组织园内观摩课、培训学习等,让教师学习先进的教学方法与策略。园长经常检查督促教师教学。这些都有利于教学质量的提高。

教师能用普通话教学,这有利于幼儿从小学习说普通话,降低以后学习的难度,有益于幼儿以后的发展。大多数幼儿教师对教材不再是生搬硬套,而是进行了一定处理,对于幼儿陌生的或难于操作的内容进行删减,增加一些幼儿常见的、易于操作的内容。对教材的适当处理使得教学内容更易让幼儿接受和理解,提高了课程内容的适宜度,提升了教学的效果。在教学方法上,教师除了采用讲授式方法,也会采用能调动幼儿兴趣的方法来开展教学活动。

3.家长对学前教育重视程度提高

不同家庭背景的幼儿家长对学前教育的认知不同,因而对学前教育的重视程度也有差别。但从民族地区幼儿入园的人数逐年上涨、民办幼儿园的教学形式得到了家长的认可等情况来看,民族地区幼儿家长对学前教育的重视程度在不断提升。

随着人们对学前教育的重视,幼儿家长对幼儿园教育目标的认识也发生了变化。如前所述,传授文化知识以及培养幼儿认、写、算的基本技能是所有民族地区幼儿家长对学前教育的愿望和要求。但部分幼儿家长的观念也有了较大的变化,如工薪阶层的幼儿家长开始重视幼儿兴趣、良好习惯的培养。家长对幼儿园课程内容的期望值增高,也对幼儿园的教育质量和效果有了一定的要求。虽然这种要求仍主要限于知识的获得,但较之以前已有了较大的进步。

4.幼儿园对民族文化课程资源开发进行了初步探索

课程资源开发是幼儿园课程发展的重要方面。基于本地文化的课程资源开发,客观上有利于提升幼儿在原有的生活经验基础之上学习新内容的效果。对于少数民族地区的幼儿来说,民族文化课程资源的开发对幼儿本民族文化的传承及幼儿个体的未来发展都有重要意义。

民族地区幼儿园在民族文化课程资源开发方面进行了初步的尝试。

①专门开设民族文化课。民族文化课通常每周开设两节,其教学内容主要包括民族常识、服饰文化、饮食文化、风俗礼仪、民族经典故事、歌曲、舞蹈等。通过开设民族文化课,让民族地区的幼儿对自己的民族有一个大概的认识和了解,初步培养幼儿的民族自豪感和民族认同感。

②教授一些简单的民族语言知识,使幼儿从小对本民族的语言有一定认识并会用本民族的语言进行简单的交流。

③创设体现民族文化的幼儿园人文环境。幼儿园人文环境是幼儿园课程的外延,创设幼儿园人文环境有助于幼儿园课程的有效开展。创设体现民族文化的幼儿园人文环境可从多方面进行,比如要求少数民族教师穿着本民族的服装,这能让幼儿获得关于民族文化的直观感知,从而受到民族文化的感染和熏陶。

④重视少数民族节日文化。幼儿园除在课堂上讲解少数民族节日的风俗礼仪外,还在节日当天组织相关活动,让幼儿感受节日氛围,接受节日文化的熏陶。

民族地区的幼儿园在民族文化课程资源开发上的探索不仅丰富了幼儿园的教学内容,也彰显了幼儿园的特色,获得了当地群众的认同和好评。虽然在民族文化课程资源开发利用上,幼儿园展开的探索还很初级,停留在低水平,但毕竟有了初步的尝试,这对于促进民族地区幼儿园课程的特色化发展和促进民族教育的发展来说,是一个良好的开端。

(二)民族地区幼儿园课程实施存在的问题

从幼师的课程观和教学过程、家长对学前教育的态度以及幼儿园对民族文化课程资源开发的相关情况来看,民族地区幼儿园课程实施工作取得了骄人成绩。但与此同时,我们也必须要看到与这些成绩共存的问题。从实施现状来看,当前民族地区幼儿园课程实施还存在以下问题。

1.课程体系无法体现民族特色

当前,民族地区幼儿园课程体系无法体现民族特色。这主要表现在:大多数幼儿园的课程计划和教学大纲模仿其他地区的幼儿园,课程中没有或者只有少量民族文化内容,没有突出民族地区的地方特色。这不符合课程改革的指导思想,既有悖于民族教育发展的特殊需求,也不利于民族地区幼儿的未来发展。

依据多元文化课程理论,民族地区的幼儿园课程应是能体现当地民族文化特点的多元文化课程。多元文化课程能够帮助幼儿理解自己民族的文化,并使其在初步认同本民族文化的基础上,理解、尊重和珍惜其他民族的文化,以获得多元文化社会所需要的价值观念、情感态度、知识与技能。民族地区幼儿园课程应以本地特有的文化为基点,合理地构建课程体系,帮助幼儿在原有的生活经验基础上学习主流文化的知识内容,为幼儿将来的发展打好基础。这样的课程才具有适应性,才有益于幼儿长远发展。

但在现实情境中,幼儿园课程计划及教学大纲大都模仿其他地区的幼儿园。公办幼儿园和民办幼儿园所设科目大同小异。课程设置主要有语言、数学、社会、音乐、美术(美工)、健康、科学、体育等。除部分幼儿园设有民族文化课外,大多数幼儿园的科目和教材涉及少数民族文化较少。

从总体上讲,当前民族地区幼儿园的课程设置及整个体系,既显示不出课程在地方的适应性,也无民族特色可言。就具体的课程内容而言,与幼儿的实际生活联系不够紧密,这不利于幼儿在认同本民族文化的基础上深入学习主流文化课程内容,从而阻碍了幼儿发展。

2.课程综合程度不高、内容整合度不够

课程形式有分科课程和综合课程之分。对于幼儿园的教学采取分科教学还是综合教学,理论界争论得非常激烈,普遍的看法是:分科教学不利于幼儿的发展,综合教学比分科教学好。分科课程以学科为基础来组织教育内容,尽管教育内容相对规范化、系统化,但人为地割裂了原本统一的知识体系,这不符合幼儿的学习特征,也不符合当今学科联系日益紧密的现实。民族地区幼儿园课程虽然具有一定的综合性,但是依然具有分科教学倾向,科目之间渗透性不强、紧密度不高。

教学手段上虽然有结合,但大多是利用艺术教育的形式。比如,在小班语言教学中播放儿歌,先让幼儿听,然后再学习,利用音乐的感染力激发幼儿学习语言的热情,将音乐教育和语言教学结合起来;又如,教师要求大班幼儿发挥想象力,说说自己心中的春天是什么样子的,然后让幼儿将自己心中的春天画下来,这个过程既是语言教学,同时也结合了美术的教学手段。但是,教师按教材上课,经常会出现重复学习同一内容的情况,课程内容缺乏必要的整合,这不仅浪费了的时间,也抑制了幼儿的求知欲。

当下,幼儿园仍实行分科教学,一方面是便于教师组织教学,另一方面是缺乏整合课程的能力。

3.课程注重知识传授和认、写、算能力的培养

课程改革的具体目标之一是改革课程过于注重知识传授的现状,强调幼儿形成积极主动的学习态度,使幼儿获得基础知识与基本技能的过程同时成为其学会学习和形成正确价值观的过程。学前教育作为基础教育的重要组成部分,其课程目标更应以学前儿童的身心特点为依据,选择易于幼儿接受和对幼儿发展有益的课程内容,让幼儿在轻松愉快的活动中获得一定的知识和技能,培养幼儿良好的行为习惯和学习兴趣。基于此,幼儿园不应过分注重知识传授,认、写、算的教授要适度且要在幼儿年龄大点儿时再进行。这不仅是由学前教育的特点决定的,而且也关系到幼儿能否真正在幼儿园快乐成长。

民族地区幼儿园课程内容的来源主要是教材,大部分幼儿教师虽已认识到养成良好的习惯、培养幼儿的兴趣远比学习知识文化更重要,但在实际教育教学中仍然注重依托教材,对幼儿进行知识的传授,以识字和教会幼儿认、写、算为教学的第一要务。这与民族地区幼儿家长对学前教育的认识及要求是分不开的。无论是工薪家庭、商人家庭的幼儿家长,还是农民家庭的幼儿家长,都希望自己的孩子在幼儿园能学到知识文化,能学会认、写、算。他们希望幼儿教育能为幼儿以后上小学打好基础,为幼儿将来的发展打好基础。民族地区幼儿家长的这种强烈愿望与民族地区的经济发展水平密切相关。在我国,民族地区多为欠发达区域,民族地区的幼儿家长希望自己的孩子能通过上学改变自己的命运,因而对孩子从小多学文化知识具有强烈的愿望。

无论是幼儿家长还是幼儿教师,都考虑到了幼儿将来的发展,却忽视了幼儿的现实需要。过度的知识学习不仅会剥夺幼儿的快乐,而且会挫伤幼儿的学习热情。

4.园内课程管理制度有待提升

幼儿园课程管理质量直接影响课程实施质量。目前,民族地区幼儿园课程管理存在

园内管理制度僵化的问题,其主要表现在以下几点。

第一,幼儿园园长是主要的课程管理者,而与幼儿接触最多、最了解幼儿特点与需要的却是身处教学第一线的教师。现代幼儿教育把家庭纳入课程资源,目的是在幼儿原有的生活经验之上施以适当的教育,提升教育的效果。因此,在教材的选择上,教师和家长的意见和建议弥足珍贵。在民族地区幼儿园,作为课程内容主要来源的教材一般由园长选择或定制,教师参与较少,家长则基本上不参与。这在一定程度上影响了课程内容的适宜性。

第二,幼儿园课程检查评价机制不完善。民族地区幼儿园课程的检查评价机制主要为听、评课制度,主要集中在观摩教学课上,平时的检查督促较少,这也在一定程度上影响了教师施教水平的提高。

第三,对园与园之间的互动和交流重视不够。每个幼儿园都有自己的优势和不足,只有互相学习,取长补短,才能进步。但目前,民族地区的幼儿园之间交流较少,这就使得不同幼儿园的教师之间缺乏互相学习借鉴的机会,进而导致幼儿园教师在教法、教学策略上进步上的提升不大。这也在很大程度上影响了课程实施的效果。

5.课程实施的途径亟须改进

教学是课程实施的主要途径,是教师以适当方式促进幼儿学习的过程。教师的课前准备是否充分,采用的教学形式、方法和手段是否得当,直接关系到教学的效果。民族地区幼儿园教学普遍存在以下几个问题。

第一,民族地区幼儿园课程的教学组织形式依然是课堂教学。课堂教学是传统的教学组织形式。课堂教学不仅不符合幼儿好动、注意力集中时间短的特点,而且极大地限制了教师与幼儿的互动,不利于幼儿主体性的发挥。教师上课时,要求幼儿端坐静听,由于班级幼儿数量多,教师与幼儿互动较少,有些幼儿跃跃欲试但苦于没有机会,如此一来,师幼互动的质量也成了问题。

第二,教师课后的总结与反思不深入,流于形式,未能发挥应有的作用。随着学前教育的发展,对幼儿教师反思的重视成为当前学前教育的一大亮点。高质量、有效的反思能有效提升幼儿教师的教学水平,帮助幼儿教师调整教育教学策略,改进教法,进而提高教育教学的效果。不少民族地区幼儿园教师已经开始了课后反思与总结的探索,但总体来看,还较为浅显,不够深入。

6.家庭与幼儿园之间互动水平低

探讨课程适宜性的一个突出方面就是如何在本地文化的大背景下择取适宜的教育内容。基于幼儿原有的生活经验构建幼儿园课程内容,不仅是幼儿园课程建设的新取向,也是适宜性课程发展的必然要求。在此背景下,家园交流、家园合作就显得格外重要,家园互动的质量也成为评判幼儿园课程适宜与否的一项重要指标。家庭是幼儿除幼儿园之外的主要活动场所,家庭的文化氛围、家长的教养方式对幼儿的成长有着重要影响,而家长的教育期望也会间接作用于幼儿园课程。与此同时,以民族文化为特点的本土课程资源的开发有赖于家长深入参与学前教育。目前,民族地区家庭与幼儿园之间互动水平较低。许多幼儿家长缺乏互动意识,认为将孩子送到幼儿园,幼儿园就应该全权负责幼儿的教育,对幼儿在园情况关注不够。同时,幼儿园对引导家长合作参与幼儿教育的力度也不够。这导致家庭教育和幼儿园教育的割裂,不利于学前教育质量的提升。

7.民族文化课程资源没有得到有效开发

对于民族地区幼儿园来说,民族文化课程资源的开发利用不仅是幼儿园课程内容适宜性的必然选择,满足幼儿发展的特殊需求,而且也关系到民族文化的传承和发展。

目前,已有部分民族地区幼儿园对民族文化课程资源的开发利用进行了初步尝试,包括在常规课程中融入民族文化元素、开设专门的民族文化课程、创设园内的民族文化氛围、教授民族语言等。但总体而言,这些尝试都还处于初级阶段,形式比较简单,也有较多的模仿成分,民族文化课程资源的开发利用仍停留在低水平上,没有充分发挥民族文化在学前教育中的作用。同时,对民族文化资源的开发利用也未能起到推动民族文化传承与发展的作用。民族文化与学前教育没有形成良性互助的模式。

(三)民族地区幼儿园课程实施的发展对策

民族地区幼儿园课程实施存在问题的原因为:①对学前教育重视不够,幼儿园、家长及社会各界对幼儿园课程实施未能达成共识;②落后的经济发展水平使得幼儿园缺乏必要的财力支持,同时也制约着幼儿园课程的发展;③民族地区的传统文化观念影响了幼儿园教育及课程目标;④民族地区群众的特殊需求和对幼儿发展的期盼影响了相关教育者对课程内容的择取,进而影响了民族文化课程资源的开发与利用;⑤幼儿教师素质参差不齐,施教水平高低不一,影响课程实施质量的提升。

基于对以上原因的深入分析,立足于多元文化课程理论和人本主义课程理论,民族地区幼儿园课程发展应采取以下对策。

1.教育行政部门应切实重视学前教育

思想是行动的先导,只有在思想上切实重视学前教育,认识到学前教育对民族地区教育发展的重要作用以及对当地幼儿发展的重要意义,才能有的放矢地解决学前教育及课程实施中的一系列问题。针对民族地区幼儿园的实际情况,教育行政部门可以采取以下做法。

(1)将学前教育纳入当地教育规划,设立专门的学前教育管理部门,实行责任明确的目标管理,充分发挥教育行政部门对幼儿园课程的监督检查职能

重视学前教育要从区县级教育部门做起,教育部门要设立专门的学前教育管理部门,并由有一定学前理论和实践水平的管理人员负责相关工作,对幼儿园进行有效的监督管理,管理内容包括对教师施教水平和能力的评价、幼儿园教学质量的评估等。上级部门的管理会给幼儿园带来一定压力,这种压力能促使幼儿园立足幼儿的长远发展组织教学,为提高课程实施质量进行不断的尝试和探索。幼教管理人员的另一个作用是及时向上级部门反映幼儿园存在的问题及困难以及一线幼儿教师的要求及建议,以便为行政部门做出有利于学前教育发展的决策及资助提供依据。

(2)有针对性地加大学前教育的经费投入,动员社会各界力量妥善解决学前教育事业发展的资金需求,为幼儿园硬件和环境建设寻求必要的财力支持

学前教育要发展,经费的投入是根本,课程实施质量的提高也有赖于必要的经费。比如幼儿园环境建设、基础设施建设及供幼儿活动的各类玩具都要以经济为后盾,而这些条件具备与否直接影响幼儿园教育活动的质量。民族地区幼儿园经费普遍较为短缺,这个问题在民办幼儿园尤为突出。民办幼儿园通常教学场地狭小,户外活动空间有限,场地及经费问题是民办幼儿园面临的最大困难。由于经费短缺,所收幼儿学费有限,幼儿园仅能维持正常的教育教学,根本无多余的资金更新设备,购买玩具。这些都影响了幼儿园的发展,也影响了幼儿园课程实施的质量。

针对民族地区幼儿园的实际情况,教育部门要有针对性地划拨一定数量的资金。限于经济状况,幼儿园的发展全靠政府的投入是不可能的,政府还应积极采取措施动员社会各界支持学前教育的发展,可采用吸引外来投资、个人募捐、对口支援等形式,多渠道帮助幼儿园筹集发展所需经费。

(3)通过讲座、现场动员等形式做好学前教育的宣传工作,倡导合力教育,为转变人民群众的幼教观念创造条件

高质量的学前教育应是幼儿园、家庭及社会的合力教育。针对民族地区民众对学前教育的重要性认识不足的现状,一方面,政府部门应加大宣传力度,通过讲座等形式的宣传活动,使人们了解学前教育对个人、对社会、对民族乃至对国家发展的重要意义,激发其对幼儿入园、与幼教机构的配合等方面的积极性。另一方面,对一些经济条件差的幼儿家庭,给予适当的经济援助或实行免费入园。在幼儿园课程设置及实施要求方面,当地政府也应发挥积极作用,邀请专家进行指导、座谈,积极宣传,力促各界达成共识,齐抓共管,以

期为优化幼儿园课程设置,提高施教水平和质量创造必要的条件。

2.重视民族文化课程资源开发

人本主义课程理论基于自我实现的课程目标,提出课程内容选择的"适切性"原则,要求课程内容的组织应密切注意学生的生活、要求和兴趣。多元文化课程以强调文化多元为特点,为多民族国家的课程发展提供了新的视角。以多元文化为依托建构课程内容体系,符合我国文化多元的基本国情,也是少数民族个体现实生存与未来发展的客观要求,是切实增强民族地区课程适宜性的有效手段。基于此,民族地区幼儿园课程应基于多元文化的社会大背景,以本地民族文化为依托,充分开发民族文化课程资源,构建既切近本地幼儿生活经验,又有利于幼儿长远发展的幼儿园课程内容体系。将民族文化融入幼儿园课程,这不仅是园本课程建设的主要内容,也是课程发展的基本要求。民族地区幼儿园课程的民族特色应体现在以下三个方面。

第一,优秀的民族文化本身就应当是民族地区幼儿园教育课程内容中的重要组成部分,在组织以及构建幼儿园教育课程时,应凸显这部分的内容。

第二,民族地区幼儿园的课程组织形式以及课程的教学方法应当体现民族性。

第三,和心理环境一样,物质环境也是课程的重要组成部分,同样应当体现独具特色的民族风格。

3.多渠道提高幼儿教师的整体素质和施教水平

幼儿教师的素质和施教水平关系到教学的实际效果和教育的质量。课程内容的选择、活动形式的设计、教学过程中的教学策略以及课后的反思等无一不反映幼儿教师的施教水平,而这一切都与幼儿教师的学历水平、教育观、课程观密切相连。

从学历看,民族地区公办幼儿园幼儿教师的学历水平普遍较高,而民办幼儿园教师的学历水平则参差不齐。公办幼儿园的幼儿教师虽学历普遍相对较高,但不少幼儿教师所学专业与学前教育关系不大。这就使得幼儿教师缺乏必要的心理学、教育学知识。而部分幼儿师范学校毕业的幼儿教师虽在教学中游刃有余,但缺乏对教学内容进行选择与整合的能力,也不能很好地适应新形势,在科研中求发展。认知水平也是体现教师素质的重要方面。从主观原因来看,许多教师对民办幼儿园的重要性认识不够,对民办幼儿园不看好,因此,民办幼儿园面临缺少骨干教师却也无力续补的困境。这一切都表明,幼儿教师的素质严重制约着民族地区幼儿园的幼教水平,这也是课程实施效果不佳的重要原因。为此,本书建议采取以下措施,多渠道提高幼儿教师的素质和施教水平。

第一,教育人事部门要重视幼儿园教师的素质,把好幼儿园教师的专业关,尽可能保证幼儿园教师来自幼师专业、学前教育专业及教育类专业的毕业生。

第二，政府要充分认识到民办幼儿园对本地学前教育发展的重要意义，大力扶持民办幼儿园，给予适当的物质资助和精神鼓励，对民办幼儿园提出的一些要求要高度重视、妥善解决。做好民办幼儿园的宣传工作，改变大众对民办幼儿园的认知，使大众了解民办幼儿园的重要性。相关部门领导要经常到园检查、督导，鼓励幼儿教师爱岗敬业。这些措施有利于民办幼儿园园长及教师坚定信念，在教育教学中投入更大的热情。

第三，幼儿园内部实行幼儿教师轮流定期培训的制度。培训内容应根据教师的特点安排，不能"一刀切"。让在职的专业幼儿教师接受学历再提高及促进专业发展的培训；让非教育类专业的幼儿教师接受心理学、教育学知识的培训；对于少数本科学历的幼儿教师，除加强专业素养的培训外，还可为其提供一些科研方面的学习进修机会，使其发展为幼儿园不可或缺的科研骨干，成为民族文化课程资源开发的重要力量。

第四，重视幼儿教师的互相学习，通过园内、园外观摩教学，幼儿教师可相互借鉴、取长补短。邀请幼教专家到园指导，开展各种形式的教育教学经验交流活动，为提高幼儿教师的施教水平创造条件。

第五，鼓励幼儿教师利用网络资源自学，及时更新知识，开阔眼界。大力提倡和鼓励幼儿教师在教学实践中探索有益于幼儿发展的方法和手段。

4.规范幼儿园课程管理

僵化的幼儿园课程管理无法调动教师工作的积极性，抑制了教师施教水平的提高，进而影响了课程实施的效果。幼儿园应建立明确的目标责任制，充分发挥幼儿园领导班子的作用，责任到人，做好各项常规工作的监督检查。幼儿园课程管理的规范化应从以下方面入手。

第一，管理范围全面化。幼儿园课程的管理应涵盖课程实施的各个方面。在课程目标上，应结合实际做好幼儿园教育理念的宣传工作，把促进幼儿的全面发展作为幼儿园教育的重中之重，并积极采取措施扭转幼儿园以知识传授为主的倾向，让幼儿在轻松愉快的氛围中获得发展。课程目标还应融入本地民族文化中与道德教育相关的元素，巧用民族文化促进幼儿德育教育，为幼儿人生观、价值观的形成奠定基础。在课程形式上，引导教师在主体综合课程及整合课程方面进行积极探索，以促进课程向现代化方向发展。同时，充分发挥教育环境等潜在课程的教育价值，为幼儿的学习和生活创造良好的环境。其中，教育环境应体现民族特色。在课程内容上，改变以教材为课程内容主要来源的模式，依据多元文化理论，在幼儿园课程中融入民族文化，把握好文化融合的"度"。在课程实施上，重视教育教学的实际效果,鼓励教师在教法及活动形式上多做尝试,彻底改变以"上课"为主的课程组织形式,重视游戏对幼儿成长的重要意义。在课程评价上,建立公平、民主的评价机制,以教师自评为主,实行园长、教师、家长多主体共同参与的评价制度。

第二,管理风格民主化。幼儿园园长及其他有关领导应以身作则,严格要求自己,做好表率;应改变专制僵硬的管理方式,实行民主化的管理。在处理幼儿园内部事务上,尤其涉及幼儿发展及课程内容时,要善于倾听一线幼儿教师的意见和建议。在幼儿教学用书的选择上要善于放权,积极采纳幼儿教师及家长的意见,把幼儿教师与家长都纳入幼儿园教育教学的体系之中,调动其积极主动性,使他们以主人翁的姿态积极参与到幼儿园的教学与管理工作当中。这也是幼儿园课程发展对管理人员提出的新要求。

第三,管理内容日常化。幼儿园领导对课程教学的检查督促应在常规教学中体现,不能平时松懈,只在上级领导检查时做做样子,应付差事。对教师的课程计划、教学计划及课后反思的检查应常抓不懈、落到实处,尤其应重视课后反思的检查,避免流于形式。建立听、评课制度,为幼儿教师提供尽可能多的观摩学习的机会,并及时检查观摩学习的总结,切实保证常规教学的效果。

第四,管理手段人性化。现代课程管理必须以人为中心,要把做好人的工作作为课程管理的根本,重视和协调好各种人际关系,采用各种措施充分调动、激励和发挥人的主动性、积极性和创造性。人性化的管理也是保证幼儿园课程实施质量、实现课程发展的必由之路,是幼儿园课程管理的重中之重。人性化的管理要求幼儿园园长等领导不仅平时要以平等协商的姿态对待幼儿教师,还应不断创造条件,缓解幼儿教师的各种压力、解决幼儿教师的燃眉之急和后顾之忧,使幼儿教师能全身心地投入教育教学工作之中。

第三节 在学前教育课程中整合民族文化的意义、面临的问题以及要点

民族地区学前教育的民族文化传承是文化全球化和多元化发展的必然走向。[①]从文化全球化的视角来看,区域文化要走向全国,走向世界,就要具备开放性,要能接纳其他文化,但同时,也要注重对区域文化的保护和传承;从文化多元化的视角来看,文化是一个地区的精神和灵魂,只有维护自身文化的独特性,才能产生文化影响力,进而形成文化软实力,促进区域经济社会的发展。民族文化是民族地区学前教育的重要资源,同时,民族地

---

① 曹能秀.关于民族地区学前教育发展的若干思考[J].中国民族教育,2013(6):7.

区的学前教育在传承和发扬该地区民族文化、扩大其影响力等方面负有不可推卸的责任。

一、突出民族文化在学前教育中的价值

民族文化精彩纷呈,底蕴深厚,蕴藏着丰富的教育资源。具体来看,民族文化在学前教育中的价值主要体现在如下两个方面。

(一)民族文化对人的熏陶作用

民族文化中蕴含着中华民族优秀的意识形态,凝聚了中华民族的优良传统。缺乏民族信仰的人内心会缺少安全感和归属感。通过接受民族文化的熏陶,幼儿形成了民族文化自信心,内心扎下了坚实的信念根基,民族文化内化成幼儿的精神内核。这为幼儿在未来把民族文化的精神化作解决现实问题的方法奠定了坚实的基础。在学前教育中融入优秀的民族文化,有助于培养幼儿的眼界和涵养,有利于提升幼儿的心智素养。

(二)民族文化对民族和国家的作用

有人说,一个国家的国民如果缺乏民族精神,其就像是一个没有脊梁骨的人,被人一推就会瘫倒。民族精神蕴含于民族文化之中。民族文化的重要性显而易见。[1]我国是一个统一的多民族国家。各民族相依相存,各个民族的文化也相互吸纳和融合,最终形成了多元一体的中华民族文化。发展繁荣各民族文化是提高民族自信心、增强民族自豪感、激发民族创造力的催化剂。各民族文化对充实和丰富人们的精神世界,形成一个奋发向上、安宁祥和的社会文化氛围,保障社会主义和谐社会的构建,都具有重要作用。

二、民族文化融入学前教育所遇到的问题

民族文化是各民族历史、生存智慧的积淀,具有鲜明的民族特色,在学前教育课程中整合民族文化对于个体、民族和国家的发展有着重要意义。然而,由于某些因素影响,民族文化融入学前教育教学仍面临着不少挑战。

(一)学前教育资源分配不均衡

由于地域差异等多种因素的影响,我国的经济水平呈现出不均衡的状态,相应地,教育水平也如此:东部地区经济水平高,教育资源相对丰富,学生可以接受相对优质的教育;但西部地区,经济水平相对落后,教育资源也相对匮乏。我国民族地区大多处于西部地区,学前教育资源分配不均是民族文化融入学前教育亟待解决的重要问题。

(二)多元的民族文化

我国是一个统一的多民族国家,民族文化丰富多彩,每个民族的文化都各具特色。多元的民族文化成为学前教育的资源宝库。但同时,民族文化形式多种多样,也让学前教育机构对民族文化资源的挖掘与利用变得极为复杂。民族文化的精神在于理解和领悟,教

---

[1] 夏蔚.民族文化在学前教育中的价值探讨[J].吉林省教育学院学报,2016(9):48.

育者应具备多元化思想,以学前教育目标为指导,立足于当地的实际以及幼儿的认知特征,对民族文化资源进行挖掘与利用。

三、在学前教育中融入民族文化的要点

基于上述分析,下文将从教育领域和家庭角度对"如何在学前教育中融入民族文化"进行讨论和分析。

（一）从教育领域出发

对于幼儿,民族地区学前教育偏重文化知识的传授以及认、写、算技能的培养,更重视为幼儿在小学阶段的学习打基础,而忽视了幼儿精神文明的培养;对于幼儿教师,更重视其专业素养,往往忽视了其综合素质。幼儿教师是学前教育课程的具体构建者,对学生有着极大的影响。要想让民族文化在学前教育中发挥作用,提升幼儿教师的素质成为关键。幼儿教师不但要具备较高的课业水平,也应具备多元的思想观念、积极向上的精神境界、较强的领悟能力。

民族地区要加大对幼儿教师的培训力度,打造出优秀的教师队伍;要加大对学前教育的投资,并充分整合社会资源,尽快制定和完善民族文化教育课程体系;要深入挖掘民族文化资源,丰富学前教育民族文化课程,打造严谨且容易被幼儿接受的课程内容;要利用多种形式,让幼儿更好地领略民族文化的魅力,进而使幼儿自觉地成为民族文化的传承者。

（二）从家庭角度出发

如前所述,民族地区的幼儿家长,不管其有着何种家庭背景,都期望幼儿在幼儿园能学到文化知识以及获得认、写、算等基本技能,为进入小学打好基础。大部分幼儿家长更关注孩子是否具备一定的技能,而忽视了孩子的精神世界与兴趣爱好的培养。家庭教育是学前教育的重要组成部分,对幼儿未来的发展起着极为重要的作用。因此,在民族地区,应加大对家长的引导,使家长转变观念。提升认知能力,认识到幼儿发展全面性、综合性的重要性,知识文化的学习以及认、写、算技能的培养只是幼儿发展的部分内容。另外,要大力向家长宣传民族文化融入学前教育的重要性,引导家长鼓励和支持自己的孩子主动接触和学习民族文化。如此,让家庭教育和学前教育机构形成教育合力,共同推进民族地区学前教育的发展。

综上所述,民族文化在学前教育中的作用显而易见,但是现实问题依然存在:面对丰富多样的民族文化,该如何甄别筛选;面对紧缺的人力、财力,该如何平衡各地区对于民族文化的需求;面对当下日益多元化的社会大环境,该如何转变人们的思想;等等。这些问题不是靠某一方就能够解决的,而是需要政府、学前教育机构、幼儿教师、幼儿家长等共同

参与,合力解决。

【课后实践】

1. 简述民族文化传承的当代困境。

2. 结合民族地区幼儿园课程实施存在的问题,尝试举例说明该如何实施幼儿园课程。

3. 浅析在学前教育课程中整合民族文化的价值,并自选角度(幼儿园园长、幼儿教师等),尝试举例说明该如何进行整合。

第三章　民族地区学前教育的课程设计

【学习目标】

1.知道学前教育的课程要素。

2.了解国外学前教育课程模式。

3.掌握民族文化与学前教育课程整合的理论基础。

4.探究民族文化融入学前教育课程的影响因素。

【课前思考】

1.观察一堂完整的学前教育课程,分析学前教育的课程要素有哪些。

2.搜集相关文献,总结几种国外学前教育课程模式。

3.结合自己的学习经历,思考民族文化融入学前教育课程的影响因素有哪些。

课程设计是学前教育开展的重要环节。基于此,本章将重点解读学前教育的课程要素、国外学前教育课程模式、民族文化与学前教育课程整合的理论基础、民族文化融入学前教育课程的影响因素。

第一节　学前教育的课程要素

教师在进行课程设计时,需要考虑教什么、怎样教和为什么这样教等问题。这些问题涉及幼儿园的课程要素。

一、幼儿园课程目标

幼儿园课程目标就是幼儿园课程追求的最终结果,即通过教育活动使幼儿要达到什么样的发展目的。课程目标在幼儿园课程设计中具有非常重要的地位。它既是课程设计的起点,也是课程设计的终点;它为课程内容的选择、课程组织方式和教学策略的安排提供依据,是课程评价的标准和依据。

(一)幼儿园课程目标制订的依据

幼儿园课程是为支持、帮助和引导幼儿学习,促进其身心全面、健康、和谐发展而设置的。在课程设计中,目标起着非常重要的作用,是衔接幼儿园课程和幼儿教育目的的重要桥梁。因此,科学制订幼儿园课程目标是很有必要的。幼儿园课程目标的制订需要有一定的依据。

1.幼儿身心发展的规律和特点

幼儿是幼儿园课程的主体,因而,在制定幼儿园课程目标时,应首先研究幼儿的身心发展特点和发展需要,找准幼儿的"最近发展区",为幼儿建立科学、合理的期望值,并把这些期望值转化为可能的教育目标。

2.知识体系的内在价值

对幼儿现实发展和未来发展具有价值的知识如何获得?幼儿阶段应该吸收怎样的知识才更有利于幼儿未来知识的建构?这些一直都是幼教工作者思考的问题。从知识的角度考虑幼儿园课程目标的设置,对于幼儿的发展具有积极的意义。比如,当把"艺术"作为幼儿园课程目标时,教育者不应该将让幼儿成为未来的音乐家或美术家作为目的,而应把幼儿看成一个"普通人",使其具备与艺术相关的基本素质,挖掘其艺术方面的潜质。通过艺术熏陶,培养幼儿对美的感知力,使其成为懂得发现美、感受美、欣赏美和创造美的健康个体。

(二)幼儿园课程目标的表述要求

科学规范的目标表述有利于提高教育教学活动的质量,提升幼儿园课程实施水平,有助于幼儿园课程目标的达成。表述幼儿园课程目标时,需要做到以下几点。

1.简洁明了

表述目标时,要一针见血,直接告诉别人要达到一个什么标准,尽量避免用烦琐的复合句。例如这个课程目标:"通过欣赏古诗的方式,使幼儿懂得故事的大致含义及故事中人物之间的关系"。这个表述就比较烦琐。"通过……方式"在接下来的活动步骤中就清晰明了了,不必在目标中阐述。因此,上述这个课程目标可改为:能用自己的语言描述故事的大致内容,并理解故事中人物之间的关系。

2.前后保持一致

一般来讲,目标可以从教师和幼儿这两个角度进行表述。从教师行为的角度表述,通常会使用培养幼儿、使幼儿、引导幼儿、帮助幼儿等作为开头。例如引导幼儿从不同角度对动物进行分类、培养幼儿的语言表达能力、帮助幼儿理解10以内数的分解与组成的含义等。若从幼儿行为的角度表述,多使用喜欢、感受、了解、初步掌握等作为开头。例如,愿意与小朋友分享自己的经验、初步了解塑料制品和纸制品的特点等。

从教师行为角度表述的目标,偏重考虑教师教什么、如何教,忽视了幼儿的主动性;而从幼儿行为角度表述的目标,则侧重考虑幼儿学什么、如何学,突出了幼儿的学习主体地位。正常情况下,总的课程目标或者年龄段课程目标的表述多从教师行为的角度表述,而具体的课程活动目标则多从幼儿行为的角度表述。无论从哪一种角度表述,都应做到前后一致,避免混淆不清。

3.具有可操作性

可操作性是指教师从目标表述中能很快领略到如何操作,如何去实现目标。目标表述要避免笼统、含糊不清。比如"培养幼儿对兔子的感情""增加幼儿对兔子的认识"等,这样的目标是不清晰的,不具有可操作性的。具有可操作性的目标应该表述为:能描述出兔子的外形特征,说出兔子喜欢吃的食物;能做到每天轮流喂兔子,触摸兔子时能做到轻轻摸,不使兔子受惊吓。

4.可以包含多方面的目标

幼儿园课程目标的内容应该从认知、情感和技能等方面考虑。一门课程可以侧重于某一个目标,也可以包含多个方面的目标。比如,懂得小朋友之间要互相谦让,学说礼貌用语"请""你好""谢谢""对不起"等。这个目标既包含认知目标,又包含技能目标。

二、幼儿园课程内容

幼儿园课程内容是指幼儿园教育活动的内容,即要选择什么样的内容,丰富儿童哪些方面的经验,如何组织教育活动内容,等等,说到底就是解决"教什么"以及"学什么"的问题。

(一)幼儿园课程内容的特点

幼儿园课程内容与教育环境、教师的任务、儿童的活动、儿童的发展紧密相关,突出体现了如下特点。

1.课程内容的情境化

环境会"说话",会潜移默化地影响幼儿的发展。"情境化"是指环境中要隐含一部分课程内容,实现对幼儿潜移默化的教育。幼儿园应重视对环境的创设,重视幼儿与环境的互动,重视幼儿对环境创设的参与,重视增加幼儿园环境所承载的信息量。

2.课程内容的活动化

活动化是指活动既是教育内容的载体,又是教育内容本身。在幼儿园中,幼儿或自主,或在教师的指导下,参加各种形式的活动,在活动过程中探索、发现、交流和总结,进而获得相应的知识、信息和能力。

3.课程内容的过程化

过程化是指要强调活动过程与方式方法本身的教育功能。多种活动方式和方法的选择是实现课程内容"过程化"的有效途径。教育者不仅要关注活动结果,更要关注活动过程,关注幼儿是如何活动过程中自主获得经验和成长的。

4.课程内容的经验化

经验化强调儿童的经历、感受、体验的教育价值。学前教育最重要的任务是帮助儿童建立"生活秩序",吸收"生活经验",使之成为"学会生活"的人。因此,我们可以说生活经验的习得、生活常规的建立以及良好生活习惯的养成是幼儿园课程很重要的特点。

(二)幼儿园课程内容的来源

幼儿园一日生活的各个环节都可以作为幼儿园课程内容的来源,归纳起来包括有助于幼儿发展的基础知识、基本活动方式、情感态度等方面的内容。

1.有助于幼儿发展的基础知识

这类知识包括:①保障幼儿生命活动正常进行的知识,如与幼儿的健康、安全有关的知识;②有利于幼儿解决基本的生活、交往问题的知识,如基本的社会行为规则、社交礼仪等;③帮助幼儿认识自己生活环境的知识,如自然和社会环境中常见事物的名称、属性,事物之间的关系,等等;④为今后学习系统的学科知识打好基础的知识,如数、量、形、时间、空间等的概念;⑤为成长为高素质公民奠定基础的知识,如简单的环保知识等。

2.基本活动方式

幼儿的基本活动大体上包括生活、交往、学习等方面,具体表现为自我服务、身体锻炼、游戏、观察、探索、交流、表达等。每种活动都包含一些基本的方式方法、技能技巧。幼儿需要了解和掌握的基本活动方式往往存在于他们经常进行的活动中。例如,交往的方式既存在于他们与父母、教师、邻居、同伴甚至陌生人的交往中,同时也存在于游戏及其他活动中。

3.培养幼儿的情感态度

情感态度指的是对人、对事、对己的一种倾向性。它构成行为的动机,影响人的行为。情感态度是伴随活动过程而产生的体验,类似的体验积累得多了,就形成了比较稳定的倾向性。

为了更好地培养幼儿对学习的积极态度,建议教师做好三个方面的事情。①保护幼儿的好奇心和求知欲,让他们对自己感兴趣的事物进行观察和探究。②创设宽松的活动氛围,使幼儿在活动中获得愉快的、成功的体验,及时肯定他们的正确行为和发现结果。③营造一种积极学习的氛围,让幼儿感到周围的人都喜欢探索、交流,进而使其对学习活动感兴趣。

三、幼儿园课程的组织和指导方式

幼儿园课程的组织是为了达到预定的课程目标,组织者将课程内容进行合理编排,使其结构合理、前后衔接有序,并借助良好的环境创设,激发幼儿对所设置的课程内容的兴趣,使幼儿在课程中能获得适宜的学习经验,实现良好的教育效果。

(一)幼儿园课程的组织原则

合理、有效地组织幼儿园课程,是给幼儿提供一个优质的教育环境,保证幼儿园课程目标达成的重要保障。组织幼儿园课程是一个具有整体性、系统性的工作,需要遵循一定的原则,概括起来包括整体性原则、生活化原则和主体性原则。

1. 整体性原则

人是身心各方面和谐统一的整体。幼儿教育的目的就是把幼儿培养成和谐发展的"完整儿童"。幼儿园课程需要把各种教育因素有机地组织起来,使它们相互支持、相互强化,只有按这样的原则组织起来的课程才能转化为幼儿完整、系统的学习经验,以达到促进幼儿身心全面和谐发展的目的。

整体性是幼儿园课程组织的一个基本原则。根据这一原则,人们不应把幼儿园课程组织仅仅理解成集体教育活动的编制,还要把集体教育活动与生活活动、自由游戏等各种活动有机地结合起来;不应只考虑"显性"的教育影响,也应充分考虑幼儿可能获得的"隐性"经验;不应只重视直接教学,也应该重视间接教学;不应把幼儿园课程看作幼儿园内部的教育工作,而应把家庭、社区的教育资源尽量发掘出来;等等。

2. 生活化原则

生活化是幼儿园课程的基本特点。它既体现在课程内容的选择上,也体现在课程的组织上。生活化体现在课程内容的选择上,更多指的是课程内容要贴近幼儿的生活经验和生活实际,加强教育与生活的联系,使幼儿园教育生活化;生活化体现在课程的组织上,则更多是指"寓教育于一日生活中",使幼儿园的生活"教育化"。例如,幼儿园的生活中蕴含着许多有价值的教育内容,教师可以将这些内容纳入教育计划,生成课程,这既是教育生活化,也是生活教育化。

3.主体性原则

课程组织的主体性指的是要把课程组织视为教师主动引导的、幼儿积极参与的教育教学过程。幼儿是学习的主体,只有幼儿主动参与、主动建构,课程内容才能内化为他们的学习经验,从而促进其身心发展;也只有在主动学习的过程中,幼儿的主体性品质才能逐渐形成。幼儿的主动学习包括多方面的特质:内在的学习动机;对目标的直接行动,即动手操作,亲身体验;解决问题;表达和分享经验。因此,幼儿园课程的组织要充分考虑如何让幼儿在与课程环境(教师、同伴、内容、情境等)的相互作用中主动学习。

幼儿的主动学习需要教师的积极引导,由于教育过程具有不确定性,当课程实施过程中出现突发情况时,教师应根据实际情况做出适当的反应。因此,教学计划应"留有余地",一个缺乏弹性的计划不仅束缚了教师,更束缚了幼儿。

(二)幼儿园课程的指导方式

在课程组织过程中,教师需要明确幼儿园课程的指导方式。一般来说,幼儿园课程的指导包括直接指导和间接指导两种方式。

1.直接指导

直接指导是指教师直接传递教育意图,即教师直接把教育信息传递给幼儿,幼儿进行接受学习的教育指导方式。这种指导方式的优点是:比较快捷,幼儿所获信息的准确性较高;教师在课前都有认真备课,能有计划、有步骤地开展教学。缺点是:以教师为中心进行讲解,幼儿被动接受,因而幼儿缺乏积极主动性,学习效果相对较差。

在幼儿园教育活动中,直接指导的方式不可或缺。比如,对幼儿进行优秀传统文化的教育时,可采用讲故事、唱儿歌以及介绍优秀文学作品等直接指导的方式;给幼儿讲解良好的行为规范,可直接给幼儿讲授要遵守交通规则、不能跟陌生人走、遇到危险怎么办等知识要点;给幼儿教授某些技能技巧时,可边讲解边示范,如天平的使用、涂色技巧等。

2.间接指导

间接指导是指教师不直接将教育信息传递给幼儿,而是通过一定的媒介,例如环境创设、玩具材料、问题的提出等,指导幼儿自主操作,引起幼儿的思考,进而使其自主找寻答案的指导过程。这种指导方式的优点是:幼儿参与性、积极性比较高,指导效果比较突出。缺点是:因为不是教师直接给出答案,所以幼儿在自主探索中获得的答案的准确性不是很高,幼儿需要反复试误才能获得正确信息。

在幼儿的活动中,教师常常通过环境的创设指导幼儿与环境互动、与材料互动。例如,从天气预报栏中,幼儿可以获取温度等信息,从而判断自己应该穿哪些衣物,进而知道如何保护自己的健康;在家庭角色扮演的游戏中,幼儿了解到家庭生活中的一些规则,增强了幼儿作为家庭成员的责任感;在娃娃超市的游戏中,幼儿逐渐懂得了如何当好收银员、摆货员,如何依照流程来进行购物,如何与不同的人友好相处;等等。

四、幼儿园课程评价

课程评价是指根据幼儿园的课程要素及其特点,客观全面地对课程进行评析的过程。从拟定目标、选择内容,到活动的设计以及课程的实施,每个环节都极为重要,都能影响实际的教育效果以及预期教育目标的达成。因此,课程评价是很有必要的。它是监督教师不断提升业务能力,促进课程不断创新、完善的一种有效途径。教师通过评价检验课程设计是否合理,依据评价结果对课程加以调整和改进,逐渐完善课程设计,进而提升教育效果。

(一)课程评价的目的

一是了解幼儿的实际发展状况,使教师能够针对幼儿的需要、特点及个体差异,确定教育活动的目标、教育内容、教育活动形式以及指导方式等。

二是了解课程的目标、内容、实施过程以及幼儿整体的发展状况,从而评价课程是否符合教育目的,是否适合幼儿。

(二)课程评价的要素

课程方案、课程实施过程、课程实施效果是课程评价的三个要素。在进行课程评价时,需要从这三个方面入手。

1.对课程方案的评价

首先,要检查课程方案的理论依据是否科学合理。其次,要检查课程方案的结构是否合理,是否兼顾了不同年龄段幼儿发展的需要和课程本身完整性的需要,以及课程的各个构成要素之间是否具有高度的一致性。具体来看,要检查课程目标的制订是否全面、合理,课程准备是否充分,材料是否丰富,场地的选择是否符合幼儿的需要,课程流程是否由浅入深、环环紧扣、抓住了重点和难点,等等。

2.对课程实施过程的评价

通过对课程实施过程的评价,可以了解学习环境的创设情况、幼儿在课程活动中的反应、教师在组织环节中的态度和行为、师幼互动的质量等。可见,课程实施过程评价主要包括对幼儿发展的评价和对幼儿教师的工作评价两方面。

对幼儿发展的评价不仅要关注幼儿在活动中获得的知识经验,更要关注幼儿在活动中建立的良好的情感、态度以及在活动中所学习到的技能技巧等。

对幼儿教师的工作评价包含：教师对幼儿积极性的调动是否恰到好处；师幼互动的质量是否得到保证；教学方法是否科学合理；组织方式是否既能满足全体幼儿的发展需要，又能关注到幼儿的个体差异；教师是否具备随机教育能力；等等。

3.对课程实施效果的评价

为了进一步优化课程方案，提升教师的教学技能技巧，有必要对每次课程的实施效果进行科学、合理的评价。对课程效果的评价包含：课程目标是否达到了预期值；幼儿的参与性是否在教师的合理预期内；教师驾驭课程的能力是否得到了提高；课程所需要的环境创设是否有利于幼儿发展；等等。

（三）课程评价需要注意的事项

总体而言，幼师在进行课程评价时，需要注意以下事项。

1.应坚持客观与真实的原则

在幼儿教育评价中坚持客观、真实的原则，就是要把通过观察、测量、访谈、调查等方法所获得的资料真实地记录下来，然后根据相关教育思想和指导原则对其进行分析与判断，合理地做出评价。教师在进行教学评价时也一样，要如实地记录幼儿的行为表现，然后再做评价。

2.要有利于幼儿的发展

关注幼儿的发展态势始终是人们课程实施和课程评价要遵循的原则。要关注幼儿学习与发展的整体性，尊重幼儿发展的个体差异，理解幼儿的学习方式和特点，重视幼儿的学习品质。只有达到上述4项标准，课程评价才是真正做到了有利于幼儿的发展。

对幼儿学习与发展的评价应注意以下五点。

①课程评价要尊重幼儿的个体差异，慎用"横向比较"，最好对幼儿自己的早期表现与现在的情况做比较，不要轻率地对不同幼儿进行比较。

②课程评价要充分考虑幼儿发展的全面性，不能只看重幼儿认知的发展而忽略其情感、态度和社会性等方面的发展。

③课程评价要收集不同方面的资料，包括对幼儿进行的定期观察和记录、家长提供的资料、幼儿的学习作品等。

④评价的结果要全面、客观，并与家长沟通评价结果，便于家长更好地了解自己的孩子，加强家园合作。当然，评价结果要以正面的方式告知幼儿，以保护幼儿的自信心。例如，要以希望的口吻对幼儿不足的方面提出要求。

⑤课程评价时要给予幼儿足够的参与机会，要接纳幼儿的看法，发展幼儿的自我评价能力，让幼儿看到自己的优点和进步，增强自信心。

3.充分发挥教师的主体性

课程评价主要是检测教师的教育行为是否达到了预期目标,只有让教师亲身参与课程评价的过程,评价才能起到改进、发展课程的作用。因而,在课程评价时,应遵守以教师自评为主,园长、其他教师参与评价为辅的基本原则,充分尊重教师的主体地位,与教师充分交流沟通,避免教师产生评价压力,应把评价过程看作一个平等研讨、共同交流、共同进步的过程。只有在这一原则的指导下,教师才能在每一次活动结束之后,自觉对自己的教育活动进行全面的分析和反思,并接受他人对自己教育活动的评价,以不断促进自身专业技能的发展。

总而言之,幼儿园课程评价的主要目的是促进课程改进和发展,为幼儿的学习与发展指明方向,为幼儿的全面和谐发展提供适宜的条件。

综上所述,一套完整的课程方案必须包括4个基本要素:课程目标、课程内容、课程的组织和指导方式、课程评价。这4个基本要素相辅相成,协调一致,在幼儿学习中共同发挥着积极作用。

第二节 国外学前教育课程模式分析

纵观我国学前教育课程发展史,国外学前教育课程模式在我国学前教育课程发展历程中发挥着重要的作用。因此,梳理和了解国外学前教育课程模式是很有必要的,有助于我们更好地把握相关学前教育课程模式,进而优化学前教育课程的组织与实施,提升学前教育课程质量。本节将带你认识几种国外学前教育课程模式。

一、蒙台梭利课程

蒙台梭利课程源自意大利,在世界幼儿教育中有着广泛的影响。

(一)课程理论基础

蒙台梭利课程是与蒙台梭利的儿童观和教育思想紧密联系在一起的。蒙台梭利的儿童观强调"发现儿童",这也是蒙台梭利课程的出发点。[1]"自由"也是蒙台梭利一直强调的,在她的教育体系中,自由教育占有特别重要的地位。

1.蒙台梭利的儿童观

蒙台梭利认为儿童是成人之父。[2]与此同时,在她看来,儿童具有自我发展的潜能——儿童发展是其天赋能力的自然表现,而且在儿童的心理发展过程中存在敏感期。

---

[1] 傅淳,殷思华.蒙台梭利课程与瑞吉欧课程的比较研究[J].学前课程研究,2008(6):52.
[2] 玛利娅·蒙台梭利.蒙台梭利早期教育法全书[M].北京:中国发展出版社,2004:48.

其儿童观具体如下。

(1)儿童是成人之父

蒙台梭利的儿童观受到了卢梭、裴斯泰洛齐、福禄培尔等人的教育思想的影响,她主张在良好的环境中发展儿童的潜能。她认为在某种程度上是儿童创造了成人,因为不经历童年的成长就不存在成人,所以儿童是成人之父。她强调成人应当向儿童学习,建立相互尊重的成人与儿童的关系,因为儿童是所有爱的源泉。蒙台梭利的儿童观的核心是以儿童发展为本,尊重生命的发展,实现儿童的自由发展。

(2)儿童具有吸收性心智

儿童具有一种不为自己所意识的感受能力,他们能积极地从外部世界获取各种印象和文化,并有一定选择地进行吸收,将其内化为自身心理的一部分,这就是"吸收性心智"。在蒙台梭利看来,母亲给予儿童的只是身体,儿童自身在与周围环境的接触中获取各种经验和认知,最终利用周围环境塑造了自己,成长为成人。

(3)儿童发展存在敏感期

从生物学的角度出发,可以认为儿童心理的发展有着各种敏感期。在敏感期内,儿童对某一事物或活动的学习会特别容易。儿童的敏感性是一种暂时的倾向,一旦度过敏感期,这种敏感性也就消失了。敏感期与外界环境相关,当环境适宜时儿童的发展迅速,而当缺乏适宜环境时儿童将失去某些发展契机。因此,蒙台梭利强调应紧紧抓住儿童的最佳教育时机,给予孩子恰当的引导。依据蒙台梭利对婴幼儿敏感期的观察,可以归纳出儿童的九大敏感期:语言敏感期(0~6岁)、秩序敏感期(2~4岁)、感觉敏感期(0~6岁)、对细微事物感兴趣的敏感期(1.5~4岁)、动作敏感期(0~6岁)、社会规范敏感期(2.5~6岁)、书写敏感期(3.5~4.5岁)、阅读敏感期(4.5~5.5岁)、文化敏感期(6~9岁)。

(4)儿童发展具有阶段性

儿童始终处于不断发展之中,其心理发展是连续性和阶段性的统一。处于不同发展阶段的儿童有着不同的心理表现。儿童的心理发展大致可以划分为三个阶段:第一阶段是0~6岁,是儿童各种心理功能的形成期,也是儿童个性形成的最重要时期,其又可以细分为0~3岁的"心理胚胎期"和4~6岁的"个性形成期";第二阶段是7~12岁,是儿童心理发展相对平稳的时期;第三阶段是13~18岁,是儿童身心发生明显变化并且逐渐走向成熟的时期。儿童的发展是一个连续的过程,后一阶段的发展以前一阶段为基础。在儿童的不同发展时期,成人应为儿童提供不同的环境和指导,帮助儿童获得最佳发展。

2.蒙台梭利的教育观

自由教育是蒙台梭利教育思想的重要特征。蒙台梭利主张给予儿童自由,让儿童通过自主的学习,发展生命力和个性。在蒙台梭利看来,科学的教育学基本原理就是让儿童能够得到足够的自由,即允许儿童个性发展,让他们可以无拘无束地展露自己的个性。蒙台梭利认为,使儿童获得自由就必须要使儿童的天性得到自然表现和发展。在开展自由教育时,要注意三个方面:在自由的基础上培养纪律性和秩序感,在自由的练习活动中发展意志,在自由的活动中培养社会性。

(二)课程结构

下面将从课程目标、课程内容、课程实施三个要素来阐述蒙台梭利课程的结构。

1. 课程目标

蒙台梭利的最终教育目的是通过培养具有健全人格的儿童来建设理想的和平社会。蒙台梭利课程强调尊重儿童的自由选择,积极准备良好的教育环境,充分发挥儿童的内在潜能,让儿童进行自由、自主的学习,实现儿童的自我发展和自我完善。因而,蒙台梭利课程的目标是:通过科学的方法激发儿童的潜力,使之获得自由的展现和自然的发展,将儿童培养成为独立自主、人格健全的人。

2. 课程内容

蒙台梭利课程内容可大致分为六个方面,分别是日常生活教育、感觉教育、语言教育、数学教育、科学文化教育和艺术教育。

(1)日常生活教育

日常生活教育是指儿童通过参与、体验日常生活,掌握基本的生活技能。儿童教育必须从日常生活入手,不仅要促进儿童身体的发展,也要让儿童学会如何与人交往、如何适应社会和环境、如何继承文化传统等。日常生活教育内容包括学习生活规则、学会照顾自己、培养生活技能、培养文明礼貌的行为等。

(2)感觉教育

感觉教育是蒙台梭利课程的重要内容之一,在蒙台梭利课程体系中占有十分重要的地位。学前儿童期是感觉训练的关键期,感觉教育可以有效促进儿童的智力发展,也是儿童认识世界的重要途径。感觉教育主要包括视觉、听觉、触觉、味觉、嗅觉等感官训练,其目的是通过多种感官训练,使儿童的感受性更加敏锐、精准,为其他能力的提高奠定基础。感觉教育主要依靠蒙台梭利教具来实现,不同感觉的训练有不同的教具和方法。

(3)语言教育

蒙台梭利把语言看作高级心理活动的先决条件,认为语言发展能促进智力发展。语言训练包括口语训练和书写训练两大方面。语言教育活动的内容主要包括谈话活动、讲述活动、听说游戏、早期阅读、文学作品欣赏等。蒙台梭利主张语言学习与肌肉动作相结合、与教具材料相结合、与良好环境相结合,促使儿童在语言发展关键期内得到有效发展。蒙台梭利课程的"三段练习法",通过词汇与物体、动作、现象相匹配,帮助儿童理解、掌握语言。

(4)数学教育

儿童通过接触一些具体的数学材料,发展秩序感、顺序感、精确感、细节感,从而为数学技能的培养和思维的发展奠定良好基础。蒙台梭利的数学教具分为四种类型:0到10的数字,线性数数材料(系统地由小到大数出连串的数),小数系统(用金色小球表示数字中不同位置值的意义),简单的算术运算。通过教具操作活动将抽象的数学知识具体化和形象化,便于儿童理解。

(5)科学文化教育

蒙台梭利课程还为儿童提供地理、历史、生物等领域的内容,目的在于加强儿童对于文化和科学知识的学习。通过为儿童提供直观的自然模型等相关教具,引导儿童认识周围的客观世界;通过各种活动和方法,引导儿童认识各民族的文化。

(6)艺术教育

蒙台梭利要求用各种艺术作品和艺术材料来装饰、布置活动环境,以供儿童进行艺术欣赏和艺术创作。在美术方面,给儿童提供颜料、纸张、画笔等各种材料,引导儿童进行绘画、手工制作等活动。在音乐方面,可以通过唱歌、乐器演奏、动作表现等活动来完成艺术教育课程。

3.课程实施

环境和教具是蒙台梭利课程实施的重点。蒙台梭利课程的实施主要包括提供"有准备的环境"和使用蒙台梭利教具两个内容。

(1)提供"有准备的环境"

蒙台梭利课程的实施是以环境为基础的。教育环境包括教师、环境和儿童三个要素。成人要为儿童提供"有准备的环境",帮助儿童得到自我发展。在"有准备的环境"中,儿童可以自由、独立地生活,不受成人的干扰而进行自发活动,从而实现"不教的教育"。"有准备的环境"分为物质环境和精神环境两部分,物质环境包括活动室环境、自然环境等,精神环境包括教师与儿童的关系、同伴关系等。蒙台梭利强调教育环境应具备六个要素,分别是自由的观念、结构与秩序、真实与自然、和谐与美感、蒙台梭利教具和群体生活。"有准备的环境"提出了六个方面的要求:第一,创设有规律、有秩序的生活环境;第二,提供有吸引力的、实用的设备和用具;第三,允许儿童独立地活动,自然地表现,使儿童能意识到自己的力量;第四,丰富儿童的生活经验;第五,促使儿童智力发展;第六,培养儿童的社会性行为。

(2)使用蒙台梭利教具

蒙台梭利设计开发了一系列独具特色的蒙氏教具,她将儿童使用教具的活动称为"工作",而将儿童日常玩耍普通玩具的活动称为"游戏"。使用教具的"工作"才是儿童最主要的活动,才能促进儿童多方面能力的发展。课程的实施应依托教具,儿童能够通过独立地使用教具来建构自我,实现自身的成长发展。蒙台梭利教具的特色有:①教具的色调朴实,突出各种教育目标;②教具的尺寸、大小充分考虑儿童的特点和能力;③每个教具都有吸引儿童的因素;④教具设计以一个教具供一个儿童操作为主要原则;⑤教具的使用有其步骤和顺序;⑥设计上具有控制错误的特性,儿童可以自行发现并纠正错误;⑦教具使用由简到繁。

(三)教师作用

蒙台梭利从根本上颠覆了传统的教师与儿童之间的角色关系。她反对填鸭式的灌输教育,强调儿童是学习的主体和中心,倡导儿童自我教育、自我发展。教师是儿童活动的观察者、引导者、示范者和支持者。

1. 观察者

教师首先应是一位观察者,必须运用科学的方法去观察和研究儿童。教师观察的目的是激发儿童的潜能。只有通过观察才能深入了解儿童,发现儿童发展的问题所在,从而有针对性地提供帮助和进行指导。

2. 引导者

虽然蒙氏教育强调儿童的学习以自我学习为主,但教师的引导也必不可少。儿童在自主活动时,教师要及时关注儿童的需要和诉求,给予儿童足够的关心和鼓励,进行有效的启发和引导。教师应更多发挥其指导作用,而且这种指导应随着儿童自主能力的增强而逐渐减少,使儿童能够真正独立自主地学习和发展。

3. 示范者

教师应当为儿童提供各种示范,这种示范包括日常生活中的各种细节,如走路、关门、起身、坐下等。只有通过示范,才能使儿童体会到行为的真实性,并进行有效学习。教师的示范应恰如其分,既要把握好时机,又要富有启发性。

4. 支持者

教师应为儿童的自主发展提供各种支持,尤其要注重提供环境的支持。教师要把活动室布置得美观、整洁、有序,符合儿童的认知心理,营造出有利于儿童学习的氛围和环境。教师要根据儿童的兴趣、爱好和需要,去准备各种各样的教具,做好各种准备工作。

(四)课程评价

蒙台梭利课程模式打破了传统学前教育课程的落后观念,建立起了在当时较为先进的课程方案,至今依然具有相当大的影响力。这充分证明该课程模式具有旺盛的生命力。蒙台梭利课程最大的特点是具有鲜明的实践性。蒙台梭利提出了个性化学习、有准备的环境、蒙氏教具、混龄教学等一系列独具特色的课程理论,并在世界范围内的学前教育中得到了实践,取得了一定的成果。蒙台梭利的理论基于对智力缺陷儿童心理机制的细致观察,进而发展为学前教育的一般方法,而其教育方法在全世界的影响是巨大的。

正是由于蒙台梭利十分偏重学前教育实践,缺乏对课程体系的理论梳理,因而人们对于其课程理论有多种解读,甚至有人认为蒙台梭利没有完整的教育思想。对于蒙台梭利课程体系,有人认为其忽视了儿童创造力的培养,有人认为其感觉训练过于孤立,有人认为其否定了游戏的作用及价值,等等。对于蒙台梭利的课程思想,人们应保持一种创造性学习与借鉴的态度,取其精华,舍弃不适宜之处。

二、高瞻课程

高瞻课程源自美国,也称为高宽课程、海因斯科普(High/Scope)课程,它是20世纪60年代由戴维·韦卡特在美国密歇根州伊普西兰蒂公立学校系统中的佩里学前学校所设计的一套认知导向的学前教育课程。[①]其核心思想是:激发幼儿主动学习。

(一)课程理论基础

高瞻课程的理论基础为皮亚杰的儿童认知发展理论,高瞻课程被视为最有影响力的皮亚杰学前教育方案之一。高瞻课程的理论体系在经历了三个阶段的发展之后,得到完善。

第一阶段:课程关注点主要放在儿童入小学前的知识与技能准备方面。教育目标明确,在前数学、前科学和前阅读等方面制订了有序计划,鼓励儿童按程序学习。这一阶段尚未真正将皮亚杰理论引入教学之中。

第二阶段:接受了皮亚杰关于儿童处于不同发展阶段的观点,从原先强调对儿童前学业技能的训练,转变为强调根据每一个儿童的发展水平促进其发展。运用皮亚杰式的任务方法,通过提出那些已知答案的问题进行教学,但儿童还没有获得真正意义上的主动性。

第三阶段:皮亚杰关于"儿童作为知识建构者"的思想在课程中得到了体现,强调教师通过直接和表征的经验,以适合幼儿发展的方式帮助幼儿增强认知能力,而非通过机械传

[①] 王聪颖.高瞻课程在我国幼儿园区域活动中的本土化建构——基于幼儿"主动学习"的核心思想[J].潍坊工程职业学院学报,2020(6):96.

授技能的方式促进儿童发展。在此阶段,儿童被看成主动的学习者,儿童能在自己计划、进行和反应的活动中获得良好的发展。

(二)课程结构

下面将从课程目标、课程内容、课程实施三个要素来阐述高瞻课程的结构。

1.课程目标

高瞻课程的目标是随着课程的发展而不断修改的。在第二阶段,高瞻课程的目标是有效促进儿童认知能力的发展,为今后的学习奠定基础。每个方面的目标都按照从简单到复杂、从具体到抽象、从动作水平到言语水平的顺序提出。在第三阶段,核心目标是促进儿童的主动学习,促进儿童的认知、情感和社会性协调发展,培养儿童成为主动学习者。主动学习是指由学习者发起的学习,是学习者主动建构知识的过程。高瞻课程的具体目标是培养儿童做决定和做选择的能力,培养儿童解决问题的能力,培养儿童在集体中与他人合作的能力,培养儿童用语言、文字和绘画等形式表达自己的经历、感情和思想的能力,培养儿童好问的习惯,培养儿童多方面的兴趣和自我价值感。

2.课程内容

高瞻课程的内容来源于儿童的兴趣和关键经验两种资源,而关键经验是高瞻课程的核心。关键经验是指儿童在主动学习的过程中通过操作物体、与人交往和处理情境而获得的有益于其发展的核心经验。高瞻课程依据主动学习是儿童发展过程的核心理念和皮亚杰有关前运算阶段儿童认知特征的理论,确定了十大项50多条关键经验,以此作为制订课程计划和进行评价的指标。

高瞻课程的关键经验具体如下:

第一,创造性的表征:①通过不同感官来认识事物;②模仿各种动作和声音;③将模型、图片和照片与真实场景和事物联系起来;④玩装扮游戏和角色游戏;⑤用黏土、积木和其他材料造型;⑥用不同的笔绘画。

第二,语言和文字:①与别人交流自己有意义的经验;②描述物体、事件和事物之间的关系;③从语言中获得乐趣,如听诗歌朗诵和故事、念儿歌、编故事;④用各种方式进行书写,如涂、画、临摹字母形状,创造性地拼写,正确地拼写;⑤用各种方式阅读,如读故事书、读标记和符号、读"自写"的故事;⑥听写故事。

第三,社会关系:①对材料、活动和活动目的做选择、计划和决定,并将之表达出来;②自己的事情自己做;③在游戏中解决面临的问题;④用语言表达自己的情感;⑤按规则要求参与团体活动;⑥能敏感察觉到别人的情感、兴趣与需要;⑦建立与成人和同伴间的关系;⑧创造和玩合作性游戏;⑨能够处理社会性冲突。

第四，运动：①原地移动身体；②行进中移动身体；③带着物体运动；④用动作进行创造性表现；⑤能够用语言描述运动状态；⑥根据指令进行运动；⑦感觉和表达稳定的节奏；⑧能够按照简单的节奏来运动。

第五，音乐：①律动；②探索与辨认声音；③探索歌声；④发展旋律；⑤唱歌；⑥会简单的乐器。

第六，分类：①探究和描述事物的异同与特征；②分辨与描述形状；③进行分类和配对；④用不同的方式描述和使用物体；⑤同时注意到事物一个以上的特征；⑥区别"部分"和"整体"；⑦描述某些事物没有的特征或不归属的类别。

第七，排序：①对物体的各种特征进行比较，如较长/较短、较大/较小、较重/较轻等；②将物体根据某种特征进行排序，并叙述它们之间的关系（如大/大一些/最大）；③尝试把两个系列的物品区分开来（小杯子/小碟子，中杯子/中碟子，大杯子/大碟子）。

第八，数：①比较两组事物的数量，判断其数量是较多、较少还是一样多；②用一一对应、相互匹配的方式比较两个数群的数量；③点数物体和唱数。

第九，空间：①在容器内填装物体；②将事物加以组合或拆分；③识别和改变物体的形状与排列（包装/扭曲/拉长/堆叠/装入容器）；④从不同的空间角度观察人、事物和场景；⑤从不同的空间体验和描述物体的相对空间位置、方向和距离；⑥解释绘画、图片与照片中的空间关系。

第十，时间：①按信号开始或停止一个动作；②体验和描述不同的运动速度；③体验并比较时间的间隔（短、长、新、旧、年轻、年老、一会儿、长时间等等）；④预见、回想和描述事件的顺序。

高瞻课程的内容即围绕以上一系列关键经验而设计的各种类型的活动。关键经验不是相互排斥的，任何一个单独的活动都可以包含几种关键经验。高瞻课程围绕关键经验，设置不同的"活动区"，如角色扮演区、户外活动区、积木区、读写区、音乐区、木工区、沙水区、美工区、安静区等，儿童在这些活动区域内自由选择材料、创造性地探索，在活动中获得关键经验，从而激发其学习的积极主动性。

3.课程实施

高瞻课程的实施有活动区活动、小团体活动、大团体活动、户外活动等形式，其中儿童自主选择的活动区活动占中心地位。高瞻课程的实施一般包括"计划—做—回忆"三个环节，在这一过程中可以充分体现儿童自主学习的课程理念。

（1）"计划"环节

儿童在教师的鼓励和支持下，自行选择和决定所要做的事情，从而体验独立行动的感受,体会与人合作的快乐。"计划"环节给予了儿童自由表达自身想法的机会,使之意识到自己是一个能动的主体。在计划的制订过程中,教师要给予及时的引导,帮助儿童理清思路,提出完善建议,使制订出的"计划"具有科学性和可行性。

(2)"做"环节

"做"就是儿童具体实施计划的过程。"做"环节是耗时最长的一个环节。儿童通过操作材料、尝试创新、与人合作等方式,不断地发现、探究与解决问题,进而实现思维能力、操作能力、合作能力等方面的发展。此环节中,教师需要为儿童提供各种活动材料,需要设置问题情境以启发儿童,需要直接参与儿童的讨论活动。

(3)"回忆"环节

儿童"做"完之后,需要迅速进入"回忆"环节。儿童通过各种方式再现之前的活动经验,并进行总结或反思。回忆可以使儿童更加明确他们的预先计划和行动效果,为其提供表达经验和想法的机会,从而提升儿童的表达能力、判断能力和反思能力。儿童的回忆既可以是话语表述,还可以是绘画、舞蹈等形式的表现。

(三)教师作用

在高瞻课程中,虽然儿童是主体,但教师仍然起着十分重要的作用。教师不是儿童的管理者、监控者,而是鼓励者、互动者,同时教师也是课程的开发者。

1.鼓励者

高瞻课程认为教师是儿童解决问题的积极鼓励者,教师的主要作用在于提供材料,提出问题和建议,并明确要求儿童使用某种方式制订计划。高瞻课程要求教师更多地去倾听和观察,要让儿童尽可能多说、多思考,鼓励儿童自主解决问题,从而使儿童成为活动的真正主人。

2.互动者

高瞻课程十分重视教师与儿童之间的积极互动。通过这种互动,教师可以有效帮助儿童自主进行经验的建构,避免直接传授。教师要为儿童创造出一种良好的心理环境,营造一种具有支持性的学习氛围,使儿童能够自由探索、自主学习。高瞻课程要求教师与儿童分享管理权,教师与儿童共同参与活动,使儿童在主动的学习活动中建立起亲密的伙伴关系。在高瞻课程中,教师成了儿童集体活动中的一员。

3.开发者

教师作用的发挥需要经历一定的过程,这一过程即制订计划—观察儿童活动—评价儿童活动—制订新计划,其实质就是一个不断循环反复又螺旋上升的课程开发过程,而教师在其中的角色就是课程开发者。教师在进行课程开发时,要始终围绕关键经验来组织课程,同时要根据一日生活制度、儿童的具体情况等方面的因素来制订计划。

（四）课程评价

高瞻课程在发展过程中，历经诸多学前教育工作者的实践、思考、反馈、完善、再实践，逐渐形成了体系完备、理论与实践结合紧密的课程特色。高瞻课程是一种能高质量地服务于儿童的有系统、有组织的课程模式，被认为是一种适宜儿童发展的教育实践。高瞻课程对于儿童的长远发展具有一定的正面影响，对世界各地学前教育课程的理论和实践都产生了较为深远的影响。

高瞻课程重视环境的创设和材料的提供，强调通过环境进行教育，支持和引导儿童进行主动的探索活动。高瞻课程不要求购置和使用特殊的材料，主要花费在为儿童设置学习环境上，课程实施成本低。高瞻课程每一部分的内容都既有指导理论，又有具体的应对策略，还提供典型案例，操作性极强。高瞻课程对于教师专业素质的要求很高，尤其是课程实施，其对教师而言具有巨大的挑战性。但在实施高瞻课程的过程中，教育者自身也能得到很好的教育和训练。

三、瑞吉欧课程

瑞吉欧课程和蒙台梭利课程一样，也是源自意大利，在儿童观、教育观、课程目标、课程实施等方面有相似之处，但因二者产生于不同历史时期、受不同理论影响，各自也有自己独特鲜明的特点。

（一）课程理论基础

瑞吉欧课程广泛借鉴了各种先进的理论，一方面它深受意大利文化教育传统的影响，另一方面它还受到以杜威为代表人物的欧美进步主义教育思想和以皮亚杰、维果茨基为代表人物的建构主义心理学思想的影响。在吸取各种理论的基础上，瑞吉欧课程形成了自己独特的教育理念。

1.瑞吉欧课程的儿童观

儿童是社会的一分子，是社会文化的参与者，他们有权利表达自己的看法；每一个儿童都是一个独特的个体，他们拥有巨大的发展潜能；儿童的学习具有主动性，他们在与外部世界的相互作用中主动地建构自己的知识与经验；每个儿童都是有差异的，儿童之间渴望进行相互交流和学习；儿童天生都是艺术家，他们能够通过不同的媒介来表达自己对世界的认识。

2.瑞吉欧课程的教育观

教育要以儿童为中心，要充分考虑儿童的经验、兴趣及需要，要充分发挥儿童在课程决策以及教育过程中的作用。环境是第三位教师，要为儿童创造一个良好的环境，促使儿童与周围环境发生相互作用，进而帮助儿童建构自己的知识经验体系。瑞吉欧课程还主张"以学定教",充分给予儿童自主探索的时间和空间,进一步发挥儿童的学习潜能。

3.瑞吉欧课程的课程观

瑞吉欧教育者认为,学前教育课程体系具有开放性、发展性、实践性的特点。因此,瑞吉欧教育者不同意将其教育体系称为课程模式,他们认为"模式"称谓与瑞吉欧课程的动态性和生成性不相符,瑞吉欧教育者希望其课程体系在实践探索中不断优化、改进。

(二)课程结构

下面将从课程目标、课程内容、课程实施三个要素来阐述瑞吉欧课程的结构。

1.课程目标

瑞吉欧课程目标中,没有预先制订详细、具体、可操作的行为目标,而是强调在活动过程中充分发挥儿童的主体性和创造性,在学习过程和具体情境中促使生成性、表现性目标的实现。瑞吉欧课程具有强烈的人文主义色彩,它更强调培养儿童完整的人格,培养儿童的想象力和创造力。因此,瑞吉欧课程的目标表述为:让儿童更健康,更聪明,更具潜力,更愿学习,更好奇,更敏感,更具随机应变的适应能力,对象征语言更感兴趣,更能反省自己,更渴望友谊。

2.课程内容

瑞吉欧课程没有设置明确的课程内容,更没有固定的"教材"或预先设计好的教育活动方案。瑞吉欧课程的内容来自周围的环境,来自儿童感兴趣的事物、现象和问题,来自儿童的各种活动。日常生活是瑞吉欧课程取之不尽的课程内容资源,这种课程内容通常随机生成,具有多样性和创新性的特点。瑞吉欧课程认为儿童拥有一百种语言,儿童可以通过文字、口语、图形、绘画、雕刻、戏剧、音乐等多种方式去认识世界,去表达自己的思想情感,去开展各种探索活动。这充分展示了瑞吉欧课程内容的多样性。

3.课程实施

瑞吉欧课程主要是以项目活动的方式展开实施的。项目活动是儿童在教师的支持和帮助下,围绕某个大家感兴趣的共性问题,以小组形式为主,进行集体研究与探讨,进而实现儿童自身知识经验的建构。项目活动是瑞吉欧课程的灵魂与核心。项目活动是师幼共建的弹性课程,它的一般流程是:确定项目主题—编制主题网络—讨论设计方案—共同实施方案。

瑞吉欧课程在实施过程中非常注重以下五个方面。

(1)营造优美开放的环境

瑞吉欧学前教育机构环境优美,充满艺术气息,环境布置颇具特色,营造出舒适、温暖、愉悦的气氛。瑞吉欧课程的教育理念认为,环境包含的丰富教育信息对儿童的学习起着积极作用。因而,瑞吉欧课程把环境作为课程实施的要素,在创设时把环境作为教育的

"内容"。

(2)鼓励多样创新的表达

瑞吉欧教育鼓励儿童采用各种符号多样化地表现自己的思想、创造性地表达自己的情感。瑞吉欧学前教育机构为儿童提供了大量的艺术材料,鼓励儿童运用多种表达方式去表达自己的想法、感受等,从而促进了儿童知识经验的建构。

(3)注重合作学习的开展

项目活动多采用小组方式进行,有利于同伴之间的合作研究。瑞吉欧课程注重发展儿童的人际关系,让儿童学会与人合作,强调儿童在与他人相互作用的过程中习得经验。瑞吉欧课程相信,最好的学习发生在儿童之间以及儿童的家庭中,所以特别鼓励和支持儿童进行合作学习。

(4)注重学习过程的记录

瑞吉欧课程特别重视建立教育档案,记录儿童的活动过程。档案是对教育过程及师生共同工作过程与结果的系统记录,不仅包括文字记载,还包括图画、实物、照片、录音、录像、幻灯片等多种形式的记载。档案有利于儿童的再学习、再认识,有利于教师的讨论反思,有利于家长的积极参与,有利于社会人士的支持。

(5)注重各界人士的参与

瑞吉欧课程认为,学前教育是整个社会的事业,不仅需要政府力量介入,还应有家长和学前教育工作者共同组成的委员会直接参与学前教育机构的管理,形成"市政府—幼儿园—社区与家庭—市政府"的循环组织网络。

(三)教师作用

瑞吉欧课程有句名言:"接住孩子抛来的球"。这充分说明了教师的重要作用。教师应与儿童良好互动,成为儿童的倾听者、合作者、协调者、研究者。

1.倾听者

教师要参与到儿童的学习过程中去,认真倾听儿童的想法,观察儿童的行为,并深入分析儿童的心理。教师的倾听向儿童传达了教师的关注、理解和欣赏,因而倾听是教师的一个重要任务。通过倾听,教师可以真正了解儿童的需求,进而为儿童提供必要的帮助和支持,促进其学习与发展。

2.合作者

教师是儿童的合作伙伴,儿童与教师共同探索,相互学习。师幼之间的关系是一种平等的合作对话关系。在项目活动中,儿童与教师一起讨论问题,相互交流各自的想法与认识,实现了有效的互动交流。在这一过程中,儿童成为学习的主体,教师成为儿童学习的合作伙伴,为其提供各种支持和引导。

3.协调者

瑞吉欧课程在实施过程中涉及政府、社会、家庭等各方面,教师需要协调好多方关系,使其互相合作,共同促进儿童的发展。教师要密切联系社区和家庭,让社区为课程的实施提供便利和资源,让家长与教师共同协作,形成良好的家园共育氛围。同时,教师还应积极引导儿童与外界人员建立联系,协调好儿童与成人世界之间的关系。

4.研究者

瑞吉欧课程要求教师记录儿童的学习过程,获取第一手的研究资料,为成为一个研究者做好准备。通过档案记录,教师能够更好地评价课程实施效果,反思课程体系存在的问题,在实践中不断完善课程,同时也促进自身的专业成长。

(四)课程评价

瑞吉欧课程吸收了多种先进理论,开拓出独特的课程体系,为世界的学前教育提供了一个教育典范。瑞吉欧课程的特色体现在多个方面,例如:灵活运用互动合作,非常重视生成课程的作用,促进学校、社会和家庭的合作,重视项目活动的开展,等等。瑞吉欧课程尤其注重通过对象征性表达方式的系统运用,促进儿童的智力发展。瑞吉欧课程鼓励儿童通过各种方式进行表达,如谈话、运动、绘画、建造、雕刻、拼版等,从而使儿童能够自由地表达思想和主动地建构知识。

四、多元智能课程

多元智能课程源自美国,以教育心理学家加德纳的多元智能理论为基础,旨在有效发展幼儿的智能,具有开放性、综合性和开拓性的特点。在新课程改革不断深入和提倡素质教育理念的当今时代,多元智能课程表现出了巨大的潜力和蓬勃的活力。

(一)课程理论基础

加德纳把智能定义为:在某种社会和文化环境的价值标准下,个体为解决自己遇到的难题创造出某种产品所需要的能力。他认为,人的智能不是某一种能力或几种能力的整合,而是相对独立、相互平等的多种智力,具体可划分为八种。

第一种是言语/语言智能,是指有效运用听、说、读、写的能力,包括把文法、音韵学、语义学、语言实用学结合在一起并运用自如。

第二种是逻辑/数理智能,是指有效运用计算和推理的能力,包括对事物间各种逻辑关系的敏感性和进行数理运算。

第三种是视觉/空间智能,是指利用三维空间的方式进行思维的能力,包括感受、辨别、记忆、改变物体的空间关系并借此表达思想和情感。

第四种是身体/运动智能,是指灵活操纵物体和调整身体的能力,包括特殊的身体技巧、能够做出恰当的身体反应以及善于利用身体语言。

第五种是音乐/节奏智能,是指感受、辨别、记忆、改变和表达音乐的能力,包括对节奏、音调、音色、旋律的敏感性以及作曲、演奏、歌唱等。

第六种是人际交往智能,是指与人相处和交往的能力,包括觉察、体验他人的情绪、情感和意图并据此做出适宜反应。

第七种是自我认知智能,是指认识、洞察和反省自身的能力,包括能够正确地意识到和评价自身的情绪、动机、欲望、个性、意志以及自尊、自律、自制。

第八种是自然观察者智能,是指观察自然界中的各种形态,对问题进行辨认和分类,能够洞察自然或人造系统的能力,包括能够辨识植物,对自然万物分门别类,并能从事生产。

在多元智能理论的基础上,多元智能课程形成了独具特色的儿童观、教育观和评价观。

(二)课程结构

下面将从课程目标、课程内容、课程实施三个要素来阐述多元智能课程的结构。

1.课程目标

多元智能课程努力为儿童多方面的发展提供良好的教育环境,确定、支持和发掘每个儿童的强项,并为其寻找最适宜的学习方式,使儿童的智能得到有效发展。作为多元智能课程代表的光谱方案,其课程目标是:发展儿童的多种智力及相关的关键能力。

2.课程内容

多元智能课程是关注问题解决的课程,多以情境式的学习主题为中心,课程内容的深度和广度可以不断延伸、拓展。多元智能课程强调让儿童在生活、实践中学习探索,呈现出一种综合式、立体式的内容体系。以光谱方案为例,其内容主要是根据关键能力而设计的,涉及语言、数学、自然科学、机械和构建、视觉艺术、社会认识、音乐和运动等八个领域,每个领域由15至20个活动构成。每个领域为教师提供了不同类型的活动样板,使教师能够开展各种活动,同时可根据关键技能对儿童进行有效评估。

3.课程实施

多元智能课程有多种实施方式,这里以光谱方案为例加以说明。光谱方案活动的实施主要可分为四个步骤。

(1)让儿童接触广泛的学习领域

光谱方案设计了八个学习领域,又以此为基础建立了八类学习中心活动,还进一步衍生出八种关键能力。每一项活动的开展都采用自由游戏和结构化活动相结合的方式。让儿童接触广泛的学习领域,从而为儿童不同智力的发展提供丰富的环境,为儿童多元智能的有效开发提供前提保障。

(2)确认儿童的强项领域

在学习活动区中,教师可根据儿童参与活动的兴趣、能力和效果来考察其"关键能力",并从中确认儿童的强项领域。教师可通过参与式观察来确认儿童的弱项与强项,教师的评估标准和评估方式一定要科学合理,否则可能会对儿童的终身发展产生负面影响。

(3)培养儿童的智能强项

一旦发现儿童的强项,教师就需要挖掘和培养儿童的优势智能,以关键能力为指导,设计一些个性化的活动,为儿童"量身定制"课程,为儿童优势智能的发展提供支持和帮助,以发展儿童在某一特定领域的能力。同时,还可充分发挥儿童的优势智能,让儿童在其强项领域内与其他儿童进行交流合作,提升其自信心,培养其领导能力。

(4)将强项领域迁移到其他领域和学业表现中

教师灵活采用各种方法把儿童的强项和优势迁移到其他领域和学业表现中去,使儿童能够在其不擅长的领域中直接或间接地利用自己的优势,从而使儿童能以自己擅长的方式来学习。这种迁移能够促成儿童的全面和谐发展,有利于儿童的终身发展。

光谱方案的主要活动方式有:在教室里设立学习中心,与博物馆等社区资源联合,实行导师制,等等。光谱方案的学习活动可分为四个类型:第一类,以儿童活动为主的小组活动——教师简要介绍、示范,儿童自主进行活动;第二类,教师指导的小组活动——教师和小组的儿童一起进行活动;第三类,以儿童活动为主的大组活动——教师介绍活动后,让儿童自由参与活动;第四类,教师指导的大组活动——教师指导和监控全班的活动。

(三)教师作用

多元智能课程要求教师发挥观察者、评估者、支持者的作用。

1.观察者

观察是确认儿童强项领域的重要手段。教师在日常学习生活中要注意观察每个儿童参与活动的兴趣、行为、效果等,并在观察的基础上判断其智能特点。

2.评估者

教师要非常熟悉八种智能的特征和表现,并能准确运用相应的评估标准,精确评估儿童的优势智能和弱势智能。儿童的潜在优势智能通常不止一种,而是几种,且并不是所有的优势智能都易被察觉,因此,教师需要具备专业的评估素质,才能做好儿童智能的评估者。

3.支持者

教师应鼓励、帮助每个儿童积极表现自己的智能倾向,以便更好地了解其优势智能。教师应根据每个儿童的智能发展特点,为其提供适宜的学习环境。

(四)课程评价

多元智能课程提出了全员全面发展的课程目标,即认为所有儿童都拥有自己的优势智能,每个儿童都能找到适合自己的学习内容和方式。这种课程观彻底颠覆了传统的课程观念,是一种具有划时代意义的新教育理念。首先,其确立了新型的智力观,提出了智力的广泛性和多样性;其次,其转变了传统的教学观,提出了个别化、差异化教学;再次,其创立了全新的评价观,提出了多元化的评价指标和评价方式;最后,其提出了正确的发展观,强调教育应追求儿童的多元智能发展。

多元智能课程具有开放性、综合性、开拓性的特点。多元智能课程并未提出标准化的课程模式,而是重点提出了其课程理念,允许教育工作者在实践中灵活应用和积极完善,因而具有较强的开放性。多元智能课程涉及各个教育层次的改革,涵盖教育领域的各个方面,因此具有较强的综合性。多元智能课程还在继续建设和完善,其课程理论和实践尚处于一种不断探索的状态,因此具有较强的开拓性。

第三节 民族文化与学前教育课程整合的理论基础

实现民族文化与学前教育课程的整合是我国学前教育高质量发展、民族文化传承的诉求。其有着坚实的理论基础。本节将重点介绍民族文化与学前教育课程整合的两大理论基础:多元文化教育理论和人本主义课程理论。[1]

一、多元文化教育理论

多元文化教育理论源于20世纪60年代美国民族复兴运动,其主要的理论基础是美国社会民族理论中的文化多元理论。文化多元理论认为,在一个多民族国家,每个民族都可以保留本民族的语言和传统文化。与此同时,各个民族群体也应融入国家的共享语言文化中。多元文化教育理论在我国的发展以"中华民族多元一体格局"理论和"多元文化整合教育理论"为代表。

1988年,费孝通先生首次提出"中华民族多元一体格局"的理论思想。其核心是"多

---

[1] 李晓梅.基于民族地区幼儿园课程实施现状的思考——以张家川回族自治县为例[D].兰州:西北师范大学,2008:15—21.

元一体"。"多元"是指中国境内56个民族在文化上的多样性和多元发展,即"多元文化";"一体"是指56个民族构成"中华民族大家庭"这一整体,其核心是国家统一。这一思想不仅推动了民族研究的发展,也引起了民族教育界的重视,它迅速成为民族地区教育研究的指导思想和理论支柱。

"多元文化整合教育理论"是在对国内外民族教育理论和多元文化教育理论研究的基础上提出的,也称"多元一体化教育理论"。该理论形成的依据是:在一个多民族国家中,无论是主体民族还是少数民族,都有其独特的传统文化。在人类漫长的历史发展过程中,由于各民族自我文化传递与各民族间的文化交往,各民族在文化上形成了"你中有我、我中有你"的特点。不仅主体民族文化吸收了各少数民族文化,而且各少数民族文化也打上了主体民族文化的烙印。在一个多民族国家中,多种民族文化并存,形成了"共同文化群体",即形成了费孝通先生所说的文化上"多元一体格局"。

"多元一体化教育理论"的核心内涵是:一个多民族国家的教育,不仅要担负本国主体民族优秀传统文化的传承功能,也应担负起本国各少数民族优秀传统文化的传承功能。"多元一体化教育"的内容,除了包含主体民族的文化内容外,还含有少数民族的文化内容。少数民族成员不仅要学习本民族优秀传统文化,也要学习主体民族文化,以提高适应主流文化的能力,求得个人最大限度的发展。主体民族成员除了学习本民族文化外,还要适当学习和了解少数民族的优秀传统文化,以增强民族平等和民族大家庭的意识。"多元一体化教育"的目的是:继承各民族优秀文化遗产;加强各民族间的文化交流;促进民族大家庭在经济上共同发展,在文化上共同繁荣,在政治上相互尊重、平等、友好、和睦地相处,最终实现各民族大团结。

在多元文化背景下,对课程的研究与探索成为多元文化教育实施的落脚点。多元文化的倡导者主张在学校教育的各年级的教材和课程中融入多元文化的内容。多元文化的内容不仅要融入学校的正式课程中,如融入语文、历史等学科课程,而且要融入学校的非正式课程中,如融入学校的图书馆、资料中心等。以差异和多元为基础,多元文化背景下的课程价值观是多元主义教育价值观,它是多元主义价值观在教育中的具体体现,其主要体现在三个方面。第一,多元文化教育的一项重要目标是培养学生的跨文化适应能力,帮助学生学会从其他文化的角度来观察本民族的文化,并获得最大限度的自我理解。第二,给学生提供文化选择的权利和机会,使他们获得适应本民族文化、主流文化以及全球社会所必需的知识、技能和态度。第三,培养学生学习语言、阅读及思考、立论等方面的技能。多元文化教育的实践表明,如果采取一种行之有效的方法进行教学,则可以提高教学质量。教师可运用与少数民族学生的生活经历、价值认同、愿望等有直接联系的观点,把学生的学习内容、所研究的问题与他们的现实生活联系起来,以培养学生的各种技能。

基于多元主义价值观,多元文化课程目标在于:①多元文化课程应反映不同学生的学习状态,应该帮助学生发展切合实际的自我概念,让不同民族的学生共同参与合作学习活动;②帮助学生了解本民族的整体经验,促进文化理解的"敏感性培训";③培养学生正确的价值观、态度与行为;④减少和消除偏见与刻板印象。

我国是一个统一的多民族国家。多元文化教育理论基于我国的多元文化社会大背景,成为研究民族地区教育的理论支柱,同时也满足了少数民族的文化选择和对课程内容的特殊需求,有利于促进少数民族个体的自我发展和社会价值的实现。其意义有以下三点。

其一,通过实施多元文化教育,把少数民族文化纳入国家教育体系中,有利于少数民族文化在多民族国家中与主体民族文化取得平等地位。

其二,多元文化教育承认不同文化群体的人们都有受教育的权利,使得创造少数民族文化的主体能够充分认识自己民族的历史和文化内涵,增强其民族意识和多民族国家观念。

其三,多元文化教育有利于少数民族文化在新的历史条件下发挥其积极作用,为多民族国家的教育增添新的内容,为少数民族文化的创新提供条件。

二、人本主义课程理论

20世纪70年代,在社会人士对结构课程"非人性化"的抨击和结构主义课程论者的自我反省下,主张"人性化"的人本主义课程理论迅速兴起。人本主义课程理论以"第三思潮"和存在主义为理论基础。"第三思潮"认为,如果课程内容对学生来说没有个人意义,学习就不容易发生,学生很快就会遗忘与自己无关的知识,所以,学校课程设置要有利于学生寻找并重视个人的意义。存在主义认为,学校课程最终应由学生的需要来决定,要考虑学生的态度,以人格世界为重点,以人文学科为主。人本主义课程理论的基本主张主要体现在如下四个方面。

(1)课程目标:自我实现

在人本主义者看来,自我实现是人的基本需要,学校课程就是要帮助学习者发现自我,要为每一个学习者提供有助于个人自由和发展的、有内在奖励的经验。教育的目的是促成人的个性完善。自我实现这一理想是人本主义课程的核心。自我实现的人格特征主要体现为整体性和创造性。自我实现就是完美人性的形成、人的潜能的充分发展、人的能力的全域发展。

(2)课程内容选择

从自我实现的课程目标出发,人本主义课程论者提出了课程内容的选择原则——"适切性"原则,主张课程内容的组织应适合学生的生活、要求和兴趣,强调课程内容要关注学习者多方面的兴趣价值,课程的难度要适中。

(3)课程结构的组织

人本主义课程论者主张学校课程结构的组织要注重"整合",它包括三方面的内容:一是学习者的心理发展与教材结构逻辑的吻合;二是情感领域(情绪、态度、价值观)与认知领域(知识和能力)的结合;三是相关学科在经验指导下的综合。课程整合的方式不拘一格,可以按照知识的内在逻辑联系整合,可以以活动为中心整合,可以按内容的相关性整合,等等。在具体的整合过程中,要具体问题具体分析。

(4)课程的实施

人本主义课程的实施方式很有特色,主要有合成教育、价值澄清、创造活动法、人际交往训练法等。这几种方法各有特色,具有较高的参考价值。人本主义课程要求课程应满足学习者的需要,课程设计应考虑学生的发展和心理特征、学生的社会需要,课程内容应观照学生的经验。

人本主义课程主张把学生作为整体的人看待,倡导思维、情感和行为的"整合",重视情意课程和创造活动,提倡学生小组互助,强调学生的自我学习与评价等,不仅对学校课程的设置有普遍的指导意义,同时也适合幼儿园教育的特点,对于民族地区幼儿园课程的设置有重要的参考价值,因此也成为民族文化与学前教育课程整合的理论基石。

第四节 民族文化融入幼儿园课程的影响因素

分析少数民族文化融入幼儿园课程的影响因素是解决问题、改进现状的前提。对此,不同研究者提出了不同的观点。本书认为,影响少数民族文化融入幼儿园课程的因素包括政策、文化生存状态以及幼儿园内部因素。[①]

一、政策的影响

少数民族文化融入幼儿园课程与国家、地方现行的相关政策密不可分。

(一)国家的政策

国家颁布的传承少数民族文化、促进少数民族地区教育发展的相关政策是影响少数

---

① 何静.少数民族文化融入幼儿园课程的个案研究[D].长春:东北师范大学,2016:75—92.

民族文化融入幼儿园课程的重要因素。

学校课程既应该体现一个国家的意志,也应该满足学生个性发展的需求,同时还要考虑地方和学校的差异性。我国的基础教育课程体系明确提出,学校课程应包括国家课程、地方课程和校本(园本)课程。当前,我国民族地区的各级各类学校、幼儿园已经开始积极开发具有特色的、适宜当地学生发展的校本课程、园本课程。可见,少数民族文化融入幼儿园课程具有一定的国家政策基础。

(二)地方政府的政策

地方政府的政策对少数民族文化融入幼儿园课程有着直接影响。教育承载着文化传承的功能,是文化传承的主要手段。一些民族地区十分注重发挥教育的作用,制定了一系列政策促进教育的发展,保障民族文化的传承。比如,某些民族地区为了保护本地区民族语言文化,出台了一系列有关双语教学的政策,在本地各级各类学校的课程中纳入民族语言教育的相关内容。这些地区政府认为,落实双语教学工作是提高民族地区教育质量,加速推进民族地区教育现代化建设及传承民族文化的重要举措,双语教学应从学前教育阶段抓起,逐渐延伸至各个学段。

国家及地方政策对民族文化融入幼儿园课程既提出了要求,也给予了支持和保障。民族地区在国家及地方政策的指导下大力发展教育,将民族文化积极融入各学段课程中,以教育带动民族的繁荣发展。国家与地方颁布的有关文化传承、保护以及民族地区教育发展的政策是影响民族文化融入幼儿园课程的重要因素,在一定程度上保障了民族文化融入幼儿园课程。

二、文化生存状态的影响

文化的生存状态也在一定程度上影响了少数民族文化融入幼儿园课程。随着社会经济的快速发展,民族地区传统的产业环境受到影响,当地人民的生产、生活方式也逐渐发生变化,少数民族文化的生存环境也发生了变化。目前,少数民族文化的生存状态不容乐观。

(一)文化濒危

文化蕴含着人类文明的基因,是民族的血脉,是人民的精神家园。

1.文化濒危趋势

在现代社会发展的大背景下,部分民族传统文化的传承和发展陷入困境,不少民族语言、民族艺术等在逐渐消失,一些少数民族文化濒临失传。

语言是民族文化的重要组成部分和主要载体。值得注意的是,一些民族只有语言,没有文字,文化传承主要依靠口耳相传和示范模仿。随着部分民族语言使用人口减少,许多口头非物质文化面临消亡。同时，人亦是文化传承的重要载体。如今，老人的去世也在一定程度上"带走"了一部分民族文化。

2.少数民族文化濒危的原因

少数民族文化濒危这种状况的出现有如下几个方面的原因。

（1）文化原有的生存环境发生了变化

环境是民族文化延续和传承的依托，一旦民族文化赖以生存的自然环境、人文环境发生变化，其生存发展也必将受到影响。以经济的发展、地域的开放、交通的便利、大众媒体的传播为标志的现代化进程给少数民族成员生活的各个方面带来了冲击，其传承已久的文化开始逐渐流逝。

（2）文化之间的互相交流、接触产生了新的文化环境

民族地区的民族、人口环境较为复杂。随着社会不断发展，民族之间的交流越来越频繁，民族文化之间的碰撞越来越频繁。而在此过程中，一些文化逐渐流逝。首先，在语言方面，随着汉语的普及以及民族间的通婚愈发普遍，一些少数民族语言的使用程度逐渐降低。其次，一些少数民族的生活习惯也逐渐发生变化。

（3）文化自然消亡

从历史发展的角度来看，一个民族的文化经由代际不断传承，在传承的过程中或多或少会丢失一部分，一些文化在代代相传的历史进程中逐渐消失。

3.文化濒危对少数民族文化融入幼儿园课程的影响

文化濒危对少数民族文化融入幼儿园课程产生了一定程度的影响，这种影响体现在两个方面。

一方面，文化濒危引起了少数民族成员对文化传承的担忧，人们担心再不抢救，有些文化就要消失了。因而，民族地区的幼儿园开始积极将本地区的民族文化融入幼儿园课程，探索出开展语言活动、开发语言教材、创设特色环境等方式。

另一方面，许多人对一些快要消亡的少数民族文化的价值并不是特别了解，所以在将这些少数民族文化融入幼儿园课程时便有了顾虑。

（二）语言濒危

语言是文化的核心，语言消失后，文化只剩下碎片。

1.语言濒危的原因

一些少数民族语言面临失传的危险，总体来看，这种状况的出现大致有三个方面的原因。

(1)语言使用情况复杂

少数民族语言的逐渐消亡和少数民族语言的使用情况有密切关系。少数民族语言的使用情况较为复杂,这导致少数民族语言传承困难。

(2)语言环境差

语言的传承需要一定的环境条件。少数民族聚居区的地理分布、人口分布以及民族分布情况复杂导致语言环境差,这也是少数民族语言传承的障碍之一。随着各民族间的交流越来越频繁,有些语言逐渐丧失了其赖以生存的文化环境。

(3)无文字

有些少数民族有语言无文字,语言传承只能通过"口口相传"的方式,而这种方式也使少数民族语言的使用情况不容乐观。

2.语言使用情况不佳导致幼儿园开展活动困难重重

少数民族语言是少数民族文化的重要组成部分,但是目前部分少数民族语言的使用人数正在逐渐下降。同时,没有文字也极大地阻碍了少数民族文化的传承。

(三)人们自身原因

从自身角度来看,忽视民族文化的传承、对本民族文化不够重视、文化的断裂是造成文化生存状态不容乐观的重要因素。

1.忽视民族文化的传承

一个民族的文化蕴含了这个民族的民族精神,是这个民族区别于其他民族的独特标志。目前,一些少数民族文化处于濒危状态。除了社会环境的变化以及其他文化的冲击等客观原因外,主观原因主要是部分少数民族成员忽视了对本民族文化的传承。

2.对本民族文化不够重视

部分少数民族成员对本民族文化不够重视,这可能是由于他们没有萌生出文化自觉意识。一些少数民族人口数量少,本民族文化较为脆弱,容易受外界强势文化的影响。在开放的环境中,在少数民族成员还未萌生文化自觉意识之前,本民族文化便已经开始消亡了。

3.文化的断裂

从文化变迁的角度来看,任何文化都是在不断地发展和变化着的。文化的变迁是一切文化的永存现象。就目前来看,伴随着社会经济的发展、现代化进程的加速、与外界社会交流的增多,少数民族文化的生存空间不断被挤压,在文化的传承上出现了代际断裂,导致一些少数民族成员对本民族文化的忽视,传承民族文化的人也越来越少,这对少数民族文化融入幼儿园课程产生了一定的负面影响。

三、幼儿园内部因素的影响

目前,幼儿园在少数民族文化融入幼儿园课程方面已经做出了一定的努力,尤其是在语言活动的开展方面收获了一些成果。但总体而言,少数民族文化未能很好地融入幼儿园课程。其原因如下。

(一)教师方面的因素

归纳起来,教师方面的因素主要包括:师资缺乏、教师工作任务繁重、教师对少数民族文化了解浅显、教师的少数民族文化课程资源开发意识薄弱、教师培训不到位。

1. 师资缺乏

师资缺乏导致少数民族文化融入幼儿园课程无法得到有效保障。以幼儿园语言活动的开展为例,许多少数民族教师并不会说本民族语言,如果想要在幼儿园里开展少数民族语言活动,就需要聘请会说少数民族语言的教师。

2. 教师工作任务繁重

师资缺乏又引发了教师工作任务繁重的问题,从而导致教师没有精力去关注少数民族文化能否融入幼儿园课程。目前,许多幼儿园都存在不同程度的师资紧缺问题,师资缺乏导致教师工作负担加重,许多教师正是因为工作太忙而根本没有时间去关注少数民族文化融入幼儿园课程。

3. 教师对少数民族文化了解浅显

要使文化资源发挥教育价值,教师首先要对文化资源有充分的认识和了解。部分教师对少数民族文化的了解较为浅显,在谈到少数民族文化融入幼儿园课程时,他们坦言自己了解不多、一知半解,这在一定程度上影响了少数民族文化融入幼儿园课程。

4. 教师的少数民族文化课程资源开发意识薄弱

意识是行动的先导。教师在少数民族文化课程资源开发方面的意识较为薄弱,导致教师仅仅关注幼儿园既定的活动内容,认为把规定的内容教给幼儿就算完成了教学任务,而忽视了身边的少数民族文化课程资源。同时,教师对少数民族文化课程资源的开发与利用也有一定的局限性,主要限于开展语言活动、创设特色环境等形式。

5. 教师培训不到位

少数民族文化融入幼儿园课程出现问题的一个重要原因是幼儿园教师培训不到位。强化师资力量、加强教师培训是促进少数民族文化顺利融入幼儿园课程的关键以及少数民族文化课程实施的保障。

(二)幼儿园工作有待改进

幼儿园工作质量也是影响少数民族文化融入幼儿园课程的一个重要因素。从当前幼儿园工作现状来看,幼儿园工作还有待改进。

1.园所之间缺乏相关交流活动

园所之间相互交流实质上是一个知识共享、经验共享的过程,有助于幼儿园实现共同发展、共同进步。因而,园所间就幼儿教育、管理等问题展开交流讨论是十分必要的。基于园所之间的教研探讨、经验交流、观摩学习,可有效发挥示范和辐射作用。可事实证明,幼儿园在少数民族文化融入幼儿园课程的相关事宜上缺乏讨论和交流活动,这在一定程度上阻碍了少数民族文化融入幼儿园课程。

2.物质资源的缺乏

物质资源作为教学资源的重要组成部分,是幼儿园开展幼儿教育工作不可或缺的媒介。比如,幼儿园里缺少多媒体设备和影音设备,导致语言活动形式单调——教师照着书讲,孩子跟着念,这在一定程度上不利于语言活动的开展。

综上所述,少数民族文化融入幼儿园课程受到诸多因素的影响,政策因素、文化生存状态因素以及幼儿园内部因素等都在一定程度上影响着少数民族文化融入幼儿园课程。

首先,国家、县各级政府出台的相关政策成为少数民族文化融入幼儿园课程的政策保障。同时,中小学开展的民族文化进校园、民族文化课程资源开发及教材开发等活动也为少数民族文化融入幼儿园课程提供了理论、实践方面的经验。这在一定程度上推动了少数民族文化融入幼儿园课程。

其次,少数民族文化的生存状态影响少数民族文化融入幼儿园课程。一方面,部分少数民族文化濒危的状态在一定程度上激发了人们传承少数民族文化的积极性,让人们认为少数民族文化融入幼儿园课程势在必行。另一方面,当前懂少数民族文化的人不多,许多教师虽然想将少数民族文化融入幼儿园课程,奈何对少数民族文化一知半解,不敢轻易开展相关活动,这在一定程度上阻碍了少数民族文化融入幼儿园课程。

最后,幼儿园师资缺乏、教师工作任务繁重、教师对少数民族文化了解浅显、教师的少数民族文化课程资源开发意识薄弱以及培训不到位等是少数民族文化难以顺利融入幼儿园课程的重要原因。同时,园所管理问题、家园合作问题也在一定程度上阻碍着少数民族文化融入幼儿园课程。

【课后实践】

1.简述学前教育的课程要素,并自选主题设计一节学前教育课程。

2.深入了解感兴趣的国外学前教育课程模式。

3.简述民族文化与学前教育课程整合的理论基础。

4.除文中提到的影响因素之外,你认为还有哪些是影响少数民族文化融入幼儿园课程的因素?

第四章　民族地区学前教育中的五大教育理论与课程研究

【学习目标】

1. 了解民族地区学前教育中五大教育的意义。

2. 知道民族地区学前教育中五大教育的内容。

3. 掌握民族地区学前教育中五大教育的指导要点。

【课前思考】

1. 结合自己的生活经历,思考学前教育中健康、语言、社会、科学、艺术这五大教育分别有怎样的意义。

2. 思考学前教育中健康、语言、社会、科学、艺术这五大教育分别包含怎样的内容。

3. 思考如何指导学前教育中健康、语言、社会、科学、艺术这五大教育的开展。

儿童是完整的人,需要接受完整的教育。儿童的全面发展是指儿童在身心各方面的和谐发展,即在德、智、体、美等方面均得到发展。因此,儿童的发展不仅是身体、认知、语言的发展,也应有社会性、情感、人际关系和道德等方面的发展。对儿童实施促进其全面发展的教育是我国学前教育的基本出发点,也是我国教育法规所规定的任务。本章将从健康教育与课程研究、语言教育与课程研究、社会教育与课程研究、科学教育与课程研究、艺术教育与课程研究这五个方面阐述儿童的全面发展教育。

第一节　健康教育与课程研究

幼儿园必须把保护幼儿的生命和促进幼儿的健康放在工作的首位。幼儿健康教育是幼儿健康成长的特殊需要,能为幼儿一生的健康奠定良好的基础。

幼儿健康教育是依据幼儿身心发展的特点,以提升幼儿的健康认识,改善幼儿的健康态度,培养幼儿的健康行为,维护和促进幼儿的健康为核心目标而开展的有组织、有计划、有目的的一系列教育活动。

一、学前健康教育的意义

健康既是幼儿身心和谐发展的结果,也是幼儿身心和谐发展的前提。保护幼儿的生命和促进幼儿的健康是学前教育的重要任务。《幼儿园教育指导纲要(试行)》及《3—6岁儿童学习与发展指南》都将健康教育列为五大教育领域之首。实施健康教育,不仅有利于幼儿的发展,还有利于社会的长远发展。

(一)对幼儿发展的意义

我们可从以下两个方面来理解学前健康教育对幼儿发展的重要性。

1.对幼儿的健康成长有重大意义

幼儿的健康教育事关重大,幼儿园第一要注意的就是幼儿的健康。可见,健康教育在早期教育中具有突出的地位。幼儿正处于身体发育和心理发展的最初阶段和重要时期,维护和促进幼儿健康是第一位重要的事情。因而,关注和促进幼儿的身体健康和心理健康,是幼儿阶段保育和教育的首要任务,这不仅关系到幼儿当前的健康状况,也会对其未来的发展乃至一生的健康产生深远的影响。

2.幼儿的健康是其他领域学习与发展的基础

发育良好的身体、愉快的情绪、强健的体魄、协调的动作、良好的生活习惯和基本生活能力的形成是幼儿身心健康的重要标志,也是其他领域学习与发展的基础。这充分表明了健康领域在幼儿学习与发展中的重要地位。只有有了良好的身体素质和愉快的情绪,幼儿才能精力充沛、积极主动地投入对外界环境的探索,才能与他人建立良好的人际关系,从而获得丰富的感性经验,获得良好的社会性发展和智力发展。

(二)对社会发展的意义

对于社会而言,幼儿在健康领域的发展是社会发展的需要。因为,国民健康水平的提高是国家人口素质提高的基础,也体现出人类的进步与社会的发展。

二、学前健康教育的内容

在幼儿园教育实践中,健康教育的基本内容可概括为三个方面,即身体保健、身体锻炼、心理健康(社会适宜)。具体包括以下内容。

1. 身体保健

①生活、卫生习惯养成教育;②饮食与营养教育;③人体认知与自我保护教育;④安全教育。

2. 身体锻炼

①基本动作的练习;②基本体操的练习;③体育游戏活动;④运动器械活动;⑤小肌肉群锻炼活动。

3. 心理健康(社会适宜)

①积极的自我意识的建立;②良好情绪与适应能力的培养;③人际交往教育;④学习品质教育。

三、学前健康教育的指导要点

幼师在指导健康教育教学活动时,需要做到:从幼儿园的保育工作着手、组织丰富多彩的体育锻炼活动、强调发展幼儿手的灵活性。

(一)从幼儿园的保育工作着手

确保每一个幼儿的安全和健康是幼儿园存在和发展的基本要求。因此,保育是幼儿园工作的前提和基础。根据相关规定,办园规模在3个班以下,在园幼儿不超过75人的,每班至少配备一教一保;办园规模在3个班以上,在园幼儿超过75人的,每班配备两教一保。

1. 为幼儿提供良好的生活条件

幼儿园应为幼儿提供均衡的营养,保证其充足的睡眠和适宜的锻炼,满足幼儿生长发育的需要;创设温馨的人际环境,让幼儿充分感受到关爱,形成积极的情感和稳定的情绪。因此,要做到以下四个方面。

(1)合理的膳食和营养

幼儿园要依据幼儿对营养的需要以及食品的供应情况来制订营养食谱,考虑食物的合理搭配及幼儿对营养的吸收能力,做到幼儿饮食均衡,食物色、香、味俱全,使幼儿能吃饱、吃好。关注幼儿进餐情况,培养幼儿良好的饮食习惯。

(2)充足的睡眠

幼儿园要积极为幼儿创造良好的睡眠条件,例如保持室内空气清新、温度适宜、环境安静、床及被褥舒适等。指导幼儿的睡眠姿势,让幼儿不要蒙头睡、携带玩具入睡等,使幼儿睡眠时能保持放松,进而培养幼儿良好的睡眠习惯。充足的睡眠是保证幼儿健康活动的前提。幼儿午睡时间宜在2小时左右,夏季可延长到2.5小时,冬季可适当减少到1.5小时。

(3)舒适的穿着

幼儿园要保证幼儿穿着合适的衣裤。衣服质地要轻软透气,合身舒适,适合运动,便于穿脱,要根据天气状况及时增减衣服;鞋子要便于幼儿穿脱,便于运动,大小合适。

(4)为幼儿提供一个温暖、轻松、接纳和支持的心理环境

幼儿园要保证幼儿在一个轻松自由的环境和氛围中生活和学习,要让幼儿感受到成人给予的尊重、理解、接纳和关爱,进而使幼儿愉快地生活和游戏,获得安全感和归属感,这有利于促进幼儿心理健康。

2.做好幼儿园的卫生保健工作

幼儿园的卫生保健工作包含对幼儿的晨检与日常护理、环境的清洁、幼儿疾病的预防及常见病的治疗、幼儿健康检查、营养食谱的制订、膳食卫生的检查等工作。卫生保健工作主要由幼儿园的保健医生负责,但是也要得到各班级教师、保育员、炊事员、保洁等人员的大力配合。

幼儿是弱小的,时时刻刻需要成人的保护和照顾,因此幼儿园应加强幼儿的生活护理和环境的安全措施,以保障幼儿健康成长。

3.制订与执行科学的一日生活流程

幼儿园要合理安排幼儿的一日生活流程,保障幼儿的饮食、睡眠、游戏、学习、休息和户外体育锻炼等,促进幼儿有节奏、有规律地生活,做到劳逸结合,健康发展。

(二)组织丰富多彩的体育锻炼活动

开展丰富多样、适合幼儿的体育锻炼活动是增强幼儿体质、增进幼儿健康的积极手段和重要途径。在指导幼儿锻炼身体时,教师要做到以下几点。

1.重视幼儿基本动作的发展

幼儿的基本动作包括走、跑、跳、钻、爬、攀登、投掷、搬运等。教师要在幼儿进行基本动作练习时给予正确指导,不能只顾幼儿的兴趣而忽视动作发展上的指导。例如,幼儿在做跳跃动作时,教师要特别引导幼儿在起跳和落地时做好缓冲,避免幼儿受伤。再如,当幼儿钻爬时,教师要重点指导幼儿的动作,引导幼儿四肢配合。

2.核心目标是提升幼儿身体素质

教师在指导幼儿动作练习的过程中,要时刻考虑幼儿身体素质的提升。例如,教师在指导幼儿做平衡板动作时,既要引导幼儿正确地做平衡动作,也要培养幼儿在平衡板上的坚持性。在钻爬动作的指导中,教师要关注幼儿耐力和协调性的培养等。

3.保证幼儿每日户外运动的时间

幼儿园要在条件允许的情况下,保证幼儿的户外锻炼时间,以提高幼儿机体适应能力,增强幼儿的体质。各幼儿园要根据园内情况灵活地调整幼儿的运动时间,例如在天气条件不允许户外活动时,可适当进行室内运动,以弥补幼儿户外锻炼的不足。

(三)强调发展幼儿手的灵活性

幼儿园要多为幼儿提供动手操作的活动,发展幼儿手部动作的协调性和灵活性,例如绘画、手工制作、建构拼插等活动均能促进幼儿手部小肌肉群的发展,有利于幼儿生活自理能力的培养、手眼协调能力的发展,进而促进幼儿智力的发展。

第二节 语言教育与课程研究

语言是交流的工具和思维的载体。幼儿期是语言发展,特别是口语发展的重要时期。幼儿语言的发展贯穿于各个领域,并对其他领域的学习与发展有着重要的影响。因此,理解语言发展对幼儿全面发展的重要价值,掌握幼儿语言学习与发展的特点和教育要求,是每一位幼儿教育工作者必须具备的专业素养。

幼儿期是语言发展的关键时期。在此期间,如果能给幼儿提供适宜的刺激,满足幼儿的交流需要,那么幼儿的语言能力将得到极大发展。而幼儿的语言教育就是成人有目的地引导幼儿学习语言,进而促进幼儿心理发展的过程。

一、学前语言教育的意义

幼儿的语言发展、思维发展和社会性发展是和谐统一的,语言作为幼儿社会交往和思维的工具,对幼儿其他方面的发展会产生积极的影响,其主要表现在如下几方面。

(一)促进幼儿智力的发展

智力包括观察力、记忆力、思维能力、想象力和创造力等,其中思维能力是智力的核心。语言是思维的材料和工具,没有语言的参与,思维也就无从谈起,更谈不上智力的发展。

1.语言加深和巩固了幼儿初步形成的概念

幼儿通过语言描述自己对各种物体的认知,比较发现各种认知对象的不同点和相同点,并借助语言直接或间接获得新的概念。

2.语言指导并参与了幼儿的认知加工过程

语言可以拓展幼儿认知的范围,还可以直接参与幼儿对周围事物的理解、判断,进而促进幼儿推理能力的形成与发展。在幼儿从直觉行动性思维向抽象概括性思维发展的过程中,语言起到了至关重要的作用。

3.语言促进了幼儿创造性思维的发展

幼儿的创造性学习主要借助想象来进行,幼儿可以凭借语言描述自己想象的情境,也可以运用语言表达自己独特的想法。

(二)促进幼儿社会性的发展

语言是人们交往和交流的工具。幼儿可以通过语言表达个人的需要以及对事物的看法,进而帮助自己建立良好的社会关系。通过语言交流,幼儿可以了解他人的情绪状态及喜好,进而与他人建立良好的关系,有效地化解自己与他人的矛盾和冲突,获得更多的社会体验和生活经验。

(三)促进幼儿其他方面的发展

语言作为一种符号系统,可以与音乐、美术等不同的符号系统沟通互动,实现人们表情达意的功能。在幼儿成长的过程中,语言的学习与发展可以有效帮助他们理解音乐、美术的内容,例如理解一首歌曲的歌词大意、表达的思想,或者理解一幅画的内在含义以及表达的情感,进而获得对音乐和美术的审美感受。由此可知,语言的教育与幼儿其他方面的发展是相辅相成的。

二、学前语言教育的内容

幼儿语言教育的内容是成人传授给幼儿的语言形式、语言内容与语言运用的基本知识、基本态度和基本行为方式的总和。幼儿语言教育的内容可大致分为两类:一类是专门的语言教育,另一类是渗透语言教育。

(一)专门的语言教育

专门的语言教育是指根据语言教育规律组织的语言学习活动。专门的语言教育的内容是依据既定的语言教育目标,通过有计划、有组织的语言教育教学活动来呈现的。专门的语言教育的内容主要包括讲述活动、谈话活动、听说游戏活动、文学活动、早期阅读活动。

1.讲述活动

幼儿园的讲述活动,是以培养幼儿独立构思和完整连贯地表述一定内容的语言能力为基本目的,给幼儿提供积极参与命题性质的实践机会的一种语言教育活动。讲述活动大致包括实物讲述、图片讲述、排图讲述、情境讲述、经历讲述等5个方面。

2.谈话活动

幼儿园的谈话活动是一种有目的、有计划地组织幼儿在一个良好的语言环境中,学习

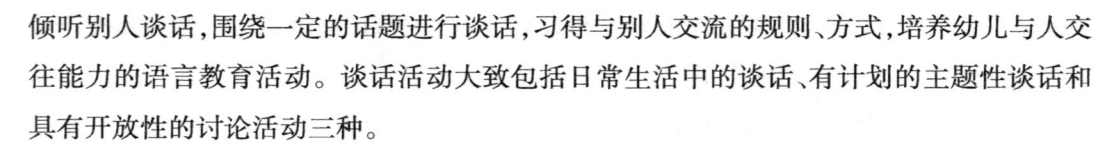

倾听别人谈话,围绕一定的话题进行谈话,习得与别人交流的规则、方式,培养幼儿与人交往能力的语言教育活动。谈话活动大致包括日常生活中的谈话、有计划的主题性谈话和具有开放性的讨论活动三种。

3. 听说游戏活动

听说游戏活动是一种特殊的语言教育活动,是由教师设计组织的,以培养幼儿倾听和表述能力为目标、幼儿有兴趣自愿参加的教学活动。活动的内容主要集中在听和说两大方面。听说游戏活动大致包括语音练习游戏、词汇练习游戏、句子和语法练习游戏、描述练习游戏等。

4. 文学活动

幼儿园的文学活动是以文学作品为基本教育内容而设计组织的一系列教育活动。它能帮助幼儿学习和积累文学语言,培养幼儿灵活且具有创造性地运用语言的能力。幼儿园开展文学活动常用的文学作品有童话、生活故事、儿童诗歌和散文四种类型。

5. 早期阅读活动

早期阅读活动是指幼儿从口头语言向书面语言过渡的前期阅读准备和前期书写准备,主要内容包括让幼儿知道图书和文字的重要性,愿意阅读图书和辨认汉字,掌握一定的阅读和书写的准备技能,等等。早期阅读活动为幼儿系统地学习语言打下坚实的基础,其大致包括前图书阅读经验的习得、前识字经验的习得和前书写经验的习得等方面。

(二)渗透语言教育

语言作为交流、交往的工具,在幼儿学习和活动中具有重要作用。同时,幼儿通过参与活动和游戏,语言能力也会不断得到提高。这种渗透的语言学习形式包括日常生活中的语言学习、人际交往中的语言学习、游戏活动中的语言学习和学习活动中的语言学习等。

三、学前语言教育的指导要点

幼师在指导语言教育教学活动时,需要做到根据幼儿语言学习的特点组织语言教育活动、注重幼儿日常活动中的语言教育、创设良好的早期阅读环境三个要点。

(一)根据幼儿语言学习的特点组织语言教育活动

幼儿的语言学习需要相应的社会经验支持,因而,教师应通过多种活动扩展幼儿的生活经验,丰富其语言的内容,增强其理解和表达能力。教师应根据幼儿学习语言的特点,采取符合学前教育规律的方式组织语言教育活动,激发幼儿运用语言进行交往的兴趣,为幼儿创设想说、敢说、会说的语言环境。

1.引导幼儿在活动中学习语言

幼儿是在认知活动、交往活动中学习语言的。在这个过程中,他们不断地积累词汇量和听说经验,语言能力得以发展。在各种认知活动中,幼儿通过吸收和加工有关的词语和话语,获得多方面的信息,形成相关概念,掌握相应的词语和句子。在日常交往活动中,幼儿主动地吸收、加工和输出语言信息,使自己的语言表达能力得到提升。

2.引导幼儿在游戏中学习语言

游戏活动在幼儿与成人、幼儿与幼儿之间双向互动的过程中随处可见。成人及同伴的积极参与会对幼儿提出更多的挑战。游戏可以帮助幼儿建立个人经验与所学内容之间的联系,强化幼儿学习语言的动机和愿望,加深幼儿对学习内容的理解,使幼儿能够自如地建构知识。

3.引导幼儿在创造中学习语言

在宽松的语言学习环境中,幼儿是愉快的、积极的。成人要为幼儿提供语言交流和表达的机会,鼓励幼儿大胆想象,让幼儿通过仿编诗歌、散文和续编故事等方式表达自己的观点,将语言学习贯穿在一切教育活动中。

(二)注重幼儿日常活动中的语言教育

无论是在家还是在幼儿园,无论是在专门的语言学习活动中还是在其他类型的学习活动中,都存在大量的语言交流和学习的机会。创造无所不在的语言教育环境,支持、鼓励幼儿与教师、同伴交谈,让幼儿了解日常生活中的所见所闻,并通过自己的语言表述传达给周围的人,与他人一起分享,体验分享的快乐。这个过程就是一种学习语言和提升语言能力的途径。因而,有必要让幼儿多听、多说、多练,让他们在宽松而真实的语言运用情境中获得有效的语言经验。

(三)创设良好的早期阅读环境

教师应在生活情境和阅读活动中引导幼儿自然而然地产生对语言学习的兴趣。幼儿园的早期阅读教育活动需要帮助幼儿积累尽可能多的口语词汇,获得较高的口语表达和倾听理解能力,并在此基础上,为他们提供获得前阅读经验、前识字经验和前书写经验的机会,从而为进入小学之后的正式读写学习做好经验准备。

总而言之,作为教师,要时刻为幼儿创设良好的阅读环境和条件,激发他们的阅读兴趣,选择适合他们阅读的书籍,引导他们以自己的经验为基础理解图书的内容,从而培养他们良好的阅读习惯。

第三节　社会教育与课程研究

如果说家庭是幼儿生活的第一个社会环境,那么幼儿园无疑是幼儿生活的第二个社会环境。幼儿园的环境相较于家庭,对幼儿社会化的影响更有针对性、目的性和计划性。幼儿园通过多种形式的教育活动与手段,将社会规范、正向的价值观以及社会生活经验和交往的技能教给幼儿,推进了幼儿的社会化发展。

学前社会教育是指以发展幼儿的社会性为目标,以增进幼儿的社会认知、激发幼儿的社会情感、引导幼儿的社会行为为主要内容的教育。幼儿的社会教育是幼儿全面发展教育的重要组成部分,从幼儿心理发展的结构上看,其包括自我意识、社会认知、社会情感、社会行为技能、社会适应性和道德品质六个方面的教育内容。

一、学前社会教育的意义

任何人都不能脱离社会而生存,更不能离开社会而发展。学前期是人社会化的起始阶段,幼儿在未来能否积极适应各种社会环境,能否处理好与他人和集体的关系,能否勇敢地承担起社会责任,跟这一阶段的生活经验和受教育的状况有很大关系。具体来说,学前社会教育的意义表现在以下几方面。

(一)激发幼儿的内在动力

学前社会教育的核心就是要为幼儿创设宽松、自由的环境,从幼儿的兴趣和需求出发,满足他们内在的发展需求,从而激发幼儿的内在动力,让幼儿将外部规则逐渐内化,使幼儿从他律走向自律。比如带领幼儿参观军营,让幼儿了解解放军叔叔的光荣事迹和历史使命,激发其对军人的敬仰之情,进而培养幼儿的责任感和使命感。

(二)加快幼儿社会化的进程

社会化是个体通过与周围环境的相互作用,由自然人转化为社会人的过程。幼儿园的社会教育就是要把社会文化知识、社会行为规范、社会技能以幼儿能接受的方式传授给幼儿。例如,教师经常给幼儿讲述一些反映社会规范的故事,让幼儿明白其中所蕴含的做人、做事的道理。

(三)促进幼儿人格的全面发展

社会教育是人格培养的重要途径,而6岁之前又是人格塑造的重要时期。良好的社会教育能帮助幼儿形成正确的社会认知,拥有良好的社会情感,形成正确的社会行为,进而促进幼儿健全人格的养成。

(四)提高幼儿的综合素质

良好的个性品质以及积极的自我意识为幼儿的社会发展奠定了基础。通过良好的社会教育,幼儿学会了合作,学会了与人相处,学会了正确处理自己与他人的关系,学会了遵守规则,学会了适应社会环境,成为会学习和会生活的人。

二、学前社会教育的内容

依据儿童心理发展的结构,学前社会教育的内容主要包括自我意识、社会认知、社会情感、社会行为技能、社会适应性、道德品质六个方面。

(一)自我意识

引导幼儿了解自己与周围环境的关系。

引导幼儿用一定的方式表达自己的需求、爱好、情绪与情感。

引导幼儿学习正确评价自己与他人,正确对待他人的评价。

引导幼儿主动参加各种活动,激发其好奇心,培养其解决问题的能力,使其能积极发表自己的见解。

引导幼儿在活动中动脑思考,按自己的意愿选择活动、设计活动、完成活动。

(二)社会认知

帮助幼儿认真倾听并理解任务性的语言,掌握记忆任务的方法,使幼儿能牢记委托,并力争完成任务。

帮助幼儿了解一些日常生活的规则和要求,感悟生活规则的重要性。

帮助幼儿了解自己的成长与家人的关系,培养幼儿对父母等长辈的感恩之情。

帮助幼儿了解周围不同职业的人的劳动与自己生活的关系,使幼儿懂得尊重别人的劳动。

帮助幼儿了解祖国传统的民俗节日,使他们对祖国的传统文化感兴趣。

帮助幼儿了解并熟悉幼儿园的位置及环境,熟悉幼儿园的规则,适应集体生活。

帮助幼儿了解家庭成员、家庭住址、家人电话,清楚家庭成员及亲属之间的关系,懂得尊敬长辈,与兄弟姐妹能够和睦相处。

帮助幼儿了解自己所在的社区及城市,了解自己家乡的风俗、名胜古迹、特产等,激发幼儿热爱家乡的情感。

(三)社会情感

引导幼儿愿意与他人共同游戏、活动,并和睦相处。

帮助幼儿感知周围自然环境、文化环境的美,鼓励幼儿参与社区的大型活动,使之萌发爱周围环境、爱家乡、爱祖国的情感。

鼓励幼儿参与一些力所能及的家务劳动,培养幼儿爱家、爱家人的情感。

鼓励幼儿了解或接触不同国家、不同种族的人,了解他们的风俗习惯。

引导幼儿主动参与各项有意义的活动,体验与同伴交往的快乐。

(四)社会行为技能

引导幼儿在有困难或需要帮助时,通过适当的方式向他人表达自己的需要或想法。

引导幼儿善于与人交往,掌握问候、交谈、与人合作及参与活动的技巧。

培养幼儿按规则进行活动的习惯,增强其执行规则的能力。

指导幼儿围绕自己的生活、学习、游戏制订简单的规则。

(五)社会适应性

引导幼儿遇到困难和挫折时,尽可能自己解决问题。

引导幼儿主动帮助弱小同伴,乐于帮助有困难的小朋友、老人和残疾人,自愿与他人分享玩具、图书和食物。

引导幼儿适应变化的环境,学会自己照顾自己。

指导幼儿较快适应常规和活动的变化,乐于尝试自己没有经历过的事情。

培养幼儿的自我保护意识,让幼儿了解周围环境中的危险,学习应急以及自救措施,提高生存能力,增强社会适应能力。

(六)道德品质

引导幼儿努力做好力所能及的事,不怕困难,具有责任感。

引导幼儿乐意与人交往,学会互助、合作和分享,有同情心。

引导幼儿做事有耐心,能有始有终地做完一件事。

三、学前社会教育的指导要点

幼师在指导社会教育教学活动时,需要做到:提高师幼互动的质量、提高幼儿与同伴交往的能力、关注幼儿的个体差异、培养幼儿良好的社会行为习惯。

(一)提高师幼互动的质量

幼儿只有体会到被关爱、被尊重,才能拥有安全感,进而给予别人关爱。教师要主动建立良好的师幼关系,以身作则,为幼儿提供一个其能感受到接纳、温暖、尊重和信任的人文环境,主动亲近和关心幼儿,经常和他们一起游戏和活动,使他们感受到交往的快乐,进而提升幼儿的社会化水平。因而,教师要注意自身的言行,充分发挥榜样示范作用。

(二)提高幼儿与同伴交往的能力

与同伴交往对幼儿的社会学习有着极为重要的作用。幼儿通过游戏和集体活动,自由交流与表达自己的意愿,倾听他人的想法和需要,进而达成一定的交往规则,形成正确的对人对己的态度,学习正确处理自己与他人的关系和矛盾。幼儿的交往水平就是这样逐渐得到提升和发展的。

(三)关注幼儿的个体差异

在社会交往和环境适应方面,幼儿存在个体差异性。比如,有的幼儿入园后焦虑程度较重,而有的幼儿入园后焦虑程度较轻;有的幼儿主动、外向、积极、乐观,而有的幼儿比较内敛、孤僻,甚至不合群。这就需要教师认真观察每一个幼儿,在社会教育方面采用集体要求与个别指导相结合的方式,满足不同幼儿社会性发展的需要,促进幼儿社会性水平的提升。

(四)促进幼儿积极的社会行为习惯的养成

教师要为幼儿创设适宜的社会性学习环境,提供充足的材料及自由的活动空间,并抓住一日生活中的教育契机,适时对他们进行社会性教育,帮助幼儿养成良好的社会行为习惯。例如,幼儿在喝水时若出现拥挤现象,教师应及时引导,让幼儿了解喝水的秩序。

第四节 科学教育与课程研究

科学教育是幼儿教育的一项重要内容。学前科学教育是指幼儿在教师的指导下,通过自身的活动,对周围物质世界进行感知、观察、操作,发现问题并寻求答案的探索过程。通过科学教育,幼儿内心萌发对科学的好奇心和兴趣,累积科学经验,掌握一些初步的技能,为以后学科学打下良好的基础。

一、学前科学教育的意义

学前科学教育的核心价值在于使幼儿乐学和会学,满足幼儿的需求,激发幼儿对科学的好奇心,同时也鼓励他们大胆质疑,并教幼儿通过获取事实证据验证自己想法的方法,引导幼儿逐步形成科学的态度、情感与价值观。具体来说,学前科学教育的意义表现为以下几方面。

(一)促进幼儿智力的发展

智力是指人认识和理解客观事物并运用知识、经验等解决问题的能力,包含记忆、观察、想象、思考和判断等。科学教育引导幼儿重视观察,发现周围物质世界的特性,理解自然界物质之间的关系,在观察中了解事物的特性,在探索中发现问题、解决问题,积累科学经验,促进幼儿对事物的认知,对知识的学习。可见,科学教育有利于促进幼儿智力的发展。智力的发展正是儿童将来学习科学的基础。因而,幼儿园必须创设良好的教育条件,引导幼儿进行科学探究,以发展各种智力品质。

(二)激发幼儿的求知欲与学习兴趣

求知欲和学习兴趣是幼儿学习的原动力,是决定幼儿未来学习品质和学习质量的先决条件。幼儿的求知欲表现为好奇心。幼儿对周围很多事物感到好奇,喜欢观察和摆弄,喜欢提出问题,喜欢自主探究答案。成人的正确引导有助于激发幼儿操作和探索的积极性,确保幼儿的求知欲和学习兴趣能够持续,促进幼儿有秩序地观察、操作和交流。

(三)培养幼儿良好的学习习惯

良好的学习习惯包括遵守课堂纪律、积极思考、主动学习、克服困难等。良好的学习习惯是幼儿今后取得学业成功的必备条件,对其未来的发展具有深远影响。

二、学前科学教育的内容

学前科学教育的内容主要包括科学探究和数学认知。科学探究表现为幼儿对自然环境中的事物和现象进行探索并形成解释的过程;数学认知表现为幼儿对自然环境中的事物和现象得到进一步认识并形成对其逻辑关系的理解。具体包括如下内容。

(一)科学探究的内容

科学探究教育活动应包括以下六个方面的内容。

第一,认识常见的动植物,包括认识动植物的多样性、动植物生存和生长变化的基本条件、动植物对环境的适应性、动植物的生长周期与繁殖等。

第二,感知常见物体和材料的特性,包括认识物体和材料的颜色、硬度、光滑度、纹理、质地等特性,认识物体和材料的性质以及不同材料的用途,认识常见物体和材料的结构与功能之间的关系,等等。例如,通过认知塑料制品和纸制品的不同,感知塑料与纸这两种不同材料的特性。

第三,感知常见的物理现象,包括物体和材料的形态或位置及其变化条件。比如,斜面与物体的运动,沉浮、磁力、光和影子等常见物理现象及其产生的条件或影响因素,等等。

第四,了解天气与季节的变化,包括:感知、体验和认识常见的天气,了解其对人们的生活、动植物生长变化的影响;感知、体验和发现不同季节的特点和周期性变化,以及这些特点和变化对动植物和人类生产生活的影响。

第五,了解科技产品与人们生活的关系,包括感知与了解常用科技产品与自己生活的关系,知道科技产品有利也有弊。比如,感知和了解各种家用电器、交通工具、通信工具等给人们生活带来的方便和造成的不利影响等。

第六,了解人们的生活与自然环境的关系,包括:感知、体会和了解人类对动植物的依存关系和动植物对人类的贡献；懂得尊重和珍惜生命，保护自然环境，在此方面做力所能及的事。

（二）数学认知的内容

第一，学数前准备教育，包括给物体分类和排序，理解"1"和"许多"及其关系，比较两组物体数量并判断其相等或不等。

第二，数系列教育，包括认识和理解10以内的数，学习10以内数的加法、减法及其应用。

第三，几何教育，包括辨认平面图形和简单的立体图形。

第四，时间、空间概念的教育，包括认识空间关系，了解里外、上下、左右、前后等空间概念和简单的时间概念。

第五，对物体量的认识及测量技能的掌握。

三、学前科学教育的指导要点

幼师在指导科学教育教学活动时，需要做到：注重用探究的方法进行科学教育，在幼儿日常生活中进行科学教育，以及确保幼儿进行有意义、有效果的科学探究。

（一）注重用探究的方法进行科学教育

学前科学教育活动要以幼儿为主体，让幼儿动手、动脑进行探究，从而形成积极的科学态度，提升科学探究的能力，获得丰富的科学知识，积累多方面的科学经验。这就需要教师根据幼儿的需要和年龄特点，组织和引导幼儿进行各种探究活动，多为幼儿创造探究的机会，成为幼儿探究过程中的引领者、支持者和帮助者。学前科学教育有如下几种方式。

1.正规的科学探究活动

正规的科学探究活动是指教师根据学前科学教育的目标，有计划、有目的地选择活动内容，提供相应材料，有步骤地开展科学探索活动，最终达到教育目标。它是一种全体幼儿共同参与的科学活动，是由教师指导的幼儿的自由探究活动。

2.非正规的科学探究活动

非正规的科学探究活动是指由教师为幼儿创设一个宽松和谐的环境，提供各种开展科学活动的设备和丰富多样的结构材料，引发幼儿的好奇心，使每个幼儿能按照自己的兴趣和意愿，从自己的发展水平出发，运用方法和技能进行的科学探索活动。幼儿在科学发现区、自然角、种植园等活动区域进行的自主探索都属于非正规的科学探究活动。

3.偶发的科学探究活动

偶发的科学探究活动是指在幼儿周围的世界中,突然出现某一自然现象、自然物或情境,激起幼儿的好奇心,使幼儿自发投入的一种科学探索活动。例如,从窗外飞来一只蜻蜓,引起幼儿强烈的观察和讨论的兴趣,由此引发的"有趣的蜻蜓"这一主题探究活动即属于偶发的科学探究活动。

(二)在幼儿日常生活中进行科学教育

幼儿一日生活的各环节均渗透了科学教育。例如,值日生所做的天气预报和对自然角的照料,幼儿在活动区进行的超市购物活动,每天数一数班上来了多少个小朋友、几个小朋友缺席,幼儿园的户外自由观察活动,幼儿的春游、秋游等外出活动,等等,均不同程度地展现着幼儿对周围事物的观察和探索。这些活动都蕴含丰富的科学教育内容。

(三)确保幼儿进行有意义、有效果的科学探究

幼儿天生好奇、好问,乐于探索和发现,幼儿的科学学习是以探究和解决实际问题为主要途径的,但是需要成人为他们创造安全的、具有支持性的氛围和环境,确保幼儿进行有意义、有效果的科学探究。

1.提供具有支持性的心理氛围

幼儿的科学探究需要具有支持性的心理氛围。在幼儿探究的过程中,教师要鼓励幼儿提问,支持幼儿探究,并适当参与他们的探究,认真地倾听幼儿的想法并给予积极的回应,这都是对幼儿的支持和鼓励。允许幼儿出错,要给予他们按照自己的想法去做的权利。当发现幼儿出错时,教师需要做的是提供支持和引导,让他们自己发现错误,自己改正错误。

2.提供具有支持性的探究材料

幼儿科学探究的主要方式是亲身经历以获得直接经验,因而,适宜的材料和工具是幼儿进行科学探究所必不可少的。用于支持幼儿科学探究的材料既包括区域中投放的供幼儿自主探索的材料,也包含教师在组织的科学活动中专门为幼儿准备的操作材料。教师需要关注材料的结构,要选择那些适合幼儿自主探究和发现的材料。

3.提供具有支持性的安全措施

对于幼儿来说,安全是至关重要的。在科学探究活动中,教师要具有安全意识,为幼儿提供安全的操作材料和环境,提供具有支持性的安全措施,要考虑各种材料和工具的安全性。此外,对幼儿外出探究的场所,教师必须事先进行考察,确保环境条件和幼儿接触到的物质既有利于幼儿探究,又具备安全性。

第五节 艺术教育与课程研究

　　艺术是幼儿宣泄不良情绪,表达自己的认识和情感的独特方式。学前艺术教育是指教育者通过组织艺术活动激发幼儿的审美情趣,培养他们感受、理解、表现、鉴赏、创造美的能力,进而陶冶他们的情操,发展他们的智力,促进其各方面平衡发展的教育形式。学前艺术教育涵盖了音乐、舞蹈、绘画、手工等多种教育内容,是学前儿童素质教育的重要组成部分。

一、学前艺术教育的意义

　　艺术教育是学前教育的重要组成部分,有助于促进幼儿的全面发展。具体而言,学前艺术教育的意义主要体现在如下几个方面。

(一)促进幼儿手、眼、脑等的协调发展

　　艺术创作是一个手、眼、脑等并用的过程,需要幼儿用多种感官去感知审美对象,用脑去想象、理解、加工审美意象,用语言去表达自己的审美感受,用手操作工具和材料。通过艺术创作,幼儿也获得手、眼、脑等器官的协调发展。

(二)培养幼儿的健全人格

　　艺术创作是幼儿建立自信心的有效途径。幼儿在创作中获得自由快乐的体验。创作能够使幼儿获得满足感,这种满足感是个人成就感的重要源泉,而培育幼儿良好的个人成就感是培养幼儿健全人格的重要切入点。创作也体现了幼儿的个性,教师可通过幼儿的艺术创作发现和了解每一个幼儿的独特个性,并通过艺术教育促进他们良好个性的形成。

(三)发展幼儿的观察力、想象力和创造力

　　幼儿进行艺术创作,首先要对外界环境进行感知。例如,幼儿进行美术创作时,他们首先需要通过视觉去感知事物的形状、比例、色彩等。这就促进了幼儿观察力的发展。艺术创作能够激起幼儿的各种联想,进而激发幼儿的想象力。创作活动是比较自由的,它不受客观自然规律的限制,为想象和创造提供了广阔的空间。幼儿在观察和想象的基础上,用现实化、形象化、具体化的形式,将自己的所想所感借助艺术媒介表达出来。这个过程本质上就是一个创造过程。

(四)开发幼儿的大脑潜能

　　人大脑的两个半球的功能是高度专门化的,每一半球的功能独立、完整,两个半球分工明确又相互配合。以形象思维为主的艺术活动主要是由大脑右半球支配的,对幼儿进行艺术教育有助于幼儿大脑右半球潜能的开发。通过艺术教育,幼儿的空间知觉能力和直觉思维能力得到发展,这又促进了幼儿左脑语言功能的发展,进而促进幼儿大脑的健

康、协调发展。可见,艺术教育的特别意义还在于它有利于大脑潜能的全面开发。

(五)有助于幼儿学习其他学科与适应未来的工作和生活

艺术教育对于幼儿的全面发展具有至关重要的作用。通过早期艺术教育,充分挖掘幼儿的大脑潜能,发展幼儿的感受力、表现力、想象力和创造力,这为幼儿在未来的发展奠定了基础。首先,艺术教育有助于挖掘幼儿大脑潜能,促进幼儿大脑发育。这就为幼儿在其他领域的学习奠定了生理基础。其次,在未来,表现和创造能力是人才综合素质的体现,其展现了人作为主体的一面。通过早期艺术教育,充分挖掘幼儿的艺术潜能,促进幼儿综合素质的提升,为他们在未来适应工作和生活奠定良好的基础。

二、学前艺术教育的内容

学前艺术教育的内容主要包括音乐教育、美术教育。

(一)音乐教育

音乐教育的基本内容包括歌唱活动、韵律活动、节奏乐活动、音乐欣赏活动四个方面。

1. 歌唱活动

歌唱活动是人类表达、交流思想感情的方式之一。歌唱是幼儿喜闻乐见、易于接受的一种艺术形式,也是幼儿生活中不可缺少的内容。歌唱不仅能给幼儿带来欢乐,还能潜移默化地陶冶情操、启迪心智、完善品格。因而,歌唱活动是幼儿园音乐教育中的一个基本活动。

2. 韵律活动

韵律活动是幼儿伴随音乐而进行的身体艺术表现活动,其能培养幼儿的节奏感,使幼儿动作协调、优美,让幼儿学习用舞蹈的方式与人交流。幼儿在韵律活动中也能感受到快乐。

3. 节奏乐活动

节奏乐活动是组织幼儿运用各种打击乐器,配合歌曲、乐曲的旋律进行演奏的一种器乐演奏形式。它能有效培养幼儿的节奏感和听辨乐器音色的能力,提高幼儿与他人合作的能力,发展幼儿的探索精神和创造力,使幼儿体验到快乐与成功。

4. 音乐欣赏活动

音乐欣赏活动是通过欣赏优秀的音乐作品,帮助幼儿提高感受和理解音乐的能力的一种审美活动。其作用为帮助幼儿积累优秀的音乐作品曲目和音乐语汇,使幼儿享受音乐审美活动所带来的快乐,培养其对音乐的探究热情。音乐欣赏活动不仅能使幼儿接触更多的优秀音乐作品,开阔他们的音乐眼界,丰富他们的音乐经验,发展他们的想象能力、记忆能力和思维能力,还能在音乐的欣赏过程中培养幼儿听觉的敏感性和良好的倾听习惯,培养幼儿对音乐稳定而持久的兴趣,以及初步的审美情趣和审美能力。

(二)美术教育

美术教育的基本内容包括绘画活动、手工活动、美术欣赏活动三个方面。

1.绘画活动

绘画活动是教师引导幼儿学习简单的绘画工具和材料的使用方法,运用线条、形状、色彩、构图等造型要素及变化、平衡、强调等造型原理,创造出可视的平面形象,表达自己的审美感受的教育过程。绘画活动能真实反映幼儿心理发展水平及他们的想法。

2.手工活动

手工活动是教师引导幼儿学习贴、撕、剪、折、塑等方法,使用各种工具和材料进行加工、改造,制作出不同形态的平面或立体的形象,培养幼儿的审美能力、创造能力和动手能力的一种教育活动。手工活动包含纸工、泥工等,是幼儿非常喜爱的一种活动。手工活动能锻炼幼儿手部肌肉,促进其手眼协调能力及心理等方面的发展。

3.美术欣赏活动

美术欣赏活动是教师引导幼儿欣赏和认识美术作品、自然景物及周围环境,了解对称、均衡、变化等形式美的原理,感受造型、色彩、构图等艺术手法及其情感表现,体验美术欣赏的快乐,进而丰富美感经验,培养审美情感和审美评价能力的一种教育活动。美术欣赏包括对绘画作品、雕塑作品、建筑艺术、民间艺术、工艺美术、自然景物及环境布置等的欣赏。

三、学前艺术教育的指导要点

幼师在指导艺术教育教学活动时,需要做到:创造条件支持幼儿对美的感受和体验、创设情境支持幼儿探索美的行为、注重培养幼儿优秀的学习品质。

(一)创造条件支持幼儿对美的感受和体验

带领幼儿进入大自然和周围的环境中,一起发现、感受和欣赏自然环境和人文环境中美的景色和美的事物。

给幼儿创设自由想象、宽松的心理环境。教师要充分信任幼儿,不应有过多的限制和规定,为幼儿提供自由发挥的机会。

创设富有审美情感色彩的一日生活环境及区域环境,提供不同时代、不同风格、不同民族、不同表演者的歌曲或舞蹈,以及由不同乐器演奏的乐曲,供幼儿欣赏。

关注其他学习领域中声音、节奏、旋律、姿态动作等方面的美。

(二)创设情境支持幼儿探索美的行为

在理解和表现艺术作品时,尽可能不给幼儿提供直接而明确的方法和途径,让幼儿在目标和问题情境中通过自己的思考寻求方法和途径。当幼儿遇到困难时,提供必要的支持。

在活动中关注幼儿的感知、想象与感受,尊重幼儿的兴趣和内在需求,鼓励幼儿用语言、身体动作、表情等方式表达自己的感受,尊重幼儿的模仿行为和自发表现。

(三)注重培养幼儿优秀的学习品质

在幼儿园的美术活动中,教师要引导幼儿有目的、有顺序、精细地观察,注重发展幼儿的观察能力、思维能力、想象能力、审美能力。在幼儿园的音乐活动中,教师要关注幼儿对审美对象的体验、想象与表现,促进他们审美经验的积累和审美能力的提高。

【课后实践】

1.简述民族地区学前教育中五大教育的意义。

2.简述民族地区学前教育中五大教育的内容。

3.简述民族地区学前教育中五大教育的指导要点。

第二篇　实践篇

第五章　云南民族文化传承与学前教育课程发展实践

【学习目标】

1. 了解云南幼儿园民族文化课程实施现状。

2. 总结云南幼儿园民族文化课程实施经验。

3. 分析云南幼儿园民族文化课程实践。

【课前思考】

1. 查阅相关资料,了解云南民族地区比较有代表性的文化。

2. 结合文献,梳理相关情况和自己的生活经历,思考云南民族文化融入幼儿园课程的必要性。

本章围绕云南民族文化传承与学前教育课程发展,重点解读云南幼儿园民族文化课程实施现状、幼儿园民族文化课程实施经验、幼儿园民族文化课程实践。

第一节　云南幼儿园民族文化课程实施现状

学前教育阶段是幼儿神经系统迅速发展的关键期,也是幼儿发展智力、挖掘潜力的重要阶段,这一时期的教育对幼儿发展起着关键作用。学前教育在民族地区尤为重要,如何将民族文化融入幼儿园课程,如何对幼儿园民族文化课程进行恰当的目标定位和内容选择,这些都是值得幼儿园及幼儿教师关注的问题。本小节以云南C幼儿园为例,阐释云南幼儿园民族文化课程的目标定位及内容选择。

一、幼儿园民族文化课程的目标定位[①]

课程目标就是课程最终要达到的标准,是人们对课程实施效果的预期,是课程内容选择和课程实施的依据。因此,课程目标在很大程度上制约着课程内容的选择和课程实施的途径。

(一)幼儿园民族文化课程的目标取向

幼儿园课程目标的取向可分为三类:行为目标、生成性目标和表现性目标。

行为目标是指对幼儿身上可观察到的具体行为进行表述的课程目标,它体现了实施课程后幼儿身上发生的行为变化。行为目标取向注重结果,其特点是具有可操作性和客观性。

生成性目标,即在教育过程中生成的课程目标。生成性目标取向重视教育过程,认为教育目标不应该是预设好的,而应根据具体的教育实际、幼儿的具体表现来确定。

表现性目标是指每一个幼儿在具体教育领域的各种相互作用中所产生的个性化表现,注重幼儿主动性的培养,鼓励幼儿自主探索。

云南C幼儿园以《3—6岁儿童学习与发展指南》为主要依据,将云南特有的民族文化融入健康、语言、社会、科学、艺术五大领域。五大领域中各个教育活动目标根据认知、动作技能和情感态度三个方面来确立,因此该幼儿园民族文化课程目标为行为目标取向。

(二)幼儿园民族文化课程的目标

幼儿园课程目标可划分为四个层次:总目标—课程领域目标与年龄阶段目标—单元目标—教育活动目标。幼儿园民族文化课程目标也分为这四个层次。

1.总目标

总目标的设定依据是《幼儿园工作规程》所规定的保育和教育的主要目标。根据《幼

[①] 鲁丽萍.少数民族地区幼儿园民族文化课程实施研究——以云南省C幼儿园为例[D].长春:东北师范大学,2018:17—24.

儿园工作规程》,将幼儿园民族文化课程的总目标设定为:促进幼儿全面发展,促进民族团结、民族文化传承。

2.课程领域目标与年龄阶段目标

根据五大领域教育内容,课程领域目标可划分为健康领域目标、语言领域目标、社会领域目标、科学领域目标和艺术领域目标。以社会领域目标为例,分析云南C幼儿园的课程领域目标和年龄阶段目标。该幼儿园民族文化课程社会领域目标包括两个方面:一是在民族团结教育中发展幼儿的人际关系;二是在民族团结教育中提高幼儿的社会适应能力。

(1)在民族团结教育中发展幼儿的人际关系

在民族团结教育中发展幼儿的人际关系这一目标又可划分为三个目标:①在民族特色区域游戏中让幼儿愿意与人交往并友好相处;②通过特色主题活动引导幼儿学习用平等、尊重的态度对待差异;③在民族团结教育中引导幼儿自尊、自信、自主。

(2)在民族团结教育中提高幼儿的社会适应能力

在民族团结教育中提高幼儿的社会适应能力这一目标又可划分为三个目标:①通过特色活动使幼儿喜欢并适应群体生活;②在民族团结教育中实现对幼儿的社会行为规则教育;③通过民族团结教育培养幼儿的归属感。

幼儿园课程的年龄阶段目标的依据为课程领域目标、《3—6岁儿童学习与发展指南》等相关文件的规定以及不同年龄阶段幼儿的发展特征。以云南C幼儿园为例,该幼儿园"通过特色活动使幼儿喜欢并适应群体生活"这一课程领域目标对应的各年龄阶段目标为:3~4岁幼儿,对群体活动有兴趣,对幼儿园的生活感到好奇,喜欢上幼儿园;4~5岁幼儿,愿意并主动参加群体活动,愿意与家长一起参加社区的一些群体活动;5~6岁幼儿,在群体活动中积极、快乐,对小学生活感到好奇且向往。

3.单元目标

单元目标中的"单元"既可能是时间单元,也可能是主题活动的"单元"。作为时间单元时,单元目标指的就是"月计划""周计划"中的目标。而以具体主题活动形式进行的课程,主题活动的目标也就是该课程的单元目标。以云南C幼儿园"吃在云南——民族饮食文化教育主题活动"为例,进一步了解幼儿园民族文化课程的单元目标。

"吃在云南——民族饮食文化教育主题活动"包括五个目标。一是了解云南少数民族最具代表性的民族特色美食,体验与同伴分享民族特色美食的快乐。二是知道少数民族饮食文化是中华民族文化的重要组成部分,了解云南是一个多民族的省份,对一些民族的美食产生兴趣,知道这些美食反映了不同民族的文化特色。三是尊重和喜爱少数民族文化,增强民族自豪感,加强民族团结意识,进而培养爱国主义情感;愿意学习制作云南少数民族美食,有认识与探索云南少数民族饮食文化的兴趣,愿意与同伴共同探究、互相交流、分享各自的发现。四是对与少数民族饮食文化相关的传说感兴趣,能认真倾听并大胆讲述少数民族美食的传说、故事。五是在接触和了解云南少数民族饮食文化的过程中,发现和感受云南少数民族饮食文化的魅力,尝试用自己喜欢的方式大胆地表现和创造,萌发审美情趣。

由上述单元目标可知,相较于其他课程,民族文化课程具有独特的使命:增加幼儿的民族文化知识,促进民族文化的传承和发展;培养幼儿的民族认同感、民族自豪感,进而促进民族团结。

4.教育活动目标

教育活动目标就是某一教育活动所期望达成的效果,它比较微观、具体。教育活动目标可以分为认知、动作技能和情感态度三大类,其中:认知目标包括知识的掌握和认知的发展两个方面;动作技能目标包括感知动作、运动协调和动作技能的发展;情感态度目标包括兴趣、价值观、习惯和社会适应能力等方面的发展。

就云南C幼儿园民族文化课程的教育活动目标来看,其兼顾了认知、动作技能和情感态度三类目标。其注重对幼儿情感的熏陶和民族精神、民族文化的浸润,以此提升幼儿的认知能力,培养幼儿积极的情感态度。在手工活动、体能游戏等活动中,幼儿园也会加强幼儿动作技能方面的培养,以促进幼儿认知、动作技能和情感态度的全面发展。

二、幼儿园民族文化课程的内容选择

幼儿园的课程内容是实现幼儿园课程目标的手段。对于教师和幼儿而言,课程内容体现为"教什么"和"学什么"。幼儿园课程内容的选择是幼儿园课程实施的关键,也在很大程度上制约着课程实施途径的选择。它与幼儿园课程目标的达成息息相关。

(一)幼儿园民族文化课程内容的选择依据

课程内容的选择应该遵循一定的原则,即课程内容的选择应遵循一定的依据。有人认为,幼儿园课程内容的选择依据应包括四个方面:一是满足幼儿全面发展的需要;二是符合幼儿的年龄特点;三是能联系幼儿的实际生活经验与兴趣;四是适合幼儿的能力水平与发展需要。(李季湄,1999)借鉴相关理论,云南C幼儿园民族文化课程内容的选择主要有三个依据。

首先,幼儿园民族文化课程内容要促进幼儿的全面发展,应涵盖健康、语言、社会、科学、艺术五大教育领域。①在健康领域,可以对幼儿进行民族饮食文化教育、介绍民族地区特有的动植物资源、让幼儿了解各民族的风俗等;②在语言领域,可借助民族神话、寓言、歌谣等开展语言教育;③在社会领域,可对幼儿进行各民族风俗习惯等方面的教育;④在科学领域,可向幼儿介绍民族服饰、让幼儿了解当地的自然风光等;⑤在艺术领域,可运用民族音乐、舞蹈、绘画、手工艺等对幼儿进行艺术教育。

其次,幼儿园民族文化课程内容要符合幼儿的年龄和身心发展特点。以C幼儿园的社会活动"佤族民居"为例,在活动中孩子们通过对见过的房子与佤族的房子做对比,感受佤族民居的独特风格。小班幼儿通过感知佤族民居的建筑特点和装饰风格来认识佤族民居;大班幼儿深入分析佤族民居建筑材料的选择和建筑的设计,进而讨论佤族民居室内装饰风格的形成等。又如开展体育活动,C幼儿园的教师认为将少数民族传统体育项目纳入幼儿园体育活动中是可行的,但需要根据孩子的年龄特点及个体差异有选择地开展,而且要适时地调整难度以保证孩子的安全。

最后,幼儿园民族文化课程内容还要满足幼儿的发展需要。C幼儿园在每次活动前会给教师提供一个大方向,教师在活动中融入民族文化元素时,就需要考虑这些元素能不能满足幼儿的发展需要。

(二)幼儿园民族文化课程内容的选择来源

课程内容的选择来源与课程内容的选择依据是不一样的,课程内容的选择来源是指选择课程内容的途径。幼儿园民族文化课程内容的选择来源十分广泛:

首先,园本教材、教案集是课程内容的主要选择来源。园本教材、教案集是幼儿园多年来累积的教育成果,具有极高的参考价值和实用性。C幼儿园编制了《幼儿园民族团结教育主题活动指南》《幼儿园民族文化传承启蒙教育园本课程》《C幼儿园民族团结教学活动教案集》等园本教材及案例集。这些既是C幼儿园的教育成果,也是教师在选择民族文化课程内容时的重要来源。

其次,文献资料、网络资料、电视节目等是民族文化课程内容的重要选择来源。随着电脑等设施设备的普及,查找资料越来越方便,这为教师了解各地民族文化提供了便利。

最后,实地参观学习也是民族文化课程内容的选择来源之一。去民族村寨、博物馆参观学习,是教师选择民族文化课程资源的重要途径。在博物馆参观,在民族村寨跟当地居民交流,有利于教师深入了解民族文化,进而根据自己学生的实际情况,将适宜幼儿的教育资源运用于幼儿教育中。

第二节　云南幼儿园民族文化课程实施经验

历经多年,云南民族地区幼儿园在民族文化课程实施方面积累了一些经验,主要包括五个方面:第一,明确民族启蒙教育园本特色,坚持民族文化课程研究;第二,明确民族文化课程目标;第三,充分利用本土资源,丰富民族文化课程内容;第四,以园本培训为主,多种方式提高幼儿教师的专业能力;第五,以亲子活动为主,加强家园合作。这些经验对少数民族地区幼儿园民族文化课程的实施具有一定的借鉴意义,值得进一步研究。

一、明确民族启蒙教育园本特色,坚持民族文化课程研究

坚持民族文化课程研究是幼儿园民族文化课程逐步完善的不竭动力。少数民族地区独特丰富的民族文化资源是幼儿园民族文化课程内容的主要来源。少数民族地区幼儿园开展民族文化教育,要明确民族启蒙教育园本特色,坚持民族文化课程研究。

首先,明确民族启蒙教育园本特色。幼儿园应根据国家或地区教育发展计划,系统分析幼儿园现有发展状况,举全园之力,明确幼儿园发展目标,并制订相应的幼儿园发展规划。少数民族地区幼儿园发展规划中应明确民族启蒙教育的特色发展方向,以充分挖掘少数民族地区优势资源,彰显民族启蒙教育的目的。

其次,坚持民族文化课程研究。自"国家、地方、学校"三级课程管理体系确立以来,校本课程的开发与实施备受关注。在幼儿教育阶段,为防止"小学化"倾向,园本课程的开发、实施也日益成为幼儿园园所建设和教育教学改革的重要内容。在长期的园本课程建构探索中,一些幼儿园取得了不俗的成就,形成了独具特色的课程体系。但有些幼儿园在园本课程建构方面的问题也不断显现,其中最为突出的问题就是课程建构具有盲目性,具体表现为对西方课程的盲从,盲目建构园本课程,缺乏科学理念的建构。少数民族地区幼儿园在园本特色课程建构中,要以幼儿园实际为出发点,通过研究,将当地丰富的美食文化、服饰文化、建筑文化、歌舞文化、节庆文化、民族特色体育活动、民族游戏等,以适宜幼儿的形式融入教学活动、游戏活动、生活活动和幼儿园环境创设中。这一研究的过程就是民族文化课程不断建构和完善的过程。在这一过程中,要坚持本园的民族文化教育特色,避免受学前教育"热潮"的影响。

二、明确民族文化课程目标

课程目标是课程设计与实施的出发点与归宿,贯穿于整个课程实施过程,具有导向性与调控功能。确立合理的民族文化课程目标是少数民族地区幼儿园民族文化课程实施的一个首要环节。幼儿园民族文化课程是少数民族地区幼儿民族教育的主要手段,与主流课程相比,民族文化课程有其内在的目标。云南民族地区幼儿园以幼儿为中心,明确了幼

儿园民族文化课程的三大目标。

第一，传授幼儿传承本民族文化的基本知识与技能。我国是统一的多民族国家，每个民族都有其丰富、独特的优秀传统文化，依托本地区的民族文化开设符合本地区幼儿发展特征的地方课程和园本课程，既是课程改革的需要，也是民族文化传承和发展的需要。少数民族地区幼儿园应为少数民族幼儿提供系统学习本民族文化的机会，促进民族文化的传承与发展。

第二，培养幼儿高度的民族认同感和民族自豪感。民族认同是指社会成员对自己民族归属的认知与感情依附，是社会成员社会性情感的重要方面。幼儿时期是个体社会性情感发展的关键期，所以在少数民族地区幼儿园课程中培养幼儿的民族认同感非常有必要。民族自豪感是指对本民族的历史文化、传统精神、价值取向、现实状况、未来发展等表示高度认同，充满信心和乐观主义精神的情感。将少数民族特色文化资源运用于幼儿教育活动中，让幼儿在感受、欣赏丰富多彩的民族文化的同时，激发幼儿的民族自豪感。

第三，培养幼儿理解与尊重其他文化的态度。我国是一个统一的多民族国家，为促进民族团结，少数民族地区的民族教育应强调民族间的认同与理解。一方面，要让幼儿理解与接受中华文化的主体——汉文化；另一方面，要让幼儿对我国民族、文化、语言的多样性有所认知，进而引导幼儿在认同本民族文化的同时，能够理解与尊重其他文化。

三、充分利用本土资源，丰富民族文化课程内容

课程资源是课程设计、实施和评价等过程中可利用的人力、物力以及自然资源的总和，它包含幼儿园、家庭和社会中所有有助于促进幼儿全面发展的资源。少数民族地区有丰富、独特的少数民族文化资源，为幼儿园课程资源的开发利用提供了便利。但民族文化范围广泛，内容丰富。这就要求幼儿园及教师在尽可能了解本地区民族文化的基础上，依据幼儿园课程内容的生活性、浅显性等特点以及幼儿的兴趣和需要，对民族文化进行筛选。

C幼儿园根据幼儿的兴趣和需要，对白族、彝族、佤族、傣族、藏族、回族、瑶族、苗族、壮族、水族、拉祜族、景颇族、傈僳族、哈尼族、纳西族、布依族、蒙古族和普米族等18个少数民族的特色文化进行了搜集、整理和归纳，并将其划分为民族饮食文化资源、民族服饰文化资源、民族建筑文化资源和民族文学等9种。在对民族文化进行归纳、分类、整理后，C幼儿园将其中适合幼儿的内容纳入幼儿园课程，形成了独具特色的十大主题活动。这些主题活动既丰富了幼儿园民族文化课程的内容，又使幼儿园课程内容更贴近幼儿的生活，充分体现了幼儿园课程的生活性、趣味性与直接经验性。

四、以园本培训为主，多种方式提高幼儿教师的专业能力

民族文化课程实施是少数民族地区幼儿园进行幼儿民族启蒙教育的主要方式。教师作为课程实施的主体之一，是民族文化课程实施的关键。这就要求幼儿园要以园本培训为主，利用多种方式提高教师的专业能力。

园本培训是一项立足园本实际、聚焦园本问题的培训活动，它面向全园幼儿教师，具有日常性、及时性、针对性和实践性等突出特点，对教师尤其是年轻教师的专业成长极具促进作用。因此，幼儿园要立足园本实际，以需求为导向，重视园本培训的可操作性和多样性。

以云南C幼儿园为例，其立足于民族文化课程实施的需求，深入开展了"教师民族文化教育"学习培训活动。其培训活动主要从四个方面开展。第一，邀请学前教育专家开展主题讲座，帮助教师深入理解课程概念、研究方法、研究内容和民族文化内涵，引导教师树立多元文化理念；第二，多次组织教师进行云南民族艺术"弹、唱、跳、演、画、说、摄、写"八大基本功训练，提高教师教育教学技能水平；第三，组织教师到少数民族地区进行实地采风，近距离接触少数民族文化，领略少数民族文化风情，深化教师对少数民族文化的理解；第四，幼儿园多次开展专题研讨，提升教师在幼儿园民族环境创设与利用、民族教育活动的设计和实施等方面的能力。

另外，除园本培训外，也需要给教师提供更多到园外参观学习的机会。因此，除园本培训外，幼儿园要充分利用政府给予的民族教育专项基金，为教师争取外出培训学习的机会，学习其他少数民族地区幼儿园民族文化教育经验；幼儿园还可以组织教师深入民族地区，近距离接触少数民族文化，增进教师对少数民族文化的了解。总而言之，幼儿园要以园本培训为主，利用多种方式提高教师的专业能力，进而提高幼儿园民族文化课程的实施效果。

五、以亲子活动为主，加强家园合作

幼儿教育是很复杂的事情，必须集家庭、幼儿园、社会等多方之力，共同促进幼儿的全面发展。家庭是幼儿园重要的合作伙伴，幼儿园应本着尊重、平等、合作的原则，争取家长的理解、支持，帮助家长提高教育能力。

在少数民族地区，幼儿民族文化教育同样离不开有效的家园合作。云南民族地区幼儿园立足于园本实际和各幼儿的家庭实际情况，形成了"以亲子活动为主，多种方式并存"的家园合作形式。家长积极配合幼儿园工作，为幼儿准备活动材料，全身心投入到幼儿园的各类游戏活动中，与幼儿共同"做中学"，为幼儿民族启蒙教育提供坚实的物质基础和精神支持。在这一过程中，教师也积极引导家长参与民族饮食文化探访、民族工艺品制作与

收集、民族风土人情游览采风等活动,让丰富的民族文化激发家长参与活动的热情,激发他们对民族团结教育目标的认同感,让幼儿与家长在共同活动中增进亲子关系,形成家园共育氛围。

家园合作是幼儿园民族启蒙教育的重要途径,以亲子活动为主,加强家园合作有利于家庭、幼儿园在民族教育方面达成共识,为幼儿营造适宜的民族文化教育氛围,进而增强民族文化课程实施的效果。

第三节　云南幼儿园民族文化课程实践

课程实践是课程论和教学论研究领域的重要课题。从课程论角度,可以将课程实践视为课程开发过程中的一个重要环节。而在教学论意义上的课程实践,至少包括教学设计和教学过程。无论从何种角度理解,课程实践都是实现课程目标的手段。本节主要介绍了幼儿园民族文化课程的实施途径、实施评价及三个实践案例。

一、幼儿园民族文化课程的实施途径

在确定课程目标及课程内容的基础上,幼儿园以适宜的途径,将课程计划转化为课程实践。幼儿园民族文化课程实施的途径可从教学活动、游戏活动、生活活动和环境创设四个方面来考察。

(一)教学活动中的民族启蒙教育

教学是由教师的教、学生的学共同组成的师生双边活动。教学活动是幼儿园民族文化课程实施的重要途径,也是幼儿园一日生活的重要组成部分。

在云南C幼儿园,每月的"民族团结教育周"是幼儿园民族文化课程开展的主要时间。在此期间,幼儿园以"民族饮食文化""民族服饰文化""民族建筑文化""民族旅游文化""民族节庆文化""民族歌舞文化""民族绘画艺术""民族传统体育文化""民族摄影文化"等为基础,开展特色鲜明的"吃在云南""穿在云南""住在云南""游在云南""舞在云南""乐在云南""歌在云南""画在云南""健在云南""摄在云南"等十大主题活动,增加幼儿的民族文化知识,促进幼儿的民族认同感、民族自豪感的形成,最终达到促进民族文化传承、促进民族团结的目标。幼儿园民族文化课程的教学活动具有以下几个特点。

第一,给定主题,内容自选。幼儿园会在"民族团结教育周"前确定各年级的教育主题,具体内容则由教师根据班级和幼儿的实际情况自行设计。因而,教师在教学活动的设计编排方面具有一定的自主性。

第二，教具、学具形象逼真。为提升幼儿对少数民族文化的认知，幼儿园购买了民族服饰、民族乐器，自制了一系列民族玩教具。教师准备的材料都尽可能以实物为主，缺少实物也尽可能用相似的东西代替。形象逼真的教具、学具有利于幼儿正确认识民族文化，增强教学活动的吸引力，提高幼儿学习的兴趣。

第三，活动过程以教案为依据。每位幼儿园教师都有自己的备课本，对每一个教学活动都要提前做好准备，即写好教案并熟记流程。

（二）游戏活动中的民族文化教育

游戏是幼儿学习的主要方式。游戏活动是幼儿园课程活动的重要组成部分，也是幼儿园民族文化课程实施的重要途径。以云南C幼儿园为例，其在区域设置、材料投放、游戏指导等方面都体现出浓厚的民族特色。

首先，就游戏区域设置而言，幼儿园各班在室内都设有民族文化展区、美食区、建构区、美工区等，各班在室外都有相对固定的户外活动区，供各班开展户外活动。另外，幼儿园还设置了民族团结教育文化传承体验馆，馆内设有表演体验区、饮食体验区、工艺制作体验区等区域，为幼儿直接或间接学习民族文化提供了便利。

其次，在材料投放方面，材料以"真实"为前提，以实物为主，替代性材料也以逼真为前提。尤其是民族团结教育文化传承体验馆使用的材料，都来自少数民族的现实生活。幼儿园期望通过最真实的环境让幼儿体验到真正的民族风情。

最后，在游戏活动中，教师扮演着参与者、观察者、指导者、帮助者等多重角色。教师首先要掌握各种游戏的来历、玩法等相关知识，在游戏中根据幼儿的需求，适时提供指导与帮助，保证幼儿游戏的顺利进行。

（三）生活活动中的民族饮食文化教育

幼儿园要与家长配合，根据幼儿的需要建立科学的生活常规，培养幼儿良好的饮食、睡眠、盥洗、排泄等生活习惯和生活自理能力，教育幼儿爱清洁、讲卫生，注意保持个人和生活场所的整洁和卫生。良好的生活习惯一方面可以促进幼儿身体健康，确保幼儿积极愉快地参与各项活动，从而促进幼儿全面发展；另一方面有助于建立良好的班集体秩序，确保各项活动有序进行。幼儿园的生活活动是幼儿良好生活习惯养成的重要途径。

以云南C幼儿园为例，其生活活动中的民族文化教育主要体现在饮食方面。回族是云南的少数民族之一，其在饮食方面有很多禁忌，幼儿园考虑到回族幼儿的特殊性，允许回族幼儿家长为其送午餐和晚餐，下午的点心一直都以清真点心为主，充分尊重回族的风俗习惯。这样的日常生活活动也让其他民族的幼儿了解了回族的饮食文化，使其懂得应尊重不同民族的生活习惯，实现了对幼儿的民族文化教育。

(四)幼儿园民族特色环境的创设

作为幼儿园课程实施的另一个主要途径,幼儿园环境的创设与各种主题活动的开展、教学活动的进行密切相关,良好的环境有助于开发幼儿智力,激发幼儿探索的兴趣,提高幼儿对美的感受,让幼儿感受到快乐。以云南C幼儿园为例,该幼儿园通过创设具有民族特色的室内和户外环境,使幼儿潜移默化地感受民族特色,了解民族文化,进而实现对幼儿的民族文化教育。

1.创设室内民族环境

在云南C幼儿园,到处都散发着浓浓的民族气息,各个班级的环境都融入了一定的民族文化元素,彰显着民族特色。

大班的环境以凸显民族特色为主。大一班以"白族文化"为主,自然风光、文物古迹、白族刺绣、白族霸王鞭、白族民居、白族美食等都在班级环境中有所呈现。班级环境中设置了具有白族特色的表演区、美工区等区域活动角。区域活动角提供了白族服饰、白族民间乐器、制作白族美食的原材料等,幼儿可在这些区域中跳白族舞蹈、演奏白族音乐、制作白族美食,等等。大二班选择"纳西文化"进行环境创设,选用东巴文装饰墙面,设置"纳西小铺"区域活动角,让幼儿在游戏中吃纳西族美食、买纳西族饰品等,体验纳西族的生活与文化。在美工区,幼儿可以用东巴文创作图画字;在建构区里,幼儿可以拼搭纳西族聚居的古镇。大三班以"佤族文化"为主题,选用红色、黑色、黄色、绿色等佤族崇尚的颜色进行班级环境装饰。一个个灵动活泼的佤族人形象,将佤族人的能歌善舞、热爱自由、期盼丰收、热情好客、崇尚自然等表现得淋漓尽致。在"佤寨"、表演区等区域活动角中,幼儿可体验制作佤族美食、表演佤族歌舞等。大四班的环境突出"彝族文化"特色,墙壁上的彝族图腾图案,表演区的大三弦、二胡等乐器,独特的彝族服饰,等等,将大四班打造为一个小小的"彝族村"。大五班以"傣族文化"为主,班级墙面上呈现了傣族竹楼稻草贴画、傣族节日场景图片、傣族孔雀图片、傣族传统文化——贝叶经等,设置了傣族风情园、傣族美容美发区等凸显傣族特色的区角。

中班相对大班而言,民族元素的融入较少。中一班展示彝族风情,幼儿在表演区学跳《彝族火把节》舞蹈,在美食区品尝彝族美食"荞粑粑",在美工区完成《彝族花围腰》绘画创作。中二班选用清新雅致的青花瓷图案做装饰,以"中国风"感染幼儿。教师和幼儿利用废旧纸盘、奶粉罐等创作青花瓷图案,这一活动可拓展为白族扎染。在区角活动中,孩子们扮演"金花""阿鹏",制作风花雪月帽,品尝白族三道茶,表演霸王鞭,用彩泥制作乳扇、雕梅、喜洲粑粑等白族特色美食。中三班将艺术剪纸运用到环境创设中,将"十二生肖"剪纸、红色剪纸灯与云南少数民族剪纸融合。中四班结合傣族文化,利用伞进行装饰,变成

"伞世界"。在美工区，幼儿通过自己的想象装饰傣族小花伞；在表演区，幼儿手持自己做的小花伞表演舞蹈《金孔雀》；在操作区，幼儿制作春干巴，品尝傣族美食。"叶子故事"是中五班环境创设的主题，教师和幼儿通过收集各种落叶制作装饰画，赋予了落叶新的生命。此外，在区角中融入佤族文化，如在美工区画沧源崖画，在美食区制作佤王宴，在表演区跳佤族舞，等等。

小班环境中民族元素融入最少，主要以幼儿感兴趣的"童话"为主题，并突出一定的民族特色。小二班以"海底世界"为创设主题，利用废旧材料制作形象生动、民族元素丰富的各种小鱼，身在其中的人仿佛置身于美丽的海底世界。小三班以"风车"为主题创设了一个童话世界。在区角创设了"官渡小吃坊"，融入云南美食文化。小四班以"动物"为主题创设环境，图书区有与动物有关的图书和卡片，自然区有金鱼、乌龟、泥鳅、小仓鼠、小白兔等动物，美工区可供幼儿制作与小动物有关的手工，等等，以此激发幼儿喜爱和爱护小动物的情感。小五班以"大理蝴蝶泉的蝴蝶"为环境创设主题，并且在美工坊设计了白族扎染活动，以激发小朋友的创造力。除了与主题相关的材料，各班表演区都有几种云南少数民族的服饰、乐器等，供幼儿自由选择。

综上所述，云南C幼儿园室内环境都融入了民族文化元素，但民族文化元素的融入程度有所不同，从小班到大班，融入元素逐渐增多，融入程度逐渐加深。这是由幼儿的年龄发展特点决定的：小班幼儿的理解力、已有经验相对有限，对抽象的民族文化接受度相对较低，因而小班环境中的民族文化元素融入较少；而大班幼儿已经有了一定的知识和生活经验的积累，理解能力也提高了，因而大班环境就以民族元素为主。

2.创设户外民族环境

云南C幼儿园充分利用幼儿园的有限空间，将户外活动场地划分为三大块。一是办公楼与幼儿活动室楼之间的空地，主要用于大班、中班幼儿开展课间操、体能活动、晨练等。该区域摆放了大型滑梯、各类攀爬架、儿童投篮架、小推车、平衡木、大轮胎、钻爬玩具、玩具车等，还投放了沙包、霸王鞭、花绳子等自制玩具。二是幼儿活动室楼背后的空地，该区域又通过花台被划分为五个活动区域，每一区域与一个小班活动室相通。该区域是小班幼儿主要的户外活动区，主要用于小班幼儿开展课间操、体能活动、晨练等。该区域投放了沙包、跷跷板、板鞋、高跷等具有民族特色的器械。三是办公楼顶楼的空地。

此外，幼儿园的走廊、墙壁等也具有民族文化特色，与室内空间以及户外活动空间共同构建了具有民族文化气息的环境，让幼儿在浓浓民族味中健康快乐地成长。

二、幼儿园民族文化课程的实施评价

幼儿园课程实施的评价理应包括三方面的内容：生活活动的评价、教学活动的评价和游戏活动的评价。但目前,云南民族地区幼儿园民族文化课程尚未形成一个系统的评价体系。以云南C幼儿园为例,其主要从教师和家长两个角度对民族文化课程实施进行评价。

(一)教师对幼儿园民族文化课程的实施评价

首先,绝大部分教师都非常认可实施民族文化课程的必要性。在教师们看来,幼儿园实施民族文化课程之所以"必要",一方面是就幼儿园所在的云南省的特点和政府要求而言的,另一方面是根据各民族的发展而言的。

其次,充分认识实施民族文化课程的重要性。幼儿园民族文化教育以熏陶、启蒙为出发点。幼儿园应营造浓郁的民族文化教育氛围,传授幼儿粗浅的民族文化知识,激发幼儿的民族自豪感,进而培养幼儿的爱国主义情感。在教师们看来,不同内容、形式的教育活动,能够进一步促进幼儿认知、动作技能和情感态度等多方面的发展。

最后,幼儿园民族文化课程实施的过程也是教师不断自我反思、相互促进的过程。云南C幼儿园建立了一个"以园长为组长,全园教师共同参与"的民族文化课程开发利用管理机构,并制订了《幼儿园"幼儿民族团结教育活动园本培训"实施方案》,全园教师认真学习相关文件资料。另外,幼儿园还送教师深入少数民族地区实地采风,参加民族民间绘画、舞蹈等才艺技能及民族知识培训,定期开展园内"云南民族歌舞艺术""云南民族美食概述与制作""云南导游知识及礼仪"等专题培训研讨,进一步促进教师的创新意识和专业研究水平的提高。

(二)家长对幼儿园民族文化课程的实施评价

云南C幼儿园的家长十分支持幼儿园的民族文化教育,因为通过幼儿园的民族文化教育,家长看到了孩子的变化和成长。

首先,在认知方面,幼儿对民族文化的了解明显增加。通过幼儿园民族文化课程的实施,幼儿掌握了民族文化知识,对不同民族有了更多了解,这对幼儿发展十分有利。

其次,在动作技能方面,幼儿的语言表达能力、社交能力和动作协调性都明显提高。

最后,在情感态度方面,经过一年或两年的民族文化学习,幼儿对少数民族的服饰、美食、歌舞等民族文化产生了喜爱之情,有的幼儿甚至主动提出要去少数民族地区进一步了解相关内容。

总之,从教师、家长两个视角出发,可知幼儿园民族文化课程实施对幼儿及教师的发展都至关重要。一方面,幼儿园民族文化课程实施过程是幼儿民族文化知识不断增加的过程,是幼儿民族认同感、自豪感等情感不断养成的过程,是幼儿社交能力、语言表达能力、动作协调性等不断发展的过程;另一方面,幼儿园民族文化课程实施过程也是教师专业能力不断发展的过程。

三、幼儿园民族文化课程的实践案例

这一部分列举了大理白族文化在幼儿园美术活动中的应用研究、西双版纳傣族水文化在幼儿园教育活动中的应用、文山壮族传统体育活动在幼儿园活动中的开发与运用三个案例,阐述如何将民族文化融入幼儿园课程。

（一）大理白族文化在幼儿园美术活动中的应用研究

白族是我国历史悠久的少数民族,主要聚居于云南省大理白族自治州。大理白族文化丰富多彩,这些丰富的民族文化内容为幼儿园美术活动的开展提供了挖掘不尽的资源。

1.大理白族文化在幼儿园美术活动中的应用设计

这一部分主要从活动目标、活动内容、活动流程的设计三个方面来阐述大理白族文化在幼儿园美术活动中的应用设计。

（1）活动目标的设计

①活动目标设计的依据。

首先,活动目标设计要以《3—6岁儿童学习与发展指南》等相关文件的要求为依据。《3—6岁儿童学习与发展指南》提出:"幼儿艺术领域学习的关键在于充分创造条件和机会,在大自然和社会文化生活中萌发幼儿对美的感受和体验,丰富其想象力和创造力,引导幼儿学会用心灵去感受和发现美,用自己的方式去表现和创造美。"其指出幼儿汲取美术经验的方式分为感受与发现、表现与创造两方面。另外,《3—6岁儿童学习与发展指南》提出:"幼儿对事物的感受和理解不同于成人,他们表达自己认识和情感的方式也有别于成人。幼儿独特的笔触、动作和语言往往蕴含着丰富的想象和情感,成人应对幼儿的艺术表现给予充分的理解和尊重,不能用自己的审美标准去评判幼儿,更不能为追求结果的'完美'而对幼儿进行千篇一律的训练,以免扼杀其想象与创造的萌芽。"该指南不推崇用成人的眼光来要求幼儿,不提倡用"像不像""好不好"等成人的标准来束缚幼儿的想象力和创造力。所以,幼儿美术教育活动应该突出幼儿审美感知、审美情感以及审美创造力的发展,尊重幼儿的兴趣和美术创造中不同的行为表现,强调幼儿的创造性,让幼儿在感受与发现的过程中尝试表现与创造。

其次,活动目标还应考虑幼儿年龄的适宜性。不同年龄段幼儿的感受与兴趣、认知与发展不一样,因此在运用大理白族文化开展幼儿园美术活动的过程中,应根据不同年龄段幼儿的特点、需要、发展水平,制订不同的目标,提供不同的操作素材和活动内容,提出不同层次的要求,选择符合幼儿最近发展区的教育内容,让每个幼儿能在原有的基础上有所发展。

②活动目标的制订。

根据布鲁姆的教育目标理论,幼儿园美术活动目标可分为认知目标、情感目标、技能目标三个维度。其中,技能目标主要强调培养幼儿的创造力,强化幼儿表现自我的意识,引导幼儿关注自己与身边环境、生活经验的关系,让幼儿学会体验,学会创造。

另外,在制订具体的活动目标时,应把对白族文化的美术形象认知作为幼儿认知目标的重点,把激发幼儿热爱白族文化的情感作为情感目标的重点,把创造力的培养作为技能目标的重点。

(2)活动内容的设计

①活动内容的设计原则。

第一,游戏性原则。游戏在幼儿教育中起着非常重要的作用,它符合幼儿的学习方式。《3—6岁儿童学习与发展指南》提出:"幼儿的学习是以直接经验为基础,在游戏和日常生活中进行的。要珍视游戏和生活的独特价值。"所以,在设计幼儿园美术活动时,应突出游戏性原则,并适当地加入白族文化元素,让幼儿在体验活动和自主探索的过程中能够全身心地投入,在活动中体验美术的趣味和感受白族文化的美。譬如,让幼儿玩"找一找"游戏,可以将白族服饰作为游戏素材,让幼儿观察服饰细节,找不同服饰的不同点。又如设计"击鼓传花"游戏时,可以将"白族头饰"作为"花"。如此,幼儿在体验游戏快感的同时,也加深了对白族文化的印象。

第二,审美性原则。审美性原则即把美作为激发与保持幼儿在美术活动中的积极性的要素。审美性原则是由美术教育的本质特点决定的。人们认为美术教育是一种以审美为基础的情感教育、道德教育。在活动内容设计时,要选择具有审美价值并且符合幼儿审美心理的白族文化资源,将幼儿的审美活动与民族文化联系起来,用美感激发幼儿参与活动的积极情绪,促进其感知力与创造力的发展。除此之外,教师具有感染力的语言以及生动有趣的活动方式,都能让幼儿获得美感体验,激发幼儿对身边美好事物的向往。

第三,适宜性原则。适宜性原则是指幼儿园美术活动应选择符合幼儿身心发展水平、能促进幼儿健康发展的文化资源,要制订适宜可行的活动方案。①遵循适宜性原则是保证美术活动顺利开展的前提。首先,美术活动内容必须符合幼儿的兴趣,如果幼儿没有兴趣,就很难进行表现与创造。②所以,寻找幼儿对白族文化的兴趣点尤为重要。其次,活动的内容必须符合幼儿的年龄特点。

---

① 胡恩.醴陵陶瓷艺术资源在幼儿园美术教学活动中的应用研究——以醴陵市A幼儿园为例[D].长沙:湖南师范大学,2016:43.
② 吴萍.关注幼儿绘画活动选材的适宜性——对大班美术活动"跳舞的小人"选材的反思[J].早期教育,2013(4):4.

②活动内容的制订。

根据活动内容设计的原则和可运用的白族文化资源,按照主题活动的方式确定活动内容的范围,设计一个大班美术教育主题活动。活动分为3个主题,每个主题对应1个阶段,共12个活动,主要内容如下:

主题一:多姿多彩的白族服饰。第一周:绘画活动——美丽的白族服饰。第二周:手工活动——白族蝴蝶剪纸。第三周:手工活动——白族人与花。第四周:手工活动——白族头饰"风花雪月"。

主题二:独特的白族民居。第五周:欣赏活动——欣赏白族的特色民居。第六周:绘画活动——白族民居彩绘。第七周:手工活动——神奇的白族雕刻。第八周:绘画活动——有趣的白族装饰画。

主题三:白族技艺、建筑与节日。第九周:手工活动——好玩的白族扎染。第十周:手工活动——白族贴画。第十一周:手工活动——壮丽的白族三塔。第十二周:绘画活动——欢庆白族火把节。

(3)活动流程的设计

①活动流程设计的依据。

第一,幼儿审美能力的表现。在将大理白族文化融入幼儿园美术活动中时,需要给幼儿较多的时间去感受白族文化。教师通过语言、图片、视频、游戏等多种方式,让幼儿多感官地感受白族文化。在活动中,要着重引导幼儿感知与欣赏白族文化,让幼儿充分发挥想象力、创造力。

第二,《3—6岁儿童学习发展指南》的要求。《3—6岁儿童学习发展指南》将幼儿的艺术学习划分为感受与欣赏、表现与创造两部分。其中,"感受与欣赏"的目标为"喜欢自然界与生活中美的事物""喜欢欣赏多种多样的艺术形式和作品";"表现与创造"的目标为"喜欢进行艺术活动并大胆表现""具有初步的艺术表现与创造能力"。美术活动流程的设计要兼顾以上几点,首先让幼儿感受与欣赏,再让幼儿进行表现与创造。

②活动流程的制订。

第一,感知与欣赏阶段。

要想保证幼儿审美创造的顺利进行,必须为幼儿提供大量的直接经验。

在活动开始后,教师需要用有趣的方式呈现不同的白族文化元素,可以用实物呈现,也可以用图片、视频等方式呈现。在这个过程中,帮助幼儿感知白族文化,挖掘自己的审美经验。同时,教师需要结合"提问"的方式,提问幼儿欣赏白族文化后的发现、想法和特殊体验。这样一方面可强化幼儿的记忆,另一方面可拓展幼儿的美术思维,为幼儿顺利进行创作提供支持。

第二,体验与创造阶段。

体验与创造阶段侧重于培养幼儿自主表达与创造的能力。一个美术活动是否有效,取决于幼儿在活动中是否有充分体验的时间,是否对活动保有积极性。

教师在这一阶段,需要根据不同类型的活动,用不同方式为幼儿创造表达与创造的空间。在美术欣赏活动中,教师需要用有效的方式引导幼儿观察不同白族文化的特点,发现白族文化的共性和个性,激发幼儿的想象力和创造力。在幼儿绘画和手工活动中,教师应减少主导性,为幼儿提供动手操作的机会,让他们在操作探索中提升审美能力。在幼儿有良好体验的基础上,教师需要提高活动的难度,让他们根据已有的经验,充分发挥想象力,自由、自主地创作。

第三,交流与评价阶段。

无论什么类型的活动,在活动结束时,教师都应当鼓励幼儿相互交流自己的感受与经验,这既能加深幼儿对白族文化的印象,又能促进幼儿的语言表达能力,还能让教师进一步了解幼儿。因此,在活动结束时,要让幼儿自评、互评自己的作品,分享、交流自己的创作心得,从而获得他人的认同与鼓励。教师可以让幼儿描述自己的美术作品,从而了解幼儿的创作想法;也可以让幼儿分享自己创作的过程,进而了解幼儿的感受与体验;还可以针对活动中的一些问题,让幼儿自主地进行讨论与交流,使幼儿认识到自己的优点与不足。除此之外,教师可依据下次活动的主题和内容,让幼儿提前进行讨论,为下一次活动的顺利开展做准备。

(二)西双版纳傣族水文化在幼儿园教育活动中的应用

生活于西双版纳的傣族,与水的联系十分紧密。西双版纳傣族人民多傍水而居,并以种植水稻为生。史书记载,傣族人"一日十浴",或许并非夸张。著名傣学专家高立士先生指出:只要一提起傣族的历史与文化,人们就会很自然地联想到水及与水有关的事物。傣族的水文化为幼儿园教育活动的开展提供了重要资源。

1.西双版纳傣族水文化在幼儿园教育活动中的应用价值

"不要过分陶醉于我们人类对自然界的胜利。对于每一次这样的胜利,自然界都对我们进行报复。"[1]这是恩格斯在《自然辩证法》中指出的。西双版纳有如此好的植被与水源,除了得天独厚的地理位置和气候条件外,还得益于傣族的水文化传承。傣族的水文化是

---

[1] 恩格斯.自然辩证法[M].北京:人民出版社,2015:313.

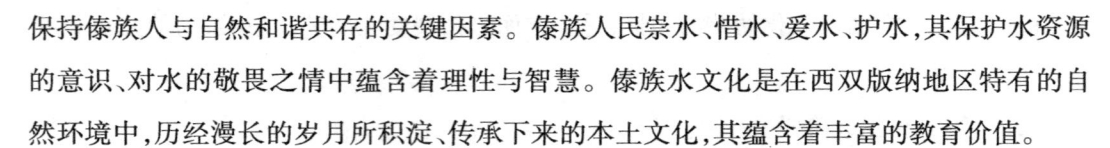

保持傣族人与自然和谐共存的关键因素。傣族人民崇水、惜水、爱水、护水,其保护水资源的意识、对水的敬畏之情中蕴含着理性与智慧。傣族水文化是在西双版纳地区特有的自然环境中,历经漫长的岁月所积淀、传承下来的本土文化,其蕴含着丰富的教育价值。

(1)情感价值

3—6岁是幼儿身心发展的特殊时期,是培养幼儿情感、兴趣的关键时期。傣族水文化是西双版纳地区的地域文化。从小接触感受家乡的傣族水文化,了解西双版纳傣族水文化的特点,能使幼儿感受到西双版纳地区傣族水文化的丰富多彩,进而培育幼儿的乡土情怀。

(2)认知价值

结合活动主题与幼儿的年龄特点,选择有特色的、幼儿常见的文化元素,将其纳入幼儿园教学内容,教幼儿识水、爱水、惜水。幼儿从小对水文化耳濡目染,但在家庭中并没有对水文化有过系统详细的了解。将傣族水文化融入幼儿园的教学中,将幼儿园教育与家庭教育相结合,让幼儿对傣族水文化的认知从感性认知深化为理性认知。

(3)审美价值

傣族,水一样的民族。这句话充分概括了傣族人的民族个性。西双版纳地区傣族水文化包括物质的文化和精神的文化两方面,其体现在傣族的衣、食、住、行等方方面面。傣族水文化内涵丰富,体现了傣族人的精神信念以及审美情趣。比如具有精美纹样的傣族服饰,既具有实用价值,又反映了傣族人的审美心理。又如在泼水节上的歌舞,表达了傣族人的欢愉之情,同时也极具美感。将这些文化元素融入幼儿园民族文化课程,发挥其审美价值,有助于培养幼儿的审美观和感受美、鉴赏美、创造美的能力。

(4)健康教育价值

幼儿阶段是儿童身体发育和机能发展极为迅速的时期。发育良好的身体、强健的体质、协调的动作等是幼儿身心健康的重要标志,也是其他领域学习与发展的基础。傣族水文化蕴含了丰富的健康教育资源。傣族人民能歌善舞。生活在西双版纳地区,幼儿有得天独厚的条件,他们从小便开始接触傣族舞蹈。学习跳舞有利于幼儿动作协调性的发展,进而促进幼儿的身体健康。

2.西双版纳傣族水文化在幼儿园教育活动中的应用现状

西双版纳地区的幼儿园在每年的傣历新年主题月中对幼儿进行有关傣族文化的教育,教育活动涉及健康、语言、社会、科学、艺术等各领域。活动内容包括学习傣族舞蹈,设计傣族服饰,说傣族故事,讲解傣族饮食习惯、傣历新年的习俗,进行赶摆活动,等等。西双版纳地区幼儿园教育中对傣族文化资源有不同程度的运用,但需要进一步完善、提高、精细、整合。

(1)傣族水文化资源开发应用的已有经验

西双版纳地区幼儿园的园领导以及教师在制订傣族水文化资源的开发应用方案及执行方案的过程中,考虑幼儿的身心发展特点和发展水平,倡导家庭、社区积极参与。

①幼儿园领导及教师具备傣族水文化课程资源开发利用的意识。

幼儿园领导对傣族水文化课程资源的开发利用有引领、先导的作用。领导的决策方向很大程度上决定了一线教师的意识和行动方向。领导者的眼光和对幼儿园发展理念的界定,也对幼儿园的发展有着重要影响。

傣族水文化资源无论多么丰富多彩,从客观上讲,这些资源是静态的、被动的。文化资源要转化为课程资源,才能发挥其课程资源价值。在幼儿园里,幼儿的一日活动由一线教师组织、安排。一线教师具有开发应用傣族水文化资源的意识并能付诸行动,是西双版纳傣族水文化转化为课程资源的关键。

西双版纳地区幼儿园的领导及教师,均认为有必要将傣族水文化资源有效应用到教育活动中,并且一直在行动。管理者重视,一线教师也在自己的教育教学活动中设计与傣族水文化相关的教育教学活动。认可傣族水文化资源的教育价值,是幼儿园领导及教师具有开发应用傣族水文化资源的意识的一种体现,也是傣族水文化资源开发应用顺利进行的重要前提。

②将傣族水文化融入具体的幼儿园课程内容。

近水楼台先得月。西双版纳地区幼儿园有开发应用傣族水文化课程资源的优势。别具一格的竹楼建筑,独具特色的傣族饮食文化、稻作文化等,均可作为课程资源纳入课程内容之中。为更好地开发利用傣族水文化资源,西双版纳地区幼儿园通常会分年级组召开教研会,讨论当前的幼儿园教育热点、焦点前沿,分析本园的实际情况以及幼儿的发展特征,梳理当地的傣族水文化资源,如服饰、饮食、歌舞、节庆、习俗、自然、建筑等,选择适合的文化元素融入幼儿园课程之中。西双版纳地区幼儿园对傣族水文化课程资源的开发应用涉及健康、语言、社会、科学、艺术等各个教育领域,而且各个教育领域之间是相互联系的,并不是割裂开来的。

③重视傣族水文化课程资源与环境创设相结合。

西双版纳地区幼儿园看到了环境这一载体的教育价值,在开发应用傣族水文化资源的过程中,将傣族水文化资源充分融入幼儿园的物质环境创设中,从而实现对幼儿的隐性教育。无论是幼儿园的大环境,还是班级的小环境,都融入了傣族水文化元素。把傣族水文化与环境创设紧密结合起来,有效利用环境创设,使傣族水文化资源得到了有效利用。这样一个充满傣族水文化元素的环境,为幼儿走进傣族水文化,感受傣族水文化,了解傣族水文化,用自己喜欢的方式体验和表现傣族水文化提供了一个绝佳的平台。

(2)傣族水文化课程资源开发应用中存在的问题

①教师开发应用傣族水文化课程资源的理论基础薄弱。

西双版纳地区幼儿园教师在开发利用傣族水文化课程资源中存在一些问题,如:没有达到实际效果;发现问题,但不能"对症下药";想要寻求帮助,但求助无门;许多教师只关注教材,难以从幼儿的角度出发,考虑幼儿身心发展的需要和幼儿的兴趣、年龄特点;没有创新;等等。这些问题反映了教师的专业能力不足。而专业能力不足的根本原因在于理论基础薄弱,教师难以运用相关理论指导自己的实践。

②傣族水文化课程资源开发利用的程度不深。

从西双版纳地区幼儿园傣族水文化课程资源的开发应用内容及方式来看,应用到幼儿园课程中的傣族水文化主要是衣、食、住、行等方面的生活文化,民间神话、传说等语言文化,以及泼水节等节庆文化。在墙面展示中,展示的主要是幼儿的绘画作品;在区域环境中,傣族水文化的呈现主要集中在美工区、阅读区。此外,在幼儿园课程中呈现的关于傣族水文化的内容通常较为浅显,未能体现傣族水文化的内涵。如傣族竹楼方面的内容,未涉及竹楼本身所蕴含的水文化。又如"快乐的泼水节"活动中涉及的傣族的乐器象脚鼓,绘画活动中涉及的傣锦、傣绣,舞蹈《金孔雀》中用到的葫芦丝,等等,只做了简单呈现,并未对其进一步挖掘。这些都是傣族文化中的璀璨遗产,看似与水无关,但其制作、图文装饰等与水有着不解的渊源,因此有一定的教育价值和教育意义,应该对其进行深入挖掘并运用于幼儿园课程中。放水灯是西双版纳地区的民间习俗,很多西双版纳的孩子有到澜沧江放水灯的文化经验。西双版纳幼儿园也开发了一些与水灯有关的活动,如美术活动"不沉的水船",活动方式为:幼儿在美工区制作水灯。但其并未进一步挖掘科学领域的内容,如让幼儿感知水灯在水中的"沉浮现象",未能充分挖掘傣族水文化的教育价值,引起幼儿探索的兴趣。

③园外课程资源有效利用程度不高。

西双版纳地区幼儿园虽然在水文化课程资源开发利用的过程中意识到家庭和社区资

源的重要性,但对家庭和社区资源的有效利用稍显欠缺。幼儿园对家庭资源的利用大多是对家庭物力资源的利用,如请家长准备墙面展示用的傣锦、傣绣、傣陶等物质文化元素,忽视了对家庭人力资源的利用。很多家长是傣族,他们会说傣语,了解傣族历史,熟悉傣族乐器等。家庭对开发利用幼儿园傣族水文化课程资源的协助不应仅是物质的协助,还可以通过其他方式,如:会说傣语的家长入园教孩子们说傣语,了解傣族历史的家长可以给孩子们讲述傣族的历史故事、泼水节的传统与变迁等,会傣族乐器、会唱傣族歌谣的家长可以参与到幼儿园的艺术教育活动中,会织布、会制作象脚鼓的幼儿家长可以给幼儿展示傣族的特色器物的制作方式……但幼儿家长在这方面的参与度较低。对于社区资源的开发利用主要集中于对社区内的博物馆等资源的利用。幼儿园通常每个班级设有2~3名家委,家委们会利用节假日等时间组织本班级幼儿去西双版纳民族博物馆等地参观,让幼儿直观地了解傣族文化。实际上,很多社区资源都没有得到很好的开发利用,如社区中非常懂傣族水文化的老人、幼儿园周边环境中所呈现的水文化元素等。

④缺乏健全完善的管理体制以保障课程资源的有效利用。

任何文化资源的有效开发利用,都不是在一次课程组织与实施中实现的。文化资源的开发利用是一个延续的过程,是幼儿园整个课程体系持续发展和不断完善的过程。西双版纳地区幼儿园普遍缺乏一套完善的以保证课程资源有效利用的管理体制。如幼儿园对家庭资源的开发利用并不是长期且持续的,而是通过某项具体的活动而实现的,且利用的主要是物力资源,人力资源相对利用得较少。在开发利用课程资源的实践过程中,实践者也发现一些问题,但很多时候,发现的问题并没有得到切实解决。同时,开发利用课程资源的实践过程中,实践者也收集了许多资料,积累了许多经验,这些都是宝贵的资源,但是这些资源并没有得到有效利用。笔者认为:需要专门的人员对收集的资料、积累的经验进行整理,并围绕发现的问题进行教研,找到方法,一点点解决问题,进而构建一个完善的管理体制,以保障持续深入地开发利用课程资源。

3.西双版纳傣族水文化在幼儿园教育活动中应用的建议

根据西双版纳傣族水文化在幼儿园教育活动中的应用现状和存在问题,提出以下四点建议:第一,注重教师培训,提升教师对水文化课程资源的开发利用能力;第二,完善家庭教育功能,提升家长对傣族水文化的传承成效;第三,进一步开发应用傣族水文化课程资源;第四,完善管理机制,保障傣族水文化课程资源的有效开发利用。

(1)注重教师培训,提升教师对水文化课程资源的开发利用能力

第一,注重教师开发水文化课程资源的理论基础培训。

教师对课程资源的开发利用起着主导和决定性的作用。教师的素质决定了课程资源的选择范围、开发利用程度以及效益发挥水平。理论指导实践。只有以理论为指导，才能甄别有价值的课程资源，有选择性地将傣族水文化课程资源应用于幼儿园教育活动中，在实践过程中遇到问题时才能做到有的放矢。

第二，培训中注重教师水文化课程资源理论与实践结合的培训。

理论需要到实践中去检验。教师对课程资源开发利用的能力提升是一个循序渐进的过程，是不断尝试的过程。针对新引进的外地教师对傣族水文化不够了解、幼儿园年轻教师缺乏教学实践经验等问题，幼儿园可以采用"请进来、走出去"的方式。"请进来"指去傣族寨子里请老一辈人来讲述傣族水文化；请社区的专业人士来讲解、示范；请专家讲解课程资源开发应用的理论知识并指导幼儿教师的具体实践，使幼儿教师真正理解课程资源的意义，知道怎样有效利用课程资源。"走出去"指让幼儿教师去民族村寨采风，去其他幼儿园交流学习，等等。另外，在园领导的带领下，可以开展一些关于傣族水文化课程资源的课题研究，组织关于傣族水文化的教学、评课活动，主题设定为"傣族水文化"，但呈现方式可以多样化。教师还可以开展同课异构，将大家的思想汇集在一起；还可针对评课结果进行教研，再根据教研修改教案，筛选优秀案例形成优秀教案集，为下一次教育教学活动开展提供参考和做好准备。园领导根据幼儿园各位教师的专长，专门打造一支开发利用傣族水文化课程资源的管理队伍，为教师开发傣族水文化课程资源提供帮助和支持。

（2）完善家庭教育功能，提升家长对傣族水文化的传承成效

第一，努力提高家长对傣族水文化的认知与认同。父母是孩子的第一任教师，家庭是孩子重要的教育环境。在西双版纳的幼儿园中，很多幼儿家长是傣族，对傣族水文化有一定的了解，但对傣族水文化的认知与认同需要进一步加强。如幼儿园某中班幼儿的家长是当地土生土长的傣族，当研究者向其了解傣族水文化时，她表示自己不知道傣族水文化具体包括哪些方面。虽然，仅一位家长并不能说明问题，但是在一定程度上反映出傣族水文化在本民族成员观念中的淡化。

第二，增强家长的传承意识，注重家庭教育中的文化传承。家庭是傣族水文化传承的重要场域。有关傣族水文化的家庭生活内容，家庭成员节水、爱水、惜水的意识，家庭成员所了解的有关傣族水文化的历史故事，家所在的周围环境，等等，都蕴含着傣族水文化的教育内容。对此，应增强家长的传承意识，鼓励家长运用家庭环境中所蕴含的教育内容，通过给幼儿讲故事、共同参加节日活动、参观周围环境等形式，营造学习了解傣族水文化

的家庭氛围,让幼儿参与其中,感受傣族水文化,增强幼儿的民族文化认同感,潜移默化地实现文化传承。

(3)进一步开发利用傣族水文化课程资源

进一步开发利用傣族水文化课程资源的主要途径包括充分挖掘傣族水文化课程资源和幼儿自身资源,加强社区对傣族水文化课程资源的开发利用,构建家园共育体系。

①充分挖掘傣族水文化课程资源。

第一,明确幼儿园傣族水文化课程资源内容的筛选原则。

幼儿园傣族水文化课程资源的开发利用应遵循生活性、发展适宜性、时代性三个原则。生活性原则是指教师应选择贴近幼儿生活经验的内容对幼儿实施教育。在西双版纳的傣族聚居地区,幼儿在生活中真切感受过傣族水文化,例如水稻种植、水井、泼水节等,都与幼儿的生活息息相关,对于幼儿来说毫不陌生。发展适宜性原则是指教育内容要符合幼儿身心发展规律,以及幼儿的年龄特点、个体特点以及成长背景。教师作为引导者、观察者、支持者、互动者,在教育活动中,要密切观察幼儿的行为,了解幼儿的特征,要在与幼儿的交流中,捕捉幼儿对傣族水文化的兴趣点,以点带面地扩展开来。如幼儿模仿家长在餐桌上的行为,喝水时举杯并喊道"水!水!水!",以助兴。可借此生成与傣族水文化有关的教育内容。傣族水文化并非一成不变,而是受时代潮流的影响呈现出鲜明的时代特征。因此,傣族水文化课程资源的开发与利用既要顺应时代的发展,也要考虑民族文化的传承,即要注重主流文化与民族文化的交融整合。泼水节是傣族最重要的节日,在泼水节期间会举行各种各样的活动。这些活动既有传承,亦有变迁。在泼水节期间,傣族人民会载歌载舞。"孔雀舞"是傣族的传统舞蹈,是傣族文化的代表。而今,在舞台上展现孔雀舞时,除了保留传统的舞蹈动作外,也会加入现代元素(如灯光、电子布景等),以丰富孔雀舞的艺术表现形式。这样的孔雀舞,既是传统的,也是现代的。幼儿园则可根据幼儿实际情况,将傣族舞蹈运用到幼儿园的艺术领域。

第二,结合主题活动充分开发利用傣族水文化课程资源。

主题活动打破了学科之间的界限,以整合的方式,将不同学习内容整合成一个相互关联的网。将傣族水文化纳入幼儿园主题活动中,有利于提升幼儿对傣族水文化的整体认知。因此,研究者尝试设计了以傣族水文化为主题的多元智能学习网(见下图),以便对傣族水文化课程资源进行开发利用。

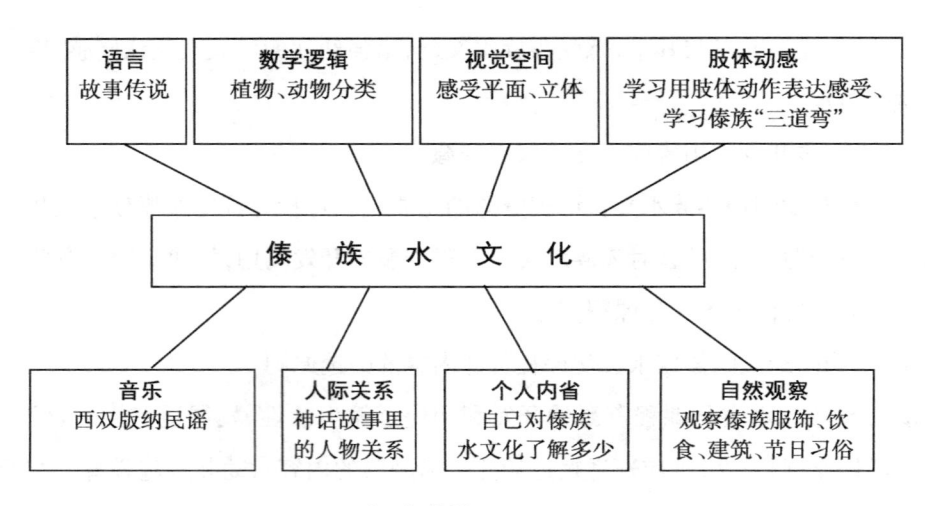

```
┌─────────────┐  ┌─────────────┐  ┌─────────────┐  ┌───────────────────┐
│  语言       │  │ 数学逻辑    │  │ 视觉空间    │  │ 肢体动感          │
│  故事传说   │  │ 植物、动物  │  │ 感受平面、  │  │ 学习用肢体动作表  │
│             │  │ 分类        │  │ 立体        │  │ 达感受、学习傣族  │
│             │  │             │  │             │  │ "三道弯"          │
└─────────────┘  └─────────────┘  └─────────────┘  └───────────────────┘
         \            |               |                  /
          \           |               |                 /
           ┌──────────────────────────────────────┐
           │          傣 族 水 文 化              │
           └──────────────────────────────────────┘
          /           |               |                 \
         /            |               |                  \
┌─────────────┐  ┌─────────────┐  ┌─────────────┐  ┌───────────────────┐
│  音乐       │  │ 人际关系    │  │ 个人内省    │  │ 自然观察          │
│  西双版纳   │  │ 神话故事里  │  │ 自己对傣族  │  │ 观察傣族服饰、饮  │
│  民谣       │  │ 的人物关系  │  │ 水文化了解  │  │ 食、建筑、节日习俗│
│             │  │             │  │ 多少        │  │                   │
└─────────────┘  └─────────────┘  └─────────────┘  └───────────────────┘
```

多元智能学习网

以多元智能学习网中的"自然观察"为例,傣族的服饰、饮食、建筑等,都可以成为"自然观察"主题活动的资源。这里以傣族服饰作为具体观察对象来分析。

傣族服饰与傣族居住地水的生态环境有着密切联系。长筒裙是傣族服饰的标志之一。从实用性来说,傣族居住地多水,筒裙下摆可以挽起来,便于下水劳作,跨越溪流、沟渠等。从装饰性来讲,傣族女子服饰上的图案以及装饰物,也反映了傣族水文化。如女子上装(色巴)后腋部的两根细带子,就是代表水。筒裙上的红、绿、黑等混合颜色的横向纹路,代表的是溪流、江河、山泉。有的筒裙上还绘制了水罐、竹筒、葫芦、竹瓢等图样,这些从饮水器、取水器演变而成的图样,同样反映了傣族与水的密切关系。[①]以服饰作为"自然观察"主题活动的内容,引导幼儿观察傣族服饰的样式、色彩、花纹等,进而引导幼儿了解傣族服饰与水的关系,体会傣族水文化的内涵。

②充分发掘幼儿自身的资源。

在西双版纳,很多孩子是傣族,其从小生活在傣族水文化环境之中,其自身就蕴藏着傣族水文化的课程资源,包括兴趣资源、经验资源、活动资源等。教师应观察幼儿,发掘幼儿与水有关的经历、体验或故事。教师也可以引导幼儿主动发起关于水的话题或活动。把这些贴近幼儿生活的教育资源加以适当设计后,形成集中活动或自由活动内容,并在一日活动中开展这些活动,让幼儿以主人翁身份参与到活动中来。幼儿亲身体验经历过的事件,更能激发幼儿强烈的好奇心与求知欲望。

③对社区的傣族水文化课程资源的开发利用。

社区是幼儿生活、人际交往、日常活动的区域。社区环境对幼儿有着潜移默化的影

---

① 艾菊红.水之意蕴:傣族水文化研究[M].中国社会科学出版社,2010:142.

响,幼儿园可以有效利用社区资源,使其成为幼儿园教育教学资源的重要补充和幼儿园管理的支持力量。如幼儿园可以邀请社区中了解傣族历史、傣族水文化的长辈到园,给幼儿分享自己所了解的相关知识;还可以由居委会组织老年协会的成员到幼儿园开展民族艺术活动;或者带领幼儿参观社区、参与傣族传统技艺的学习;等等。

④构建家园共育体系,促进傣族水文化的有效传承。

教育是多方的责任。我们常说家园共育,既然是共育,那么就需要家庭、幼儿园双方配合、沟通交流、协作互助、齐头并进。幼儿园作为专门的教育机构,其教育课程具有系统性、目的性和科学性,根据幼儿的身心发展特点,采用科学的教育方法,促进幼儿的全面发展。而家庭是幼儿的主要成长环境,与家庭成员的情感联系以及来自家庭成员的情感支持是幼儿园所不具备的。家庭教育不像幼儿园教育那样需要设定明确的计划,相对缺乏系统性、目的性。家庭教育具有独特的生活化特征,家庭教育价值蕴藏在日常生活中。因而,家庭、幼儿园协作,构建家园共育体系,共同促进幼儿教育的发展,既是教育发展的趋势,也是教育发展的要求。

(4)完善配套机制,保障傣族水文化课程资源的有效开发利用

第一,建立西双版纳地区幼儿园傣族水文化课程资源库。搜集、挖掘与傣族水文化有关的素材,打造一个傣族水文化课程资源库。这些素材不仅要与傣族水文化有关,而且要与幼儿园教育教学活动相联系,符合西双版纳地区幼儿园实际以及幼儿的发展特征,具备教育价值,能够融入幼儿园课程。资源库需要由专门的团队来建设以及管理,管理者按照类别对资源分别整理、更新、整合。

第二,家庭、社区资源的配套运用。在完善幼儿园傣族水文化课程资源库的同时,家庭资源、社区资源也需要随之完善。幼儿家长蕴含着巨大的教育能量,幼儿园及班级教师应充分发掘家长资源。家长可以为班级课程开发建言献策。班级教师可就某个活动主题召集家长会,开会交流讨论,听取家长的意见和建议。这样,家长也对幼儿园课程的开发以及幼儿园活动的开展有所了解,有助于更好地进行家园共育。社区中的人力资源很丰富,一些傣族老人熟知傣族的衣、食、住、行的演变和发展。可以邀请社区中的这类人员到幼儿园,给孩子们讲关于傣族的历史以及傣族水文化,充分发挥社区资源的作用。

(三)文山壮族传统体育活动在幼儿园活动中的开发与运用

壮族传统体育活动与壮族人民的生活紧密联系在一起,涉及壮族的生产、习俗和历史,是壮族人民在千百年的生产生活中形成的文化形式,是壮族人民勤劳、勇敢和智慧的象征。壮族传统体育活动不仅具有娱乐、健身的特点,也有文化传播的功能。在云南文山,许多幼儿园都会挖掘壮族传统体育活动资源,对其内容和形式进行创新,开发成符合

幼儿认知特点和身体机能的活动,从而实现民族特色文化与幼儿园课程的融合。这不仅传承了民族文化,也促进了幼儿园课程的创新发展。

1.竞技表演活动:投绣球、打扁担、三人板鞋

壮族人民主要分布在环境险恶的丘陵地带,在这样的自然环境中,他们养成了勤劳勇敢、顽强不屈的民族品格和团结互助的精神。壮族传统体育活动是积淀千百年而形成的文化形式,反映了壮族人民的生活环境、社会风俗、民族特征等。竞技性、表演性是其重要特征。其中,表演性是民族传统体育得以流传并受到人们喜爱的重要原因之一。[1]壮族传统体育活动中,典型的竞技表演活动有投绣球、打扁担、三人板鞋等。在幼儿园活动中,对这些活动加以开发和利用,能满足幼儿的表演欲望,调动幼儿的积极性,培养他们团结协作的意识。

(1)投绣球及其运用

投绣球有上千年的历史。绣球的前身是一种用青铜制作的兵器,称作"飞砣",用于战争或狩猎。后来,"飞砣"被人们改成绣花布囊,而抛投"飞砣"也演变成投绣球,具备了娱乐性质。投绣球所用的绣球由颜色亮丽的彩色布料制成,有圆形、方形、月牙形等形状,其中圆形绣球最常见。

在课堂开始时,教师可通过短视频、图片等方式,使幼儿了解绣球的历史及投绣球的玩法。然后,教师可教幼儿制作小绣球。制作步骤是先给幼儿展示绣球实物,再给幼儿发放手工材料,逐步指导幼儿完成。幼儿在制作绣球的过程中会对绣球有更多认识。

投绣球有两种玩法,一是高杆式投绣球,二是背篓式投绣球。

高杆式投绣球,即在空地立一高杆,杆的上端有一圈,将绣球从圈中抛过。传统的高杆式投绣球所立的杆较高,约有9米,幼儿难以将绣球抛至这样的高度。因此,幼儿园在开展投绣球活动时,应把高杆改为1米左右的高度,投绣球距离缩短在1米以内。把高度降低,缩短抛投绣球的距离,幼儿将绣球投进圈内的概率就提高了。这不仅锻炼了幼儿的身体,还提升了幼儿的自我效能感,有助于培养幼儿的自信心。

背篓式投绣球则要把笨重的背篓换成塑料桶或塑料盆。绣球控制在适宜幼儿甩抛的重量之内,可直接把绣球换成彩色软皮球,投掷距离二三米较为适宜。背篓式投绣球还可以设计成亲子活动。由幼儿投掷绣球,家长在另一边用塑料桶接,在活动中,抛、接的角色可以互换。亲子投绣球活动的技术含量不高,家长手里拿着塑料小桶接球,幼儿隔着一定距离把球扔进小桶里就行。它既锻炼幼儿的手部肌肉力量,也有助于提升幼儿与他人的协作能力。作为亲子运动项目,背篓式投绣球还能增进家长与孩子之间的感情交流和配

---

[1] 李云剑.有效构建幼儿园资源库[J].教育界,2011(21):162.

合默契,使孩子与家长都能体验到游戏的快乐,也有利于促进幼儿园与家庭间的合作。

投绣球是壮族特有的体育项目,在幼儿园开展投绣球活动,也能激发幼儿对家乡、对民族文化的热爱之情。

(2)打扁担及其运用

打扁担,壮族人民称为"特朗""谷榔""打鲁烈"等,它是壮族人民在长期劳动中创造的,表现了人们丰收的喜悦之情。打扁担程序是两根扁担上下互打,敲打节奏可快可慢。随后,改为扁担敲打长板凳,即扁担一头敲打长凳,另一头两根扁担相互击打。改敲打长凳后,打扁担人数随之增加,一般人数为双数,人数增加后打的声音更响,他们平均分在板凳两边敲打长凳。打扁担表现了插秧、打谷、舂米、织布、赶牛等劳动场景。打扁担的舞蹈姿态和队形变化不多,步伐也相对简单,主要表现的是敲击的节奏以及音响的变化。

打扁担可作为幼儿趣味体育项目,也可作为竞技表演活动。在幼儿园的打扁担活动中,可将扁担换成长度稍短、重量稍轻的塑料扁担,也可以用长度适宜的棍子替代。幼儿可两两成双学习打扁担,教师要注意控制幼儿击打的节奏和行进的步伐。在活动时,教师给幼儿一个指定口令,如咚哒、咚哒、咚哒哒哒,或上下、上下、下下下,统一幼儿节奏,节奏可由慢变快。对于大班幼儿,打扁担可以以舞蹈表演形式进行。作为表演活动,它需要掌握的技巧较多,要想使扁担在手上活动自如,幼儿需要反复练习动作,动作娴熟了才能舞好扁担。打扁担既能锻炼幼儿的手部、肩部肌肉,也有助于培养幼儿对节奏的敏感度和身体的协调性,增强幼儿的表演欲。打扁担讲究节奏一致,需要所有表演者团结一致。因而,将打扁担融入幼儿园课程之中,有助于培养幼儿团结他人、集体协作的精神,在无形中使其继承了壮族人民的优秀品质。

(3)三人板鞋及其运用

三人板鞋是壮族一项兼具娱乐性和竞技性的活动。三人板鞋活动使用的道具称为三人板鞋,这也是活动名称的由来。三人板鞋长为1米,宽9厘米,厚约3厘米。板上有间距相等的胶带,供活动参与者穿板鞋用。其活动形式是三个人一组,一起穿上板鞋,在指定距离内形成对决性比赛,竞走过程中不能摔倒,最快到达终点的一组为胜。

将三人板鞋纳入幼儿园课程之中,需要对三人板鞋的道具以及活动形式做出一些调整,以适应幼儿的身体特征。首先,在幼儿园三人板鞋活动中,要考虑板鞋的重量和材质。传统的三人板鞋通常为木质,重量相对较重,可改为胶制品或者塑料品。在活动形式上,可将三人板鞋设计为亲子活动,还可与其他类型的活动结合,创编"板鞋接力""板鞋扇舞""板鞋踩气球""板鞋拳术""板鞋投绣球"等新型活动。三人板鞋是多人参与的活动,考验了参与者的团体协作精神。同组成员要掌握要领与技巧,同心协力,才能快速到达终点。

这项活动不仅愉悦身心,锻炼了幼儿的腿部力量和协调能力,也促进了家长和幼儿的合作、家长与教师间的沟通与交流。开展此项活动前,教师要强调注意事项和活动规则。这也有助于培养幼儿的规则意识。

2.提升幼儿平衡力的活动:竹竿舞、踩高跷、打磨秋

《3—6岁儿童学习与发展指南》中提到,幼儿可以通过走平衡木、跳竹竿、踩小高跷等活动发展身体平衡及协调能力。竹竿舞、踩高跷、打磨秋是壮族的传统体育活动,需要手部和脚部协调完成,可以锻炼幼儿的平衡能力和协调能力。据此,可将竹竿舞、踩高跷、打磨秋这三种壮族传统体育活动纳入幼儿园课程之中。

(1)竹竿舞及其运用

竹竿舞,也叫跳竹竿、打竹竿、打柴舞,是集健身和娱乐为一体的运动项目。竹竿舞的道具是竹竿,摆放方式是横放两根4米长粗竹竿,再竖放几根细长竹竿作为打竿(竹竿数为双数)。竹竿舞是一项轻松欢快的运动,分打竿和跳竿两部分。跳竹竿的人数不等,可以是单人,也可以是双人,甚至三人及以上;打竿人数为双数,通常有8~10人,分几排打,每排间距1米左右。打竿者两人一组,两人双手握住同一对竹竿。打竿姿势有蹲打、坐打、站打三种。打竿节拍有四种,分别是基本跳的二二拍、进行竹竿舞表演的三一拍、快节奏的二一拍、初级竹竿打法的三三拍。打竿者会喊"开—合—开开—合""进—出—进进—出"等口令。跳竹竿形式有单脚跳、双脚跳、转体单腿跳、分腿跳及翻跟斗等,跳竿者根据脚的动作配上手的动作,在竹竿间行动自如,极具美感。

幼儿园开展竹竿舞活动,教师先要掌握打竹竿和跳竹竿的技巧,再教幼儿打竹竿、跳竹竿的基本要领。教师先教幼儿打三三拍的初级节奏,并根据幼儿的实际情况控制节奏快慢,使幼儿通过实践熟悉打竹竿的节奏。根据幼儿的实际情况,应选择细小的竹竿,最好在竹竿表层包一层海绵或软布,以保护幼儿在跳竹竿的过程中不被打伤腿。也可以用带有美感的蜡光纸装饰竹竿,增强竹竿舞的视觉效果,进而激发幼儿跳竹竿、打竹竿的兴趣。

幼儿期是训练幼儿平衡能力和协调能力的关键时期。打竹竿时,幼儿需要跟随节奏做出规律性动作;而在跳竹竿的过程中,幼儿要保持身体重心平衡,跟着打竿节奏来跳竹竿,手部要跟随脚部动作以及打竿节奏做出各种动作。整个过程锻炼了幼儿的平衡能力和协调能力。竹竿舞活动不仅可以锻炼幼儿的肌肉、关节,弹跳力和反应力,同时还发展了幼儿的节奏感和韵律感。它既能锻炼幼儿身体,又能愉悦幼儿心灵。在活动中,幼儿还可以进行角色互换,轮流打竿和跳竿。幼儿还可以自由交流自己的经验,自主探索打竿、跳竿的技巧。这也促进了幼儿的交流和探索能力。

（2）踩高跷及其运用

踩高跷也是壮族的传统体育活动之一。在幼儿园的踩高跷活动中，高跷通常有两种。一种是木质高跷，其材质应选用较轻的木制材料。在高跷表层可刷一层光滑透明的漆，使高跷更耐用，不扎手。另一种是塑料高跷，由8~10厘米厚的塑料脚踏板和绳子构成，其结构是在两个踏板上部两端钻洞并穿上绳子固定，要根据幼儿身高调节绳子长度。活动时，幼儿踩住踏板，用手抓好绳子保持身体重心平衡。教师可编儿歌口诀让幼儿记住踩高跷的要点，如：身体直立、双手握紧、集中精力、眼看前方、注意安全等。踩高跷活动还可以设计成亲子游戏，如举行高跷接力、高跷跨栏、高跷障碍赛、高跷绕圈接力等。踩高跷是在摆动的高跷上前行，行进时要保持身体平衡、直立，还要走得顺畅，能很好地锻炼幼儿的平衡能力、协调能力。在这个过程中，幼儿脚部离开了地面，幼儿需要克服自身的恐惧心理，这也锻炼了幼儿的心理素质。

（3）打磨秋及其运用

打磨秋是很受壮族人民喜爱的一项传统体育活动。磨秋通常由两根木头构成。其中一根高2~2.5米的硬木垂直固定在地面上，顶端用原木或铁做成磨心；另一根长6~8米的硬木为横杆，其中间部位与竖立木头上的磨心连接。打磨秋时，两人相向立于横杆两端，双臂伏拥横杆，用脚蹬地面，以两根木头的连接点为圆心转动。横木两端交替翘起、落下，凡旋进地面者继续蹬地，使横木飞转不停，直至其中一人感到不适才停止。在磨秋上还可以增加一些装饰物，如在离杆头1米处还可以绑些彩带作为装饰，增加磨秋的美观性。

从幼儿身体发展特征来看，打磨秋在幼儿园运用有一定难度，但这项活动在幼儿园有一个类似玩法——跷跷板。跷跷板和打磨秋的原理是一样的，即杠杆原理。相比打磨秋，跷跷板少了旋转的步骤，玩法更简单，适宜在幼儿园活动中应用。跷跷板深受幼儿喜爱。玩跷跷板时，两名幼儿分别坐在跷跷板两端，其中一人蹬地，本侧即翘起，另一侧则落下来，如此往复。幼儿玩跷跷板时，先要坐好、抓好手柄，随着跷跷板一起一落。在此过程中，幼儿需要始终保持身体的平衡，感受跷跷板的起伏，落地时及时蹬地，升起时稳住身体，这就锻炼了幼儿的身体感知力、平衡力和灵活性。跷跷板上下摆动使幼儿感受到了其中的乐趣，也提升了幼儿的胆量。

3.锻炼幼儿手部力量活动：打陀螺、打铜鼓

手的动作灵活协调是幼儿在健康领域要达到的目标之一。打陀螺、打铜鼓是壮族的传统体育活动，是锻炼幼儿手部力量较好的运动形式。

(1)打陀螺及其运用

打陀螺,也叫"抽陀螺""抽地螺"。陀螺一般为木质,通常为坚固的金刚木、枫木、椿木。陀螺顶部光滑且呈扁状,主体似圆锥体。一般在陀螺底部会打上铁钉,目的是使陀螺旋转持续时间更长。为了使陀螺更具美感,人们会给陀螺染上各种颜色。打陀螺时,先要用绳子缠住陀螺,然后用力将陀螺甩出去,并用绳子持续抽打陀螺,使陀螺持续旋转。

幼儿园开展打陀螺活动,除了使用木制陀螺,也可使用塑料陀螺。打陀螺的材料易得,简单易学,大、中、小班都可以开展此活动,但在活动开展方式上有一定差异。对于小班幼儿,应从认识陀螺开始,让幼儿观察陀螺的形态和结构,自己动手摸一摸、转一转,加深认识;在中班和大班,教师可先组织幼儿观看打陀螺的视频,之后教师向幼儿示范打陀螺技巧,示范完后让幼儿自己体验打陀螺,再让幼儿练习巩固。教师还可以编个儿歌,让幼儿快速掌握打陀螺的要点。

打陀螺难度不大,它需要协调上下肢动作,主要用手部发力。打陀螺用的是巧劲,用力要适度,力度小则陀螺旋转时间短,力度过大则可能将陀螺打翻。所以幼儿在打陀螺时要通过观察和体验,不断调整所施加的力度,练习次数越多,越能控制自己打陀螺的力度,进而锻炼了身体的灵活性、反应力以及手部肌肉力量,还能促进幼儿与同伴交往和竞争的能力,使幼儿在合作学习中学会创新。

(2)打铜鼓及其运用

铜鼓是一种由炊具演变成的打击乐器,铜鼓表面有各种不同的几何装饰图案,体现了壮族的社会活动、风俗及信仰。壮族素来有在节日庆典或祭祀活动中打铜鼓的习惯,而今,打铜鼓也渐渐具有了世俗娱乐的功能,成为壮族人民的娱乐活动之一。

鉴于幼儿的身体特征,在幼儿园活动中的铜鼓可用小型木鼓替代。可将鼓挂在腰间,幼儿双手持小木槌击鼓;也可将鼓摆在地上,用手拍打或者用木槌敲打。打鼓节拍要协调一致,教师可设置好节拍,如"咚—哒"或"咚咚咚—哒哒哒",然后按定好的节拍训练幼儿的手部力量和对节奏的敏感度。打铜鼓还可与艺术领域的其他活动相结合,比如在音乐活动中,将铜鼓作为乐器。又比如,铜鼓也可融入幼儿园舞蹈活动中,教师利用铜鼓打节拍,配合幼儿的舞蹈动作,让铜鼓在幼儿舞蹈活动中发挥作用。

不管是用木槌敲鼓,还是用手拍鼓,都是用手的力量让铜鼓发声,这锻炼了幼儿的手部肌肉力量。幼儿敲击的力量越大,铜鼓声音越浑厚、音响越大;幼儿敲击的节奏越快,气氛越欢快。幼儿在此过程中能感知力量与铜鼓音响的关系以及节奏与氛围的关系,其感知力和对声音的敏锐度也得到了提升。

4.发展幼儿身体协调能力的活动:壮拳、舞狮

在幼儿园,要多鼓励幼儿进行跑、跳、走等身体活动。壮拳、舞狮需要手脚动作的配合,这两项体育活动需要一定的技巧,难度比较大,幼儿掌握动作技巧需要花些时间,但通过不断练习,幼儿能锻炼身体的协调能力。

(1)壮拳及其运用

壮拳是壮族人民最喜爱一种武术,它动作剽悍,拳势刚烈,出拳时多用壮语发出声音。它的现存套路有35种,如乌鸦晒翅、莲花拳、龙头凤尾、打虎拳、小太极、罗汉拳、擒工大王拳等。

在幼儿园的社会领域课上,让幼儿通过观看有关壮拳的视频、图片初步了解壮拳。在幼儿初步了解壮拳的基础上,可以请专门的壮拳教师教授幼儿壮拳。壮拳教师先示范一节完整的壮拳动作,再教幼儿一些基本拳法套路、打拳姿势、手部动作、脚部动作等。考虑到幼儿的接受能力,教师可将动作分解,先教幼儿手部动作,再教脚步动作,最后手部、脚步动作结合。大班幼儿还可使用一些软剑、小木棍进行表演。壮拳讲究身体动作要协调,教师可灵活设定活动目标。中班、大班幼儿在规则、纪律方面遵守得较好,适合开展壮拳教育活动。

壮拳是全身运动,讲究步法和套路,要求幼儿手部动作和脚步动作要协调,在出拳时要手到、脚到、心到。壮拳练习符合幼儿园体育活动课程总目标,有利于幼儿身心正常、协调发展、增强体质,是一项值得融入幼儿园课程的活动。

(2)舞狮及其运用

舞狮并不是壮族独有的传统体育活动,但壮族舞狮有自己独特的特点。关于壮族舞狮的起源,有诸多说法。其中一种说法是,古代的人们认为舞狮能避灾驱邪。在铜鼓敲击时,舞狮队演员会穿上舞狮的专门服装,扮作狮子,举着狮头舞出各种狮子的动作。

壮族舞狮对于幼儿园的小孩而言,相对较难,但可以将壮族舞狮运动简化,或者衍生出其他的活动。在社会领域活动上,教师可以让幼儿观看有关狮子的视频,使幼儿了解狮子的习性、行为特点,进而引导幼儿模仿狮子走、跳、打滚等动作。在此基础上,让幼儿观看舞狮视频,让幼儿直观地了解壮族舞狮运动。美工课上,教师可以跟幼儿一起画狮子,或者制作狮子头部装饰。体育活动中,教师可以将舞狮动作简化,教幼儿简单的舞狮基本步伐、手拿狮头的正确姿势,再让幼儿手举狮头进行表演。舞狮要两个人共舞,幼儿要互相配合,形成统一步调、队形,这样舞狮过程才更顺利。幼儿园也可创编一套舞狮操,让幼儿在趣味性活动中得到锻炼。需要注意的是,幼儿的力量较弱,因而在幼儿园活动中所用狮头不能太重,应使用硬纸壳或较轻的材料代替传统狮头的竹制材料。

舞狮不仅要学习好步伐,还要和其他幼儿一起合作,共同表演。舞狮时,两人步伐要一致,手要不断调整,力气大的幼儿参与这项活动比力气小的幼儿有优势。教师在教授时,可教幼儿舞狮的基本动作,当作给幼儿锻炼身体协调能力的机会,也让幼儿在练习过程中不断积累技能经验。教师可以在幼儿熟练的基础上强化,把它编排成幼儿园一个有特色的舞狮节目。总之,舞狮能渲染喜庆气氛,富有趣味性,有助于促进幼儿的身心全面发展。

【课后实践】

1.试从课程目标定位和课程内容来源两个角度来分析云南幼儿园民族文化课程的实施现状。

2.简述云南幼儿园民族文化课程的实施经验。

3.自选一种云南民族文化,尝试设计一个幼儿教育区域活动。

第六章　贵州民族文化传承与学前教育课程发展实践

【学习目标】
1. 了解贵州幼儿园民族文化课程实施现状。
2. 总结贵州幼儿园民族文化课程实施经验。
3. 分析贵州幼儿园民族文化课程实践。

【课前思考】
1. 查阅相关资料，了解贵州民族地区比较有代表性的文化。
2. 搜集相关文献，思考贵州特色民族文化融入学前教育课程的途径。

本章围绕贵州民族文化传承与学前教育课程发展，重点论述贵州幼儿园民族文化课程实施现状、贵州幼儿园民族文化课程实施经验与贵州幼儿园民族文化课程实践。

第一节　贵州幼儿园民族文化课程实施现状

在教育体系内，学前教育是基础教育的重要组成部分，其作为奠基阶段，为幼儿的学校教育及终身教育打下了坚实基础。学前教育对民族地区而言十分重要。一些民族地区的经济处于相对落后的状态，学前教育工作面临巨大的挑战。这也给幼儿园民族文化课程的实施和开展带来影响。学前教育课程实施存在的问题，也能在一定程度上反映出民族文化课程的现状。

一、贵州民族地区学前教育实施存在的问题[①]

贵州民族地区存在学前教育机构数量不足、学前教育机构结构不合理、教师资源缺乏等问题,导致贵州幼儿园民族地区文化课程实施受到阻碍。

(一)学前教育机构数量不足

幼儿的学习场所主要为学前教育机构,将优质的教育及保育服务提供给学龄前儿童是学前教育机构的主要职责;同时,机构还需要积极组织丰富的游戏活动帮助幼儿开发智力,使幼儿的探索需求、体验需求和感知需求得到满足,进而促进幼儿健康发展。为了确保学龄前儿童可以平等地接受学前教育,需要确保办园规模的合理化,但现阶段,贵州民族地区依旧存在学前教育机构数量不足的情况。

(二)学前教育机构结构不合理

我国民办幼儿园数量与公办幼儿园数量比为6:4,而贵州省民办幼儿园数量与公办幼儿园数量比则是8:2,而且民办幼儿园的数量还在逐年递增。通常情况下,就收费这一指标而言,公办幼儿园低于民办幼儿园。贵州省大量的幼儿园为民办性质,这就使得幼儿家庭的经济负担加重,而贵州民族地区多为山区,许多家庭难以负担学前教育费用。

(三)教师资源缺乏

专任教师与幼儿数量的比例作为一个重要指标,在衡量学前教育质量方面起到了十分重要的作用。该指标值越小,则表示教师需要承担更加繁重的教学任务。这将严重影响教学质量。目前,贵州民族地区专任教师与幼儿之间的比值较低,由此可见,贵州民族地区专任教师的数量较少。面对庞大的学龄前儿童群体,教师数量不足,便很难满足教学需求,这也就意味着最终的教学质量将会受到严重影响。同时,教师少而学生多,这就意味着教师的工作强度必然会很大,如此高压环境势必会提高教师的流失率。

二、贵州民族地区学前教育发展的策略

针对上述问题,下文提出了四点可以促进贵州民族地区学前教育发展的策略:第一,加大教育经费投入力度;第二,加大学前教育机构建设力度;第三,加大学前教育结构调整力度;第四,建设学前教育师资队伍。学前教育发展是民族文化课程发展的依托和保障,只有学前教育得到了高质量发展,民族文化融入学前教育课程才有可能。

(一)加大教育经费投入力度

贵州民族地区学前教育存在学生底子薄及经费投入不足等问题。若想该地区学前教

[①] 楚艳芳,刘文武.民族地区学前教育发展现状与思考——以贵州省为例[J].西部素质教育,2018(18):14—15.

育得到可持续发展,仅仅依靠短期内的大量经费投入是无法实现的。因而,除了增加投入费用,还要考虑调整经费结构,加强经费投入长效机制的建立和完善。

首先,在调整经费结构层面,应该加大县一级民族地区学前教育财政投入。贵州省经济发展相对落后,因而其财政收入较少,没有充足的经费投入学前教育。所以,在均衡区域教育发展方面需要中央政府的支持,然后由省级部门予以统筹,采用财政投入责任分级的方式促进学前教育教学质量的提升。

其次,在财政拨款机制层面,采取有效措施提升经费投入的稳定性。这就要求贵州省财政部门认真对各地区财政支出做仔细分析,予以分类及核定,建立和完善相应的机制。统一整合现有的公办幼儿园,进行规范的全额拨款,撤销效益奖励制度,使幼儿园彻底转变为纯公益性质。很多民办幼儿园存在设施设备简陋、办园质量差等问题,其主要原因是缺乏经费保障。因此,需要政府对民办幼儿园进行资金补贴,补贴标准按照学生数量而定。此外,还需要给家庭条件困难的学生提供一些补助,减轻家长的经济压力。

最后,需要对经费投入及扶持方式进行创新。以贵州省铜仁市松桃苗族自治县为例,该县幼儿教育机构主要分为公办、民办及自收自支三类。针对民办及自收自支性质的幼儿园,政府采取资金支持的方式,以"民办公助"为宜。同时,对幼儿教师培训给予专项经费支持。省级财政部门可以设立专项扶持政策,支持民族地区学前教育,并鼓励经济相对发达的地区对经济相对落后地区予以一对一帮扶,促进落后地区幼儿教师队伍的建设。

(二)加大学前教育机构建设力度

贵州省制定了《学前教育三年行动计划》,这在一定程度上指导了本省幼儿园的规划建设。但从整体来看,该计划不够详细和具体,还应该在建设幼儿园的时候,结合产业结构转型、户籍制度改革、人口变化情况及城镇化带动战略,坚持就近入园的原则。受到农村小学撤点并校的影响,学前班数量将会减少;进城务工、居民转户及旧房改造等情况会增加区域人口的流动。因此,各地方需要建立学前幼儿生源预测机制。就近入园原则也是实现学前教育资源公平化的重要措施之一,但公办幼儿园和民办幼儿园的保育质量、收费标准等存在较大的差异。因而,就近入园原则虽不太适用于城市幼儿园,但就贵州民族地区的实际情况来看,就近入园原则适宜贵州民族地区。因此,加大学前教育机构建设力度,为贵州民族地区幼儿入学提供条件,是保障贵州民族地区学前教育发展的重要途径。

(三)加大学前教育结构调整力度

较之民办幼儿园,公办幼儿园的经费具有一定的保障,其优质的学前教育资源也是学前教育公共性及公益性的重要体现。贵州省根据本省民族地区学前教育现状制定了相关的规定,力求提升公办学前教育质量,调整学前教育结构。另外,在幼儿园规模方面,贵州民族地区将农村幼儿园作为发展的重点,并加大城镇幼儿园的发展力度,选择适当的办园地址集中办园。尽管《学前教育三年行动计划》明确了公办优质学前教育的目标,但该计划在配套方案及政策方面存在一定的不足之处,即过于笼统、法律约束性弱,因而很难保障既定目标的实现。因此,贵州省不仅需要遵循该计划,指导优质公办学前教育资源的扩充,确保其规划的科学性,同时还需要加大法律约束力度,保障该计划的有效落实。

(四)建设学前教育师资队伍

首先,在教师薪资待遇方面,以国家公务员的薪资标准确定幼儿教师薪资水平。不仅需要确保幼儿教师的薪资待遇和公务员一样,还需要参照相关规定建立和完善相应的制度,促进贵州民族地区幼儿教师待遇机制的完善。

其次,对于民办幼儿园教师也需要制订相关的薪资标准。贵州民族地区人口中,城镇居民占少部分,农村居民占大部分,且大量的农村幼儿都是留守儿童。较之城镇地区而言,农村地区民办性质的幼儿园占比较大,但是不尽如人意的薪资水平及福利待遇使得大量幼儿教师无法长期坚持,最终选择离职,这就导致农村地区幼儿教师队伍无法壮大起来。因此,需要提升民办幼儿园教师薪资标准,缩小民办教师与公办教师之间待遇的差距。

再次,在医疗及养老保险待遇方面,大部分农村民办教师无法享受到正常的医疗保险和养老保险。因此,贵州省相关地区政府需要加强该部分待遇的完善力度,按照薪资标准和当地的实际情况为农村幼儿教师缴纳保险。对于教师自身担负的部分费用,国家应该适当予以补贴,以减轻教师的经济压力。

最后,在优秀教师人才的引进方面,定编、定人及全额核编虽然可以发挥一定作用,但是仅仅依靠这一管理办法仍然无法吸引更多优秀教师,还需要采用灵活引入编内聘用及定编不定人等管理办法。同时还需要探索学前教育专业免费师范生政策,为了提升农村地区师资队伍水平,可以通过多种方式鼓励免费师范生前往农村教学。

第二节 贵州幼儿园民族文化课程实施经验

贵州民族地区幼儿园在民族文化与学前教育课程的融合实施方面积累了一定的宝贵经验,主要包含两点:第一,以幼儿发展为本的课程内容;第二,以活动为中心的课程内容。

一、以幼儿发展为本的课程内容

课程内容是确保保教工作质量和课程目标达成的重要载体。课程内容应紧紧围绕"主题"和"领域"两大线索来展开,以主题统揽领域,来探索、选择适合幼儿生理、心理、认知特点的生活化课程内容。

课程内容的一个核心关键词是"主题",它在学前教育课程内容中占有核心地位,起着统领作用。主题是对幼儿生活有着密切关联的一系列活动或经验的概括,是围绕某个中心形成的一种教育内容的组织结构。"主题"作为学前教育课程内容整合的有效形式之一,一个"主题"可以统摄不同学科或领域的知识,可以统领儿童的生活、经验与活动。

领域与主题有着密切的关联,两者相互渗透。主题强调把具有科学性、逻辑性的知识转化为儿童已有的生活经验、活动经验;领域强调把儿童生活及活动中获得的直接经验向逻辑性较强的科学性知识转化。

课程内容是有机联系的整体。贵州民族地区幼儿园在课程内容的选择、设计与组织上尽管侧重点不同,但都力求做到主题与领域的有机结合。立足于幼儿发展,用最经济的手段、方式,把本地区的乡土资源、民族文化资源、自然资源等以主题和领域相结合的方式,有机地统整为学前教育课程内容,力图为幼儿提供完整的、综合的生活经验及活动经验,为幼儿打造适宜的成长环境。

二、以活动为中心的课程内容

学前教育课程内容是通过各种活动来展现的,活动在学前教育课程实施中具有重要教育价值。学前教育课程实施的基本指导思想为以儿童的自由活动、自我教育为主以及以直观教学为主,通过开展各种活动促进幼儿的全面发展。"做中学""教学做合一""做中教、做中学、做中求进步"等教学思想,无不体现了以活动为中心的课程实施策略。活动的主要形式具体化为做游戏、讲故事、区角活动等。这些活动具有情境性、生动性、丰富性、趣味性,体现了幼儿的自主性、创造性。通过多样化的活动,生动、形象、具体地向幼儿实施教育。

贵州民族地区拥有丰富的民族文化资源,为幼儿园活动提供了广阔空间和丰富素材。贵州民族地区幼儿园在这方面做了积极尝试和探索,充分发挥本土文化的资源优势,将民族文化渗透进课程中的各种活动,并与幼儿保教工作完美相结合。幼儿教师以丰富多彩的活动为中心,把优质的民族文化课程内容转化成幼儿身心的和谐发展以及教师的专业发展,从而推动贵州民族地区学前教育事业的发展。

第三节　贵州幼儿园民族文化课程实践

　　研究课程实践具有重要意义:有利于及时发现课程实施中的问题以有效指导课程实践,有利于完善课程理论,有利于设计新的课程改革方案,有利于课程实施方案的推广。本节介绍了牙舟陶文化、水族剪纸艺术、竹编工艺、苗族蜡染等贵州民族特色文化以及其在幼儿园教育教学活动中的具体应用。

一、牙舟陶文化在幼儿园教育活动中的应用

　　牙舟陶是贵州省黔南布依族苗族自治州平塘县独具特色的布依族工艺品,盛产于牙舟镇,因此而得名。牙舟陶的生产始于明洪武年间,已有六百多年的历史。在漫长的发展历程中,它融入了贵州本土的陶文化内涵,形成了独具一格的特色。2008年,"牙舟陶器烧制技艺"入选第二批国家级非物质文化遗产代表性项目名录。

　　(一)牙舟陶文化在幼儿园教育活动中应用的可行性

　　牙舟陶文化是贵州民族地区的特色文化之一,对于其融入幼儿园教育活动中的可行性可从价值和现状两方面来论述。

　　1.牙舟陶文化在幼儿园教育活动中应用的价值

　　(1)牙舟陶文化自身所具有的价值

　　牙舟陶有六百多年的发展历史,具有深厚的历史底蕴。牙舟镇的人民从小就开始接触牙舟陶,从具有实用价值的生活用具,到具有审美价值的美术工艺品,牙舟陶文化已融入牙舟镇人民生活的方方面面。通过调研,对牙舟陶文化进行了梳理,我们认为牙舟陶文化主要有四个方面的价值。

　　①牙舟陶文化具有历史价值。在历史长河中,牙舟陶不断蜕变和发展,才有了今天的样子。它在发展中逐渐形成了自己的风格,不仅塑造了自己独特的外形和色彩,还延伸出许多值得品味的历史故事。搜集和整理牙舟陶历史方面的资料,把它运用到幼儿园教育活动中,可以让幼儿对本民族文化有所了解。

　　②牙舟陶文化具有科学价值。牙舟陶的烧制包括采泥、制坯、刻花装饰、施釉烧制、出窑等步骤。在这个过程中蕴含了丰富的科学知识,如烧制过程中会发生许多化学变化。牙舟陶的釉是独特的玻璃釉,烧制成功后会产生裂纹,烧制时间越久,裂纹越多。而这又蕴含了热胀冷缩的原理。因此,可以挖掘牙舟陶所蕴含的科学价值,并充分运用到幼儿园

活动的科学领域之中。

③牙舟陶文化具有人文价值。牙舟陶与当地人民的生活息息相关,从生活工具,到祭祀用品,乃至美术工艺品,牙舟陶的用途十分广泛。通过牙舟陶可以探寻当地少数民族的风俗,可以了解到当地人民的生活习惯。许多文人墨客还经常抒发对牙舟陶的情感,并衍生出诸多文艺作品。对于当地人来说,牙舟陶不仅是家乡的象征,还是民族的自豪,反映了人们对大自然的感恩之情。牙舟陶文化中的人文价值,对幼儿园课程的开发具有现实意义,对幼儿的成长同样有着重要作用。

④牙舟陶文化具有艺术价值。牙舟陶最初以实用为主,在漫长的发展中,牙舟陶吸收民间美术元素、借鉴中国古代文化,形成了古朴淳厚的特征。它顺应现代审美追求,也保留了民族文化韵味,自由自在的表现与民间材质的自然默契,成就了它独特的审美价值。牙舟陶外形古朴而奔放,形象生动,雕刻精细,釉色精美,是非常好的收藏品和摆设品。幼儿园可以引导幼儿欣赏牙舟陶,让他们体会牙舟陶的美感,还可以让幼儿尝试设计牙舟陶的样式,培养他们的创造力。

(2)幼儿学习牙舟陶文化的价值

幼儿园课程内容要贴近幼儿的实际生活。这就要求教师要充分利用幼儿生活环境中的各种资源,为幼儿提供主动参与和自主建构的学习机会。亲身体验是幼儿获得经验的最好方法。而牙舟镇有着天然的学习牙舟陶文化的环境资源。将这些资源纳入幼儿园教育活动之中,通过开展活动,让幼儿体验牙舟陶文化,切实感受民族文化的魅力。同时,接触牙舟陶文化不仅能让幼儿更多地了解家乡文化,激发幼儿爱家乡的情感,而且还能提高幼儿的积极性、主动观察能力、自我探索能力以及审美能力。

(3)民族地区学前教育发展的需要

运用民族文化开展学前教育,有两种类型:一类是生活化的教育,通过生活环境、家长和社区在日常生活中所开展的教育;一类是幼儿园有组织、有目标的专业化教育。

民族地区的学前教育应该具有民族特色,反映民族文化,因此民族地区应该加强本土文化资源的利用。牙舟陶文化是优秀的幼儿教育资源,但调研发现,牙舟镇的幼儿园开展关于牙舟陶文化的教育活动次数较少、类型单一,并且融入牙舟陶文化的生活化教育非常薄弱,牙舟陶文化的教育价值未能充分发挥。因此,牙舟镇应加强牙舟陶文化开发利用的力度,增强幼儿对民族文化的认知度和认同感。这不仅是牙舟陶文化传承和发展的需要,也是牙舟镇学前教育发展的需要。

(4)教师提高自身素质的要求

教师是幼儿园活动的参与者和引导者。调查发现,牙舟镇的教师缺少对牙舟陶文化的了解,因此开展的活动内容较单一。民族地区的课程特点要求幼儿园教师要具有双重技能,即教育教学技能和民族文化探索技能。牙舟镇的幼儿园课程改革需要教师充分发挥主观能动性,挖掘和选取适宜幼儿的牙舟陶文化资源,扩展牙舟陶文化教育活动的内容。同时,牙舟镇幼儿的民族文化意识培养也需要教师的引导。因此,幼儿教师需要致力于自身素质的提高。

2.牙舟陶文化在教育活动中运用的现状

第一,牙舟陶文化在牙舟镇幼儿园的应用情况。牙舟陶幼儿园所开展的有关牙舟陶文化的教育活动次数较少,且类型单一,仅限于幼儿艺术领域,未将牙舟陶文化充分利用到其他领域中。对教师进行访谈后得知,所开设的有关活动缺乏计划,活动前后缺少联系,大多为临时决定开展的。

第二,教师对牙舟陶文化价值的认识。经调研,牙舟镇幼儿园教师普遍认为开展牙舟陶文化教育活动是可行的,对牙舟陶文化教育活动的开展给予了肯定。他们认为牙舟陶文化教育活动能促进幼儿的成长,尤其是艺术方面的成长,还能培养幼儿热爱家乡的情感。但牙舟镇幼儿园师资力量薄弱,教师总体上文化水平不高,并且熟悉牙舟陶文化的教师极少。牙舟陶文化教育活动的开展需要科学的活动设计方案,而教师缺少相关知识经验,这对牙舟陶文化在教育活动中的应用造成了一些阻碍。

第三,牙舟陶文化环境创设的情况。在牙舟镇幼儿园环境创设中,牙舟陶文化并未得到很好的体现。幼儿园空间环境中,对牙舟陶文化的呈现仅限于在走廊过道中张贴关于牙舟陶的图片,没有专门的呈现空间。从呈现内容来看,张贴的图片多为供观赏和收藏的牙舟陶,与幼儿生活中的牙舟陶距离较远,也缺少牙舟陶文化融入幼儿园的活动图片。从区角活动来看,缺少供幼儿手工操作的牙舟陶文化活动区。

第四,家庭和社区资源利用情况。家庭和社区是幼儿园教育活动中可利用的重要教育资源。牙舟镇的幼儿大多为留守儿童,通常与祖父母或外祖父母生活在一起,老人的思想观念相对落后,教育意识淡薄,不能认识到学习牙舟陶文化与幼儿健康成长之间的关系,因此参与度较低。此外,教师考虑到安全因素,社区中所蕴含的牙舟陶文化资源也未能很好地利用到幼儿园教育活动中来。

(二)牙舟陶文化在幼儿园教育活动中应用的思考及建议

根据上述对牙舟陶文化在幼儿园教育活动中应用的可行性分析,对牙舟陶文化融入幼儿园教育活动有了初步的认识,进而探索性地提出牙舟陶文化在幼儿园教育活动中应用的几点思考及建议。

1.牙舟陶文化在幼儿园教育活动中应用的思考

牙舟陶文化教育活动的开展,丰富了牙舟镇幼儿园活动的内容,同时也使幼儿对牙舟陶文化产生兴趣。幼儿园在活动的实践过程中,充分运用了幼儿周围的多种环境资源,增加了活动的趣味性。但由于经验不足,加之研究的时间较短,仅将牙舟陶文化的少数内容融入教育活动,且主要是在大班开展相关的教育活动。活动的设计方案还有诸多不足,需要不断完善。鉴于此,对牙舟陶文化在幼儿园教育活动中的应用提出如下几点思考。

(1)牙舟陶文化的搜集、筛选和整合

牙舟陶文化与牙舟镇人民的生活息息相关,它的使用价值、艺术价值、文化价值等都可以在幼儿园教育活动中得到呈现。牙舟陶文化融入幼儿园教育活动,首先要对牙舟陶文化进行搜集、筛选和整合,这是牙舟陶文化教育活动得以开展的重要前提。

①牙舟陶文化的搜集。

牙舟陶文化的搜集对象包括牙舟陶文化中的物质文化以及牙舟陶文化中的精神文化。教师可通过以下三种途径开展牙舟陶文化的搜集工作。

第一,教师可以深入牙舟镇,探寻制作牙舟陶原料的产地。还可以在探寻中观察人们在生产生活中如何使用牙舟陶,以区分牙舟陶的种类。在观察的同时还可以深入牙舟镇百姓的生活,进而了解牙舟陶在百姓生活中的用途。

第二,教师可以亲身体验牙舟陶的制作,在实践操作中加深对牙舟陶制作工艺的了解。

第三,教师可以访谈陶艺人,参观陶瓷厂,了解牙舟陶的相关知识。同时,了解牙舟陶艺人的生存境况以及陶瓷厂的运营情况,进而了解牙舟陶在当今社会中的生存与发展情况。

②牙舟陶文化的筛选。

牙舟陶文化的筛选是牙舟陶文化融入幼儿园教育活动前期准备中的重要环节,即要对搜集的资料进行分类,为下一步的整合工作做准备。牙舟陶文化的筛选要遵循三个原则,即整体性原则、代表性原则和趣味性原则。

第一,教师要在保持牙舟陶文化整体性的基础上,对文化进行筛选。牙舟陶文化是一个各个要素相互联系的统一体,各个要素之间相互联系,不可分割。教师在筛选时要放眼整体,不能只考虑牙舟陶的艺术价值而忽略其使用价值,要在牙舟陶文化整体框架的基础上筛选可利用的资源。

第二,牙舟陶文化的筛选要体现代表性原则,即要选取牙舟陶文化中最具代表性的部分。所选取的内容要能反映牙舟陶文化的特点,要与其他陶瓷文化有所区别。

第三,牙舟陶文化的筛选要从幼儿的兴趣点和幼儿现有经验水平出发,选取能激发幼儿各方面潜能,促进其发展,并能培养幼儿情感和道德的内容。

③牙舟陶文化的整合。

牙舟陶文化的整合是为了让牙舟陶文化更好地融入幼儿园教育活动中,更好地适应幼儿的身心发展特点。在整合中,教师要注意两点:

第一,保持牙舟陶文化内容的客观性和科学性,不能为了开展活动而不遵循客观的文化规律。在整合中,教师要有科学严谨的态度,不能为了活动设计而篡改牙舟陶文化内容,违背其客观性。如此,才能使牙舟陶文化的价值得到最大限度的发挥。

第二,从幼儿的现有经验出发,以幼儿现阶段的发展水平为基础,不能超越其认知能力范围。教师整合内容时要以幼儿的现有水平和幼儿的现实需要作为依据,结合教育活动目标,整合出具有一定挑战性的,有利于幼儿长远发展的,又贴近幼儿生活且能扩宽幼儿视野的活动内容。

(2)牙舟陶文化与幼儿园教育活动的结合

牙舟陶文化融入幼儿园教育活动应遵循三个原则。

第一,活动目标要科学合理。活动目标是活动开展的出发点和归宿。因此,在设计活动方案时,确定活动目标是首要环节。活动目标要从知识、能力和情感三个维度出发,以保证教育活动能促进幼儿全面发展。教师在设定活动目标时要考虑幼儿的发展水平,要考虑活动目标的有效性以及可达性,目标要求不能太高也不能太低,要保证幼儿在能够完成目标的基础上又能有所成长。

第二,活动内容要能激发幼儿兴趣。兴趣是学习的动力。激发幼儿对牙舟陶文化的兴趣有助于幼儿更快更好地掌握牙舟陶文化。因此,教师在创编活动内容时要充分考虑幼儿的学习特点和认知规律,使得活动内容能更好地调动幼儿学习的积极性,让幼儿在浓厚的兴趣中轻松愉快地学习牙舟陶文化。

第三,活动的实施要能促进幼儿发展。牙舟陶文化教育活动的开展是让幼儿获得牙舟陶文化经验的直接方式之一,幼儿是否获得发展是评价活动实施是否有效的标准。教师在活动实施中要注意每个环节之间的紧密联系,要科学合理安排活动实施步骤,在活动中要善于运用鼓励性语言,让幼儿在活动中逐渐加深对知识经验的学习。

(3)家庭和社区资源的利用

①家园互动。

家庭是幼儿园重要的合作伙伴,应本着尊重、平等、合作的原则,争取家长的理解、支持和主动参与,并积极、主动帮助家长提高教育能力。家庭是幼儿的启蒙学校,家庭教育对幼儿的身心发展起着重要的作用。家庭资源的利用,有利于形成教育合力,促进幼儿成长。在开展牙舟陶文化教育活动中,设置了一些需要家长参与的环节,如请家长与幼儿一同参与泥土捏造活动,活动进行得较为顺利。但这样的活动设置极少,总体上,家长对家园合作意识薄弱,对活动开展目的的理解不到位。因此,为了让牙舟陶文化教育活动能更好地进行,家园配合工作需进一步加强。

第一,建立家园合作平台。开展家园合作的前提是要让家长树立正确的教育观,提高家长与幼儿园配合的意识。教师可以开辟多种途径,建立家园合作平台,向家长分享教育资源,收集家长对幼儿园教育活动的想法、意见和建议。通过家园合作平台的建立,促进家长与幼儿园的配合,提升家长的参与度,使其能够提供更多牙舟陶文化教育资源,协助幼儿园开展牙舟陶文化教育活动。

第二,积极开展家长活动。幼儿园可以制订与牙舟陶文化相关的主题,专门设计一些适宜家长参加的活动,并定期邀请家长参加。通过参加活动,让家长知道自己对幼儿园教育活动的重要作用,进而增强其家园合作意识,提升其对家园合作的积极性。通过参加活动,还能增加幼儿与家长之间的互动,促进亲子关系。

第三,定期召开家长会。幼儿园定期召开家长会,让家长提供幼儿在家中的具体情况,并与教师一起讨论促进幼儿健康成长的有效途径,促进教师与家长的相互信任。家长会还可以给家长提供互相交流的平台,增强家长与家长之间的联系和互动,家长之间可以互相交流育儿经验、分享心得,优势互补,进而促进幼儿的健康成长。

②社区资源利用。

社区教育资源是指社区内一切可供幼儿园组织、开发和使用的人力、物力与财力资源。社区教育资源可用于幼儿园的教育管理,也可用于幼儿园的教育活动。社区资源可分为自然资源和人文资源。牙舟陶文化也包含了自然资源和人文资源两个方面。在牙舟陶文化中自然资源的运用方面,教师可以带领幼儿参观牙舟陶原料产地,让幼儿观察陶土的颜色和质地,获得关于牙舟陶的感性经验。在牙舟陶文化中人文资源的运用方面,可带领幼儿参观陶瓷厂,让幼儿了解牙舟陶的制作工艺,体验牙舟陶制作的乐趣;还可以带领幼儿参观牙舟陶艺术馆,让幼儿在欣赏牙舟陶的过程中体验美和感受美。

2.牙舟陶文化在幼儿园教育活动中应用的建议

(1)幼儿园方面

第一,制订长期的活动计划。幼儿园教育活动的主体是幼儿,幼儿的身心还不成熟,其接受能力和理解能力还得较差,很难在短时间内理解和接受牙舟陶文化。若只是零星地开展几次活动,或者活动开展得断断续续的话,牙舟陶文化教育活动便难以发挥其应有的效果。因此,开展牙舟陶文化教育活动的首要任务是制订长期有效的活动计划,保证教育活动科学合理地开展。幼儿园可以通过不断地挖掘牙舟陶文化的相关知识,筛选出符合幼儿身心发展的知识点,丰富牙舟陶文化教育活动的内容,并在实践过程中不断地进行反思,进而修正活动,调整计划,保证活动科学合理且持续开展。

第二,丰富活动类型。牙舟陶文化教育活动基本停留在艺术层面上,活动类型单一。要丰富活动类型,首先要对牙舟陶文化进行搜集、整理、筛选,在此基础上,借鉴其他地区开展陶瓷文化活动的案例,再结合牙舟镇的实际情况,整合牙舟陶文化,制订科学合理的活动方案。在设计活动时,要从幼儿的个性需求出发,结合《幼儿园教育指导纲要(试行)》中五大领域的要求,大胆创新,把牙舟陶文化融入幼儿园的教育活动中。在开展活动时,要关注幼儿的反应和兴趣点,从幼儿的兴趣点出发,不断衍生出新的活动设计方案。

(2)教师方面

幼儿园开展牙舟陶文化教育活动的关键在教师。教师首先要学习牙舟陶文化,提高自身素质。幼儿园可以开展相关的技能大赛,提高教师学习牙舟陶文化的积极性。另外,教师可与当地陶艺人保持良好的沟通,根据陶艺人的意见和建议对教学计划进行调整,使牙舟陶文化与教师的教学目标和教学技能更好地结合起来,以确保教育活动能够顺利开展。

在开展牙舟陶文化教育活动的过程中,教师需要注意几点。首先,幼儿的生活环境单一,接触的事物较少。为此,教师需创设多样的环境,促进幼儿成长。比如,创设牙舟陶文化活动区,让幼儿可以自行操作和欣赏牙舟陶,自主编写关于牙舟陶的儿歌,让幼儿动脑、动嘴,加深对牙舟陶文化的印象。其次,要因材施教,对于不同的幼儿,在教育方式上要做出一些调整和改变。比如:有些幼儿主动性较强,教师可以放手让其主动探究,在适当的地方加以引导;有些幼儿不善于表现自己,在活动中不自信,教师应当多鼓励、多引导,语气要温和,要多给带启发性和建议性的提示。

(3)家长方面

幼儿园的每一项工作都离不开家长的理解和支持,家长是重要的教育资源。一方面,家长可以提供关于牙舟陶的相关知识;另一方面,家长参与到活动中来,可以让家长更多地了解幼儿园,还能增进亲子关系。家长与幼儿园合作,形成教育合力,对促进幼儿的健康成长有着重要的意义。

在牙舟陶文化教育活动的实践中,家长的参与度很低,这跟家长的思想观念有关。许多家长的教育意识较为淡薄,对牙舟陶文化在教育活动中的作用认识也不够。因此,幼儿园在开展活动时,应优先选择家长和幼儿都了解的牙舟陶文化开展教育活动,循序渐进。还可以开展牙舟陶游戏活动,寓教于乐,让家长和幼儿相互配合,激发家长参与活动的意愿。做好家园合作是一个漫长的过程,要加强家长意识,帮助家长树立正确的教育观,并且要充分调动家长参与幼儿园工作的积极性,多与家长沟通,建立家园合作平台,促进家长与幼儿园的联系,充分利用好家长这一宝贵资源。

(4)社区方面

牙舟镇有着丰富的自然资源和物质资源,能为牙舟陶文化教育活动的开展提供很多素材。幼儿园在活动的设计上要充分利用牙舟镇的自然条件,为幼儿创设良好的学习环境。从牙舟镇的实际出发,依靠社区,因地制宜地运用社区资源,并把社区资源转化为幼儿园教育的内容。在充分利用社区资源的同时,让幼儿与身边环境互动,让牙舟陶文化融入幼儿生活。教师要积极寻求社会力量的支持,获得社会帮助,大力地宣传牙舟陶文化对幼儿教育活动的意义以及对幼儿成长的意义,让更多的人关注学前教育的发展和牙舟陶文化的传承与发展。

二、水族剪纸艺术在幼儿园教育活动中的应用

水族剪纸流行于贵州省黔南布依族苗族自治州的水族聚居地区。水族剪纸风格朴实,生活气息浓厚。剪纸题材多样,包括日月、山水、飞禽、走兽等,多反映水族人民的生活,寓意丰富。水族剪纸是随着水族人民服装的装饰需要而产生的,主要用作刺绣花样的底样,后逐渐发展为独立的艺术形式而传承下来,其历史悠久。2014年,水族剪纸被列入国家级非物质文化遗产代表性扩展项目名录。水族剪纸在幼儿园教育活动中的应用主要在美术领域。

(一)水族剪纸艺术在幼儿园美术活动中应用的过程

水族剪纸艺术在幼儿园美术活动中应用的过程包含前期准备、实施过程、收获与问题三大部分。

1.水族剪纸艺术在幼儿园美术活动中应用的前期准备

水族剪纸艺术在幼儿园美术活动中应用的前期准备包含开展调研活动、筛选水族剪纸、设定活动目标、确定活动内容、明确活动过程、把握实践原则六个部分。

(1)开展调研活动

活动前期,先对幼儿园进行实地观察、资料搜集。观察的内容包括该幼儿园在幼儿美术活动中是否体现了对水族剪纸艺术的开发与利用。然后,对幼儿园部分教师进行访谈,了解教师对水族剪纸艺术的理解与认识情况、对水族剪纸艺术教育价值的认识与态度,幼儿对水族剪纸艺术美术活动的早期经验积累情况,在幼儿园开展水族剪纸艺术活动存在的困难等四个方面的信息。最后,通过观察和访谈,总结水族剪纸艺术在幼儿园美术活动中应用的现状。

①教师对水族剪纸艺术的理解与认识情况。

教师对水族剪纸艺术的了解与认识是顺利开展水族剪纸艺术活动的前提，了解与认识的内容主要包含水族剪纸艺术的文化背景、水族剪纸艺术的基本特征及类别。幼儿园教师对水族剪纸艺术有一定的了解，但了解的程度并不是很深。他们只知道一些水族剪纸的名人，并未对水族剪纸艺术做更深层次的描述。关于水族剪纸的特征和类别，幼儿园教师也只是做简单的描述，未能做系统、全面的梳理和分析。

②教师对水族剪纸艺术教育价值的认识与态度。

教师对水族剪纸艺术教育价值的认识与态度是水族剪纸艺术活动开展的关键因素，主要包括教师对水族剪纸艺术在幼儿园美术活动中应用的可行性分析以及对水族剪纸艺术活动目的的认识。幼儿园教师一致认为水族剪纸艺术在幼儿园美术活动中的应用是可行的，而且在幼儿园开展水族剪纸艺术活动是非常有必要的，肯定了水族剪纸艺术对幼儿发展的重要性，认为在幼儿园组织和实施水族剪纸艺术活动不仅可以锻炼幼儿的操作能力，提升幼儿的审美能力，培养幼儿细心、耐心等良好的行为品质，还可以使幼儿对家乡民族文化产生尊重与热爱之情，有利于幼儿继承和弘扬传统民间艺术文化。但是幼儿园教师对水族剪纸艺术活动的目的的认识仍不够全面，还需不断深化。

③幼儿对水族剪纸艺术美术活动的早期经验积累情况。

幼儿对已有知识经验和生活体验的积累是教师进行教育活动的重要前提。因此，就幼儿园美术活动而言，幼儿的经验积累越多，可开展的美术活动就越丰富多彩。幼儿园部分教师平时也会组织一些与剪纸艺术相关的幼儿园美术活动，如剪纸技能比拼等。但他们在开展活动之前对幼儿前期经验的调查不够，一些教师凭借自己的经验去判断幼儿的经验，或者通过其他班幼儿的经验来衡量本班幼儿的经验，这实际上忽视了幼儿的实际情况和个体差异，不利于幼儿的发展。

④在幼儿园开展水族剪纸艺术活动存在的困难。

幼儿园剪纸活动的困难主要体现在两个方面。第一，教师方面：部分教师对水族剪纸艺术并不是很了解，其自身积累的经验不足；教师在开展与水族剪纸艺术相关的美术活动时，对活动内容的选择比较随意，未做足前期准备，过于依赖网络资源，多从自己的主观意愿出发，而很少考虑幼儿的主体地位；还有部分教师对水族剪纸艺术活动资源的开发能力和创新意识不足，没有形成一套较为具体的、全面的水族剪纸艺术活动方案。第二，幼儿方面：幼儿对水族剪纸艺术活动的经验积累不足；在纸上画画时，所画样稿不够精准，比例不恰当，大小不均；折剪纸张时，缺乏耐心和毅力。

综上所述，教师都认为在幼儿园开展水族剪纸艺术活动很有必要，并且也开展了一些相关活动,但是幼儿园水族剪纸艺术活动的开展存在许多问题,比如教师对水族剪纸艺术文化的理解与认识不够透彻,对幼儿的知识经验和实际需要的把握不够准确,没有一套较为具体的、全面的水族剪纸艺术活动方案。

(2)筛选水族剪纸

筛选用于幼儿园美术活动的水族剪纸时应依循两个原则,即特殊性原则和适宜性原则。首先,特殊性原则。水族剪纸既有自身的特征,也有跟其他民间剪纸的相似之处。教师在筛选过程中,应筛选能反映水族文化,具有独特性的水族剪纸。其次,适宜性原则。将水族剪纸融入幼儿园美术活动,就必须要考虑所选文化内容是否具有适宜性。筛选水族剪纸,主要从水族剪纸艺术的特点、分类以及幼儿园的实际情况和幼儿的发展水平出发,比如,部分水族剪纸制作方法偏难,不适合幼儿,这样的水族剪纸文化内容就不宜作为活动内容。

(3)设定活动目标

活动目标是一切教学活动的出发点,也是教学评价的指标。制订什么样的目标就决定了选择什么样的教育内容和教育方法。幼儿园教师对幼儿园水族剪纸艺术活动目标的制订,主要以幼儿的兴趣需要、年龄特征,以及水族剪纸艺术自身的特征和类型为依据。具体活动目标又主要从认知、能力、情感三个方面入手。据此,以幼儿园大班为例,将幼儿园大班水族剪纸艺术活动的目标制订为:初步认识和理解水族剪纸艺术的基本特征及类型;掌握几种水族剪纸的折剪步骤和方法;体验参与水族剪纸艺术活动的乐趣,感受民间艺术的魅力,丰富审美体验,提高审美情趣;培养细心、耐心等积极的情感态度,养成良好的行为习惯。

(4)确定活动内容

活动内容是活动实施的关键。活动内容的方案设计得越好,活动实施过程就会越顺利,活动目标就越容易达成。因此,有幼儿园教师在这方面做了积极探索。他们根据相关文件对幼儿美术活动的要求,结合幼儿园实际情况、幼儿的发展水平,精心筛选出适合幼儿的水族剪纸图案,最终确定了6个类别的14个子活动,并设计了每一个活动的方案。

(5)明确活动过程

在开展水族剪纸艺术活动之前,教师不仅要为幼儿准备充足的剪纸工具和材料,还要摸清幼儿的基本情况,包括幼儿的年龄特征、发展状况、生活知识经验水平等。准备工作做足后,方可开展水族剪纸艺术活动。教学活动开展过程中,要提醒幼儿注意操作安全,培养幼儿良好的操作习惯。活动结束后,要认真反思和总结。水族剪纸艺术融入幼儿园美术活动的具体步骤如下:

①情境导入。

水族剪纸艺术活动的导入部分,应以幼儿日常的生活知识经验为基础,结合水族人民生活中的内容。活动导入宜情境化,这样有助于激发幼儿的兴趣和好奇心,促进幼儿积极主动地体验和感悟生活中的美好。

②理解折剪步骤及方法。

在幼儿学习水族剪纸的过程中,教师可以给幼儿一定的探索时间,如果有幼儿探索出来,就让该幼儿教其他幼儿。如果没有幼儿能琢磨出来,教师可以把握时机,适时地引导幼儿,必要的时候做一定的示范。此外,教师向幼儿介绍剪纸步骤和方法的时候,语言要清晰,用语要准确、恰当、简练,以便幼儿能准确理解和领会方法与要点。

③动手操作。

在操作过程中,教师要不断鼓励和支持幼儿,激发幼儿的兴趣和求知欲,让幼儿有完成任务的信心和勇气。当幼儿遇到困难时,教师在适当的时候可以进行具有启发性的引导。

④交流分享。

在活动开展后,教师应以尊重、理解和宽容的态度去鼓励和支持幼儿多分享、多交流,提出自己"天马行空"的想法。

(6)把握实践原则

结合幼儿发展情况和艺术领域认知发展的目标,水族剪纸艺术活动还应把握以下几个教育原则:

其一,教学情境家乡化——以幼儿熟悉的家乡文化艺术为背景,创设适合的情境引导幼儿。

其二,使用材料多样化——要为幼儿提供丰富多样的剪纸工具和剪纸材料,激发幼儿的兴趣。

其三,操作任务简易化——为幼儿设置的操作任务要与幼儿的发展水平和接受能力相匹配。

2.水族剪纸艺术在幼儿园美术活动中应用的实施过程

教师初选出6个类别的14个美术活动后,与研究小组展开深入讨论,对所在班级幼儿的年龄特点和认知发展水平有所了解后,才开始活动实施。这6大类活动分别对应6种水族剪纸,它们分别是对称水族剪纸、三角水族剪纸、四角水族剪纸、五角水族剪纸、二方连续水族剪纸以及自由组合水族剪纸等。下文以对称水族剪纸、四角水族剪纸、五角水族剪纸为例展开阐述。

(1)"对称水族剪纸"美术活动的应用

对称水族剪纸是幼儿园剪纸手工美术活动中最基础的一种类型。对称水族剪纸的一大特征就是讲究对称、工整,而对称又跟几何图形紧密相连。开展对称水族剪纸美术活动,首先要让幼儿在掌握几何平面图形的基础上,通过对水族剪纸的摸索和练习,能够初步感知、理解对称图形的含义,尝试找出对称图形中的对称轴。然后间接引导幼儿认识对称轴的概念,即让幼儿懂得把对称图形分成相同两半的直线叫作对称轴。最后让幼儿通过折纸感受对称轴,引导幼儿通过想象去创作自己喜欢的对称水族剪纸。对称水族剪纸是所有类型的剪纸中难度相对较低的,因而学习对称水族剪纸是认识和掌握其他类型水族剪纸的基础和前提。设计对称水族剪纸美术活动方案时,除了让幼儿掌握好基本的对称折剪、对称镂空剪外,还应让幼儿学习一些基本的剪贴、绘画方法,为后面幼儿学习其他水族剪纸奠定坚实的基础。

(2)"四角水族剪纸"美术活动的应用

四角水族剪纸是对称水族剪纸的延伸和拓展。为了进一步培养幼儿的动手操作能力和手眼协调能力,在幼儿掌握对称水族剪纸的制作方法以后,有必要在对称水族剪纸的基础上进行延伸,这也是对幼儿自身探索需求和求知欲望的满足。相比对称水族剪纸,四角水族剪纸也具有对称的特点,但增加了折叠的次数以及展开图案的边数;此外,画四角水族剪纸样稿对图案的布局和分配更讲究,难度也有所增大,这对幼儿的绘画能力提出了更高的要求。因此,随着幼儿认知能力和发展水平不断提升,教师设计的四角水族剪纸美术活动,旨在满足幼儿对知识的渴望,提高幼儿按适当比例画样稿的能力。此外,四角水族剪纸比对称水族剪纸更复杂,所表现的内容更丰富,传统韵味更浓郁,更具形状美和结构美。设计四角水族剪纸美术活动的目的是丰富幼儿的审美体验,让他们体验到感知美、表现美、创造美的快乐。

(3)"五角水族剪纸"美术活动的应用

五角水族剪纸是三角水族剪纸的延伸和拓展,其折叠的步骤更难,折叠次数比三角水族剪纸多了一次。这对幼儿的能力要求也就更高。首先,幼儿应具备对称水族剪纸、四角水族剪纸以及三角水族剪纸的操作经验,有一定的剪纸基础。其次,幼儿需要具备更敏锐的观察力,还要有足够的信心和耐心。幼儿之前学习的水族剪纸是比较基础的,重在培养幼儿的动手能力,让幼儿积累水族剪纸的实践经验和基础知识,在激发幼儿想象力、创造力等方面还不够。五角水族剪纸属于相对进阶的类型,其复杂程度更高,因此其表现力也更丰富。教师在五角水族剪纸美术活动中,不仅要进一步培养幼儿的动手操作能力,还应引导幼儿充分发挥自己的想象力和创造力,积极主动地探索,通过五角水族剪纸表达自己的想法。以此来培养幼儿的创造性思维能力,促进幼儿自主性水平的提高。

3.水族剪纸艺术在幼儿园美术活动中应用的收获与问题

(1)水族剪纸艺术在幼儿园美术活动中应用的收获

①促进了幼儿多种能力的发展。

在水族剪纸艺术活动中,教师启发式地引导幼儿对水族剪纸作品进行创作。在创作水族剪纸作品的过程中,幼儿可以自由发挥想象,用新奇的方式去表现和创作自己的作品。比如,在剪水族衣服时,幼儿根据自己的想象,剪出跟别人不一样样式的衣服。在对剪好的衣服进行图画装饰时,幼儿也可以发挥自己的想象力,用不同的图画来装饰自己所剪的衣服。在这些积极尝试的过程中,幼儿的表现力、想象力和创造力都被激发出来了,其创造性思维能力也获得了发展。

剪纸以手部操作为主,通过双手的活动,幼儿手部骨骼、关节、肌肉都得到了锻炼。此外,水族剪纸也有一些基本要求和技巧,比如折纸时边角要对整齐、折痕要压平,画稿时图画比例要恰当,剪纸时曲线、直线能够灵活转换,等等。这需要幼儿充分利用手、眼、耳等多种感官相互配合、共同操作。幼儿通过折、涂、画、撕、剪、贴等多种操作活动,不仅锻炼了手部,使手部的动作速度、灵敏性与精确性都得到了提升,而且手、眼、脑的协调能力也获得了发展。

②提高了幼儿对现实生活的感知和体验。

艺术来源于生活。水族剪纸的内容跟现实生活紧密相关,如花鸟鱼虫等自然物,服装、银饰、建筑等人工物,都是水族人民生活中常见的。在水族剪纸艺术活动中,教师需要先让幼儿熟悉与剪纸内容相关的事物,引导幼儿去观察身边的自然物和人工物,让幼儿亲身体验大自然的神奇与美妙,感受家乡文化的绚丽多姿。比如,在剪蝴蝶、小鱼时,教师在课堂中并不是只出示网络图片,而是尽可能地让幼儿去大自然中观察和发现;在剪水族衣服、水族银项圈时,呈现水族服饰和银项圈的实物供幼儿欣赏;在剪水族铜鼓时,让幼儿观察悬挂在幼儿园的各种铜鼓;等等。通过观察,萌发幼儿对现实生活的热爱,丰富幼儿对民间传统艺术的审美体验,让他们充分体验感知美、表现美、创造美的快乐。

③促成了幼儿良好行为习惯及品质的养成。

在水族剪纸艺术活动中,幼儿会经历丰富多样的情感体验,这些体验有助于幼儿良好行为习惯及品质的养成。比如,在三角水族剪纸、五角水族剪纸活动中,由于三角水族剪纸、五角水族剪纸的折法更难一些,大部分幼儿都没办法在第一次就学会正确的折法,这会让幼儿有挫败感。这时,教师需要及时指导并鼓励幼儿,给予幼儿信心和勇气,让幼儿再次尝试。或者引导幼儿向其他会折的小朋友请教,鼓励幼儿相互协作。在幼儿最终完成作品后，要给予幼儿赞赏，比如对幼儿说"小朋友设计的衣服很漂亮""小朋友们制作的铜鼓很棒"等。这让幼儿体验到了成功的快乐，获得了满足感和成就感，有助于幼儿自信心的建立。可见，在剪纸活动中，幼儿学会了勇于面对挫折和失败，虚心向表现好的小朋友学习；在失败之后懂得总结经验，反省自己，然后重塑信心，继续尝试，最终解决难题。剪纸需要耐心、细心、认真。在活动过程中，教师引导幼儿以认真、专注的态度去对待每一次活动的要求和任务。比如，从折纸，到描画，再到剪贴，剪纸的每一个环节都要求幼儿耐心、细心地完成。因此，幼儿在参加水族剪纸活动的过程中，其耐心、细心等品质也得到了磨炼。

④提升了教师的指导策略和应变技巧。

水族剪纸艺术活动实施过程中，幼儿的实际表现和具体行为是教师无法预知的，不同的幼儿可能提出不同的疑问，做出不同的反应。这就需要教师根据幼儿行为进行适当的指导。指导策略和应变技巧的提升是教师专业能力提升的重要方面，这是教师在教学实践中获得的。首先，在设计水族剪纸艺术活动时，教师需要做充分的前期准备，比如尽可能深入全面地了解水族剪纸艺术，了解本班幼儿的实际情况。每个活动都尽可能以水族人民生活情境为线索，以现实生活经验为基础，创设与活动相关的环境，促进幼儿认知能力的发展。其次，除了前期准备，教师在长期实践中，与幼儿不断互动，积累了水族剪纸艺术活动的相关经验。对于这些经验，教师要不断积累、总结，形成自己的教学方法。在研究和探索的过程中，教师指导策略等都得到了提高。

教师的应变技巧主要表现在对教学环节的灵活把控和适时调整上。应变技巧是在长期教学实践和反思的基础上形成的。如指导剪铜鼓鼓面时，教师并未直接提示幼儿要使用二方连续剪纸，而是先让幼儿复习之前的"任意剪""对称剪"，于是幼儿剪出了"三角形""正方形""圆形"，还剪出了"小鱼"等图案。教师以此为突破口，在幼儿多次尝试后及时引导幼儿想办法节省时间和精力，启发式地引出了二方连续剪纸。教师在活动中，根据幼儿的需要适时调整指导策略，坚持"教师指导、幼儿主导"的原则，让幼儿不断尝试和体验，体现了教师良好的应变能力和专业能力。

⑤为水族剪纸艺术的传承做出了努力。

水族剪纸艺术是我国传统的民间艺术形式之一，它反映了水族人民的民风民俗和生活方式，是水族人民的智慧结晶。2014年，水族剪纸被列入国家级非物质文化遗产代表性扩展项目名录。可在社会经济高速发展的背景下，水族剪纸艺术的发展并不乐观，因此保护和传承水族剪纸艺术具有十分重要的意义。水族剪纸艺术融入幼儿园活动，这不仅是学前教育发展的需要，也是水族剪纸艺术传承和发展的需要。为了开展相关活动，幼儿园管理者和教师对水族剪纸艺术的内涵和价值进行了挖掘,并将水族剪纸元素以不同方式融入幼儿园活动以及幼儿园的物质环境中,比如在幼儿园的整体环境创设中加入了水族剪纸艺术元素。水族剪纸艺术活动的开展取得了一些成效,受到幼儿的欢迎,还获得了诸多家长的认可和赞赏。幼儿园水族剪纸艺术活动开展的次数越来越多,内容也越来越丰富。这也让水族剪纸艺术受到了更多人的关注和重视,并在一定程度上为水族剪纸艺术的传承和发展奠定了基础。

(2)水族剪纸艺术在幼儿园美术活动中应用的问题

①教师缺乏对水族剪纸艺术文化知识的系统梳理。

水族剪纸艺术应用于幼儿园美术活动已取得一定的成效,参与实施水族剪纸艺术应用的幼儿园,其管理者和教师已积累了一定的经验,教师的指导策略和应变方式也有所提高。但是也还有部分教师对水族剪纸艺术文化的认识仍不够深入和透彻,趋于表面化,缺乏对水族剪纸艺术文化知识的系统梳理,对于利用和开发水族剪纸艺术的教育活动也缺乏全面、系统的实践方案。其原因主要在于:幼儿园侧重于教师实践、操作能力的提升,而忽视了教师对理论知识的学习;部分教师自身专业化水平不高,自我提升的意识薄弱,创新意识不足,他们只局限于利用其他教师的活动方案,或者自己之前积累的教学经验;幼儿园缺乏共同研发、团结协作的机制,幼儿园是一个整体,但是幼儿教师通常各忙各的,很少开展集体研讨活动,即使有开展一些教研活动,大多是教学安排,教师不上心,讨论也不够激烈,未取得实质性效果;部分教师缺乏科学规划、系统梳理的能力,很多教师其实非常用心,对每次教学活动都很认真负责,但是他们只是盲目地开展活动,缺乏科学、合理的规划,不善于反思和总结,缺乏系统、全面的自我梳理能力。

②幼儿对基本剪纸技能掌握得不够扎实。

通过开展幼儿园水族剪纸艺术活动,幼儿有了一定的剪纸基础,能按要求剪一些基本的图案。总体而言,幼儿对基本剪纸技能掌握得不够扎实,剪纸水平仍有待提高,主要体现在绘画、折纸、剪纸等方面。绘画方面,部分幼儿的绘画基础较弱,想象力也比较贫乏,不能将与水族相关的图案与剪纸巧妙融合在一起,绘画时的比例不合理;折纸方面,部分幼儿对一些折叠符号,如"峰线""谷线""正折""反折"理解模糊,对一些"边角要对齐""折叠要平整"的折纸要求做得不到位;剪纸方面,幼儿剪直线的问题不大,但剪曲线时就容易出问题,有些能力较弱的幼儿沿着已画好的轮廓剪都比较费力,大部分幼儿没有养成由内到外、由主到次等剪纸习惯。

③因学科特点所限,与幼儿园其他领域课程融合较少。

幼儿园水族剪纸艺术活动的结构比较单一,还没有形成一套适合幼儿的园本特色活动课程,通常只能参照一般的剪纸教材展开活动。目前,水族剪纸主要作为美术活动的一个内容,与其他领域课程的融合较少。因此,水族剪纸艺术活动就没有系统有序开展的条件,这也造成教师在组织水族剪纸艺术活动时存在诸多困难。在设计水族剪纸艺术活动方案时,教师一直都侧重于剪纸的技巧和方法,较少涉及有关水族剪纸的其他内容,这也导致水族剪纸艺术活动难以融入一日活动及日常生活教育中。

④家庭和幼儿园的合作意识有待提高。

家庭是幼儿园重要的合作伙伴。加强家园合作是促进幼儿健康成长的重要前提。幼儿园开展水族剪纸艺术活动也一样,需要家长的积极结合。但目前,家园合作的情况并不理想。造成这一现象的原因来自幼儿园及家长两方面。首先,来自幼儿园方面的原因。幼儿园部分教师有时为了完成教学安排,经常盲目地要求家长为幼儿准备各种剪纸工具和材料,引起家长的反感,导致家长不支持剪纸活动。幼儿园对剪纸活动的宣传力度不够,沟通方式欠妥,家长对幼儿园开展剪纸艺术活动的价值不了解,因此对这一活动持怀疑态度。其次,来自家长方面的原因。部分家长文化水平不高,教育意识淡薄,总觉得把孩子交给幼儿园后,就什么都不用管了。对活动中需要家长参与的内容不支持,不配合,比如,幼儿"三角水族剪纸"的延伸活动是由家长和幼儿共同完成"四角水族剪纸"或"五角水族剪纸",部分家长却置之不理。剪纸活动需要用到剪刀,部分家长担心幼儿的安全问题,所以不是很支持幼儿园开展水族剪纸艺术活动。

(二)水族剪纸艺术在幼儿园美术活动中应用的思考与建议

根据上述水族剪纸艺术在幼儿园美术活动中的应用过程研究,进一步探究性地提出以下思考与建议。

1.水族剪纸艺术在幼儿园美术活动中应用的思考

水族剪纸艺术是我国传统的民间艺术形式之一,是水族人民智慧的结晶。在市场经济环境下,水族剪纸艺术面临的机遇与挑战并存。为了传承水族剪纸艺术,发挥传统艺术在学前教育发展中的作用,教师尝试将水族剪纸艺术应用于幼儿园美术活动中。在实践过程中,通过不断观察和总结,对于水族剪纸艺术融入美术活动有了一些新的想法和思考。

(1)教师的教学能力是水族剪纸艺术活动开展的保障

"教师指导、幼儿主导"是现代幼儿教师提倡的基本准则。要体现幼儿的主导地位,就需要教师有一定的教学能力,包括专业水平和应变能力等方面,这是水族剪纸艺术活动顺利开展的重要保障。

教师首先要了解幼儿已有的经验,判断幼儿的已有经验给幼儿的学习与发展带来哪些帮助。传统教学观认为,对幼儿的教育就是注入式教学,他们的经验都来源于教师。但实际并非如此,幼儿的大部分经验都是幼儿通过感知而积累起来的,在这个过程中,教师扮演的是指导者的角色。生活阅历不同、兴趣有所差异的幼儿,其学习方式也有所不同,要使所有幼儿都能健康快乐地成长,教师要懂得运用不同方式,引导幼儿以其最适合的方式积极探索,主动积累经验。

在水族剪纸艺术活动中,幼儿表现出了盲目性和不稳定性,这要求教师要具有敏锐的观察力,及时发现幼儿存在的问题,并学会等待,以积极的情感态度指导幼儿完成任务。教师给幼儿提供充足的探索时间,营造温馨的操作环境,让幼儿通过自我探索,体验水族剪纸的步骤和方法。

(2)反思活动是促进教师和幼儿共同进步的重要手段

反思活动贯穿于水族剪纸艺术活动实施的全过程。反思的内容包括制订的目标是否与幼儿的兴趣特征和实际需要相一致,选择的活动内容是否与幼儿的年龄特征、发展水平相吻合,投放的材料是否具有实用性、美观性和可操作性,情境创设是否能激发幼儿的创造性思维,活动实施能否促进幼儿多方面能力的发展,活动是否达到预设的目标。反思既是提高教师专业水平的有效途径,也是促进幼儿全面发展的重要手段。

开展水族剪纸艺术活动,不仅需要教师认真实施活动方案,还需要教师持积极的态度,不断提高自身的观察力,随时把握幼儿的学习状态,捕捉教学亮点,挖掘特色资源。这些是对活动进行真实客观的反思与评价的前提条件。教师只有多角度、多方位、多渠道地总结教育活动,获取教学经验,提升自己的专业素质,才能满足时代发展对幼儿教育提出的要求。

2.水族剪纸艺术在幼儿园美术活动中应用的建议

经调研发现,水族剪纸艺术应用于幼儿园美术活动的实践过程中还存在一些问题,如:教师缺乏对水族剪纸艺术文化知识的系统梳理;幼儿对基本的剪纸技能掌握得还不够好;因水族剪纸艺术的特点所限,其很难与幼儿园其他领域的课程融合;家庭和社区资源的利用程度还有待进一步提高;等等。结合水族剪纸艺术在幼儿园美术活动中应用的思考,针对实践过程中出现的问题,从教师素养、幼儿基本技能、园长的领导以及周边社会资源的利用情况等四个方面提出一些建议。

(1)提升教师专业技能素养,有效应用水族剪纸艺术

为了使水族剪纸艺术更好地应用于幼儿园美术活动中,需要提高教师的专业水平,加强教师对水族剪纸艺术文化资源的认识和理解,培养教师观察世界和捕捉信息的能力。这有助于教师不断提升自身的剪纸手工美术活动指导策略。

①提升幼儿教师捕捉水族剪纸艺术文化资源的敏感度。

水族剪纸艺术形式多样,内涵丰富。幼儿教师要具备挖掘水族剪纸艺术相关素材的敏感度,才能从丰富多彩的水族剪纸艺术中捕捉到适合幼儿学习的素材。教师本身的观察能力和捕捉能力直接影响到水族剪纸艺术文化资源在幼儿园美术活动中的应用程度。水族剪纸艺术丰富多彩,但是如果幼儿教师敏感度不高,便难以发现水族剪纸艺术所蕴含的教育价值和重要作用,更谈不上对水族剪纸艺术资源的开发和利用了。提升幼儿教师捕捉水族剪纸艺术文化资源的敏感度的途径有如下几个。

首先,教师认识和理解水族剪纸艺术文化,了解其历史、基本特征和基本类型。教师可以通过多种方式搜集与水族剪纸艺术文化相关的信息,如在网络上搜寻有关水族剪纸的文章,去水族剪纸艺术流行地区拜访剪纸民间艺人,参观博物馆,走访水族剪纸的商铺,等等。

其次,在认识水族剪纸艺术的基础上,尽可能多地搜集有关水族剪纸艺术文化中的素材,并对其分门别类。结合幼儿园教育目标和幼儿园以及幼儿的实际,深入挖掘水族剪纸艺术文化与学前教育的契合点,筛选出适宜用于幼儿园美术活动的水族剪纸艺术文化素材,为水族剪纸艺术文化有效融入幼儿园美术活动做好准备。

最后,定期开展教研会议、学术会议,长期加强园本培训、园外培训,培养教师的创新意识、合作意识、科学规划意识,凝聚幼儿园教师的智慧。将幼儿教师在实践中所选择的水族剪纸文化素材、所创编的水族剪纸艺术活动案例系统梳理出来,形成一套大家可以参考和借鉴的系统方案。

②提升幼儿教师水族剪纸艺术活动的指导策略。

剪纸手工美术活动的指导与其他手工美术活动的指导有很多相似的地方,都要遵循幼儿的兴趣特点和认知发展水平,尊重幼儿的表达与创作方式。但是剪纸手工美术活动也有自身的特点,比如它更侧重于对精美图案的展示、对制作技巧与程序的学习,追求在轻松的环境中对幼儿进行指导,提倡较为完整的作品呈现方式。因此,教师在水族剪纸艺术活动中指导幼儿时,应注重以下几个方面。

第一,准备精美有趣的图案,激发幼儿的学习动机。水族剪纸艺术活动是让幼儿通过加工材料,最终形成精美作品的过程。在活动开展之前,教师需要对幼儿出示精美的、具有民族特色的图案,从而激发幼儿对剪纸制作活动的兴趣,使幼儿更积极地投入手工剪纸活动。出示的图案可以是教师亲手设计的,也可以是现实生活中的实物;可以是同一个图案,也可以是不同图案。总之,出示的图案要精美、有特色、有启发意义,以提高幼儿学习的兴趣和欲望。

第二，提供练习时间与环境，重视幼儿的前期体验。水族剪纸艺术活动中，教师在导入环节后，先不急于给幼儿示范操作方法，而是留给幼儿一点时间，让幼儿在没有教师的干预下自由摸索和操作，结合其他小伙伴的经验，对剪纸产生一些新的认识和理解，在教师讲解操作方法之前积累一些前期的体验和感受，为后面教师的引导奠定基础。为此，教师需要为幼儿提供充足的自由探索时间，创设丰富多彩的教育环境，使幼儿能够全身心地投入剪纸活动中。

第三，清楚地讲解操作方法，提高幼儿的学习效率。当幼儿获得一些前期的经验和感受之后，教师应把握时机，为幼儿提供一定的讲解和示范。手工剪纸美术活动中的折纸步骤非常关键，需要有序地开展操作活动，教师的清楚讲解和清晰示范十分重要。在讲解示范时，教师的语言表达要根据幼儿的理解能力以及幼儿在活动中的表现和反应来灵活调整，比如，对于"谷线"可以表述为"小嘴巴闭上的这一边"。具体操作环节要让每个幼儿都能看得清楚明白，有些简单的步骤和方法可以直接让幼儿自己探索，对于较难的操作步骤和方法，除了口头讲解，还需要呈现步骤和方法的示意图，让幼儿能够清晰、直观地观察剪纸的步骤和方法。

第四，制作的过程中耐心指导，营造温馨的课堂气氛。水族剪纸活动跟其他美术活动不同，它涉及的方法和技能比较多，对幼儿来说有一定的难度，所以在活动实施过程中需要教师耐心指导。教师对幼儿的指导方法也应视幼儿的实际操作水平而定。除了自己给幼儿提供示范和指导，也可以让已经学会的幼儿帮助示范。比如，在第一次剪水族图腾鱼时，鱼身上的花纹和图案需要镂空处理，这个步骤相对较难，有一些幼儿有一定基础且动手操作能力强，对这些幼儿，教师就不需要手把手地指导，可让他们自行探索；同时，让会剪的幼儿帮助其他幼儿完成作品；而对于多次尝试还未成功的幼儿，教师需要给予更多的支持和鼓励，语气要温和、平静，为幼儿营造轻松温馨的课堂氛围。

第五，妥善处理精美的作品，培养幼儿的自信心以及对艺术创作的积极态度。幼儿的剪纸作品代表了幼儿的想法，对他们来说意义深远。因此，在幼儿认真完成一幅水族剪纸作品后，教师应将他们的作品妥善处理。教师爱惜幼儿的作品是对幼儿能力的极大肯定。处理幼儿水族剪纸艺术作品的方式很多：可以将其作为常用的玩教具使用，如剪一件"能穿的水族衣服""可以戴的水族银饰"等；也可以把它当作艺术品，装扮美工区，装饰室内外环境；还可以作为礼物送给亲人朋友；等等。总之，要使幼儿的辛苦和努力得到应有的回报，体现出其价值。

(2)加强幼儿基本技能训练，奠定手工美术活动基础

在幼儿园开展水族剪纸艺术活动时，为了使活动顺利开展，提高课堂的效率，除了提

高教师的专业素养之外，还应加强幼儿的基本技能训练。首先，在幼儿动手操作前，让幼儿储备一些关于水族剪纸艺术的生活经验和知识经验，当有了前期经验积累后，再从折纸、绘画、剪纸等方面提高幼儿的基本操作技能。

①丰富幼儿的生活经验。

水族剪纸艺术活动虽然重在操作技能的培养，但前期的经验积累也尤为重要。因此，为了激发幼儿的好奇心和学习的兴趣，教师在活动开展初期，应引导幼儿了解一些有关水族的文化知识，丰富幼儿的生活经验。例如，在开展剪水族服饰的剪纸艺术活动时，教师可以水族端节为切入点，让幼儿描述自己过端节时穿传统服饰的感受和体验，引发幼儿对水族服饰的讨论。除了水族服饰外，鱼、蝴蝶、牛角和铜鼓等也是水族剪纸常见的内容，这些也可以作为丰富幼儿生活经验的内容。

②充实幼儿的知识经验。

水族剪纸艺术活动实施过程中，幼儿的知识经验越丰富，活动开展得就越顺利，幼儿参与的积极性就越高。因此，教师应在日常教育中不断丰富幼儿的剪纸知识经验，主要从三个方面入手。其一，培养幼儿对几何图形的认识，幼儿对图形的认知顺序为圆形—正方形—三角形—长方形—半圆形—椭圆形—梯形—不规则图形。其二，培养幼儿对角度的认识，以认识对称剪纸、三角水族剪纸、四角水族剪纸、五角水族剪纸等为主要途径。其三，培养幼儿对符号的认识，如峰线、谷线、正折、反折等。

③提高幼儿的基本技能。

在水族剪纸艺术活动中，幼儿基本技能的学习主要体现在折纸、绘画、剪纸三方面。

一是折纸技能的学习。

折纸是将纸按一定的折叠方法折出各种立体形象的造型活动。折纸活动可以培养幼儿的观察能力和空间知觉能力。折纸所用的工具、材料比较简单，一般情况下，有纸和剪刀就可开展活动。教师引导幼儿折纸可以从两方面入手。第一，引导幼儿学习折纸的基本技法，如对边折、对角折、集中一角折、双三角折、双正方形折等。同时，还要给幼儿讲解一些折纸的基本术语，如角、边、中心线、对角折、对边折等。此外，还要引导幼儿认识一些简单的折叠符号，如峰线、谷线、正折、反折等。在折叠过程中，教师还要引导幼儿了解一些折纸的基本规则，如折叠时要握紧、对齐、抹平，避免松松垮垮、歪歪扭扭的现象。第二，利用图示激发幼儿的折纸兴趣。传统的折纸教学，往往在一个活动中只进行一项内容，这严重阻碍了幼儿想象力和创造力的发展。在折纸活动中，教师可以给幼儿提供已折好的成品示意图，让幼儿对成品获得感性认识，激发幼儿探索折纸的欲望。平时，教师可在手工区或活动区的墙壁上，贴上各种纸工图示。幼儿根据自己的兴趣、能力，自由选择折叠的内容,在轻松、愉快的氛围中进行折纸活动。

二是绘画技能的培养。

画是剪的基础,剪是画的延伸,扎实的绘画功底是成功剪好一幅作品的前提。将水族剪纸艺术应用到幼儿园美术活动中,在教幼儿剪之前,要培养幼儿的绘画能力。可以从以下几方面入手。

其一,让幼儿能简单勾勒与水族文化相关的常见图案或纹样。与水族文化相关的常见图案较多,如"水族银饰""水族衣服""鱼"等。其中一些图案相对复杂,教师需要根据幼儿的年龄特征和实际需要,将图案简化。

其二,让幼儿会画图案的一半或$1/2n$(n表示角的数量)。水族剪纸的图案讲究对称、工整。剪对称的图案时,为了工整、美观,一般只画图形的一半或$1/2n$,如剪三角水族剪纸,就需要画图形的$1/6$(虽说是整体图形的$1/6$,但实际上只画三角中其中一角对应的图形的一半),如果是剪四角水族剪纸,就需要画图形的$1/8$。当然,角数越多,折法就越难,就幼儿园的儿童而言,一般学到五角水族剪纸即可,能力较强的孩子可以进一步学习六角剪纸。

其三,让幼儿在连续剪纸时知道如何画才不会使剪出的作品断开。在二方连续剪纸应用过程中,幼儿在剪具有对称性质的四只连接起来的蝴蝶时,先将一张长方形纸折好,为了避免蝴蝶断开,幼儿在画蝴蝶的一半时,一定要注意蝴蝶翅膀的尖处要朝所折纸张的开口端,且不能将其全部连接,要有一小部分断开,否则剪下来的蝴蝶一定是断开的。

其四,让幼儿会适当调整绘画的比例。部分幼儿在绘画过程中,往往把握不好图形在纸张上所占的比例,有的整体偏大,有的整体偏小,有的太靠左,有的太靠右,有的头大脚小,有的头小脚大,等等。总而言之,就是布局不太合理。对此,教师应适时指导,引导幼儿注意比例。教师在指导时,不应用"太大"或"太小"较为模糊的词语,应选用易量化的词语,比如,剪水族衣服时,教师发现部分幼儿不能把握衣服的比例,可用"像一个巴掌这么大""像一个水杯这么高"等可以量化的词语来引导。

其五,让幼儿学会在剪好的作品上用各种笔均匀图画,合理增添部分图案。比如,在剪水族背带时,当幼儿剪好背带后,为了增加背带的美观性,可以让幼儿发挥想象力和创作力,鼓励幼儿在背带上面画一些自己喜欢的图案。

三是剪纸技能的培养。

剪纸是指运用剪刀等工具将面状材料剪成一定形状后再拼贴起来的造型活动。剪纸的主要目的在于学习使用剪刀等工具,锻炼手部动作的灵活性、协调性,发展幼儿手眼协调能力。教师在指导幼儿剪纸时,可以从以下几方面入手。

首先，为幼儿提供合适的工具和材料。剪刀是剪纸活动最主要的工具，幼儿使用的剪刀以安全、轻便为主，剪刀的头为圆形或方形，剪刀刀刃的长短要以能剪出一些长的直线和大的曲线为宜，刀刃不宜过快，以免幼儿在使用时发生意外。剪纸的材料主要是各种纸，如卡纸、瓦楞纸、银箔纸、蜡光纸等，还可以用树叶、羽毛、布等作为剪纸材料。

其次，让幼儿掌握一些基本剪纸方法，如自由剪、沿线剪、折叠剪等。自由剪一般针对小班和中班的幼儿，对剪纸的技能要求不高，其目的是让幼儿提前感受和体验剪纸的过程，为而后学习沿线剪和折叠剪做铺垫。沿线剪又分为沿直线剪和沿曲线剪，在水族剪纸艺术活动中，两者都很重要。曲线剪通常要难于直线剪，直线剪通常要多于曲线剪。折叠剪主要应用于多角剪纸，比如，三角水族剪纸、五角水族剪纸都需要多次折叠。剪折叠剪纸时，需要为幼儿提供薄一点的纸张。

最后，幼儿在剪纸时，教师应引导其遵循一些基本剪纸原则。剪纸一般遵循"三先三后"原则，即先繁后易，先主后次，先里后外。具体而言：要先剪复杂的、零碎的部分，后剪比较简单的、主体的部分；先剪主要的部分，呈现出整体效果后，再剪次要的部分；先剪靠着对折线的部分，后剪靠开口端的部分。当然，有时也会根据剪纸呈现的效果来灵活安排。

(3)发挥园长的核心领导作用，促进园本课程资源开发

园长作为幼儿园的领导核心，对幼儿园课程资源的开发与利用起着至关重要的作用。应当发挥园长的领导优势，充分调动各方资源，为水族剪纸艺术课程建设获取丰富的教学资源，并拓宽其教育领域，实现与其他学科之间的相互融合。

①园长是园本课程资源的主要提供者。

水族剪纸艺术活动的顺利开展，需要幼儿园提供与剪纸相关的一些教学资源。这些教学资源主要包括剪纸的工具、材料、实物、图片、纹样等。用于剪纸活动的工具包括剪刀、铅笔、水彩笔、油画棒、固体胶、刻刀、垫板、订书机、尺子、磨刀石、蜡盘等；用于剪纸活动的材料包括各种纸，如卡纸、瓦楞纸、挂历纸、金箔纸、银箔纸、蜡光纸、白纸、包花纸、花纹纸等，还包括树叶、布等其他材料；用于剪纸活动的实物包括水族衣服、水族鞋垫、水族银饰、水族簸箕等；开展剪纸活动，还需准备一些水族剪纸的参考图案和纹样。园长要充分发挥带头作用，引领幼儿教师去发现和准备各种材料。

②园长是促进不同领域发展平衡的主要整合者。

在水族剪纸艺术活动的实施过程中，教师发现了一个问题：水族剪纸艺术活动的结构形式比较单一，主要体现在艺术领域不能很好地与幼儿园其他领域融合在一起。对此，园长要发挥带头作用，充分调动各方资源，广泛吸收教师的宝贵意见，尝试引领教师将水族

剪纸艺术活动有效融入其他领域中。园长可以召集本园幼儿园教师,针对教师不能很好地将水族剪纸艺术活动与其他领域较好融合的问题展开讨论,大家相互交流,讨论解决方法,形成一些可行方案。教师按照讨论结果制订将水族剪纸艺术活动与其他领域相融合的教学活动方案。比如,制订与社会领域相融合的活动方案《我爱水族小铜鼓》,一方面可以提升幼儿的手工操作能力,另一方面也可以培养幼儿的合作意识、社会交往能力。再如,制订与语言领域相融合的活动方案《妈妈的鞋垫》,一方面可以增强幼儿的操作技能,另一方面可以发展幼儿的语言表达能力。水族剪纸艺术不只局限于某个领域的培养,也可以多领域渗透。总之,园长应随时关注和了解幼儿教师整合教育的动向,把水族剪纸艺术作为特色的园本课程资源来开发和利用,并增加它与其他学科领域相融合的机会,促使各学科领域之间平衡发展。

(4)加强与周边环境的联系,实现多边关系互利共赢

如今,合作在社会中越来越重要。在幼儿园开展水族剪纸艺术活动,也需要多方合作,共同推进水族剪纸艺术融入幼儿园课程。

①加强幼儿园和水族剪纸艺术爱好者的合作,实现互惠共赢。

水族剪纸艺术爱好者包括水族剪纸大师、水族剪纸普通艺人以及一些对水族剪纸感兴趣的人。他们的目的是宣传和推广水族剪纸艺术文化。水族剪纸艺术作为民族地区园本课程开发的特色项目,幼儿园应积极主动地加强与水族剪纸艺术爱好者之间的联系,实现互惠共赢。一方面,幼儿园可以为水族剪纸艺术文化做宣传和推广,吸引更多的人关注水族剪纸艺术;另一方面,水族剪纸艺术爱好者可以为幼儿园水族剪纸艺术活动的开展提供指导和帮助,甚至可以应邀来幼儿园给幼儿传授水族剪纸的方法和技能。

②加强幼儿园、家庭、社区三者之间的紧密结合,实现资源共享。

幼儿园应与家庭、社区密切合作,与小学相互衔接,综合利用各种教育资源,共同为幼儿的发展创造良好的条件。幼儿园、家庭和社区是幼儿日常生活教育的重要场所,每一个场所对于幼儿的发展和成长都起着至关重要的作用,如果三者之间实现紧密配合,可以使教育的功能得到最大限度的发挥,最终促进幼儿的全面发展。

首先,以社区为依托,让幼儿多接触社会生活中丰富多彩的水族剪纸艺术,从而增长幼儿的知识,提高幼儿的创造性思维能力。这就要求幼儿园和家长应主动加强与社区的联系,利用空闲时间带幼儿去民间艺术品商店、水族博物馆等场所参观,搜集可利用的水族剪纸艺术文化资源,并把这些丰富多彩的水族剪纸艺术资源有效渗透到幼儿园、家庭的教育中,从而丰富幼儿园、家庭的教学资源。

其次,幼儿园也要为家庭和社区提供一定的服务和帮助。一方面,以水族剪纸艺术活

动的开展为契机,加强与幼儿家长的沟通与联系,转变家长的传统教育观念,提高家庭的教育水平;另一方面,幼儿园应组织幼儿参加一些社区的公益活动,比如将幼儿制作的水族剪纸艺术作品送给敬老院的老人,也可以将幼儿园的民间艺术特色活动向社区居民开放。

总之,幼儿园、家庭和社区是一个紧密联系的整体,缺少任何一方都不利于幼儿教育的长足发展。因此,应建立家、园、社区联系机制,充分挖掘利用三者的资源,实现资源共享,共同促进学前教育事业的持续健康发展。

三、竹编工艺在幼儿园教育活动中的应用

贵州省的竹编工艺资源丰富。其中,贵州省黔东南苗族侗族自治州三穗县的竹编工艺最为典型。三穗县土壤类型丰富多样,气候条件优越,有着丰富的竹木资源,这为三穗县竹编工艺的发展提供了物质资源。三穗竹编工艺历史悠久,至今已经有400多年的历史,是我国优秀的民间艺术。2007年,三穗县竹编工艺被列为贵州省非物质文化遗产代表性项目。2008年,三穗县凭借传统的竹编工艺,被命名为"中国民间文化艺术之乡"。

(一)竹编工艺在幼儿园教育活动中的应用意义

竹编工艺应用于幼儿园教育活动具有重要意义,本部分主要从幼儿、幼儿园、教师三方面来介绍。

1.对幼儿的意义

第一,激发幼儿热爱家乡文化之情、传承民族文化之心。竹编制品在以前都是实用的器具,但是随着时代的发展,竹编制品不再是主流。因此,很多幼儿并不了解竹编工艺。让竹编工艺走进幼儿园课堂,让幼儿能够更直观地接触竹编工艺,感受竹编工艺的魅力,激发幼儿热爱家乡文化之情、传承民族文化之心。

第二,培养幼儿认真、耐心、细心等优秀品质。竹编工艺的编制工序比较烦琐,起底、编织、锁口等每一道工序都需要认真、耐心、细心。幼儿阶段是孩子习惯养成的重要阶段,通过学习竹编工艺,可以逐渐培养幼儿认真、耐心、细心等优秀品质。竹编工艺是劳动人民智慧与汗水的结晶,是劳动人民在长期的劳动生活中所创造的民间工艺,幼儿在学习竹编工艺的过程中也可以感受到劳动人民的智慧。竹编并不是简单易成的,幼儿在竹编制作过程中有可能遇到很多困难,幼儿通过克服困难,最终完成竹编,这就无形中使幼儿树立了克服困难的积极态度。

第三,结合其他领域知识,促进幼儿全面发展。我国教育的目的是培养德智体美劳全面发展的社会主义建设者和接班人。幼儿的全面发展是为了适应未来社会对人才的需求。将竹编工艺引入幼儿园课程,除了让幼儿动手编制竹编制品,培养幼儿的动手动脑能

力,还可融入与竹编相关的其他课程内容,如关于竹子的知识、关于竹子的美文、关于竹子的绘画作品等,让幼儿更深地理解竹编文化。竹编是充满了美学的传统手工艺,竹编制品样式丰富,用途多样,让幼儿接触竹编工艺还可以提高幼儿的审美能力。此外,还可以通过让幼儿合作制作竹编制品,培养幼儿的合作精神,发展幼儿的社会性。

第四,竹编还可以辅助幼儿进行体育活动。可用竹编工艺制成适合幼儿玩耍的玩具,例如高跷、竹球、跳高架等。教师可以充分利用各种玩具的特点,根据幼儿的身心发展程度,为幼儿设计适宜的体育游戏。比如让幼儿投掷竹球,比一比哪位小朋友投得更远,游戏既有趣味性,也可以锻炼幼儿的身体。这些趣味十足的体育游戏,能让幼儿近距离地接触竹编,还能让幼儿爱上体育运动。

第五,培养幼儿的想象力和创造力。篾丝可以编织出各式各样的生活用品、玩具、装饰品等。在竹编活动中,教师和家长需要对幼儿进行正确引导,应该尊重幼儿每一个天马行空的想法,激发幼儿的想象力和创造力。幼儿可以不受限制地自行发挥、自由想象,将他们丰富的想象力和创造力体现在作品上。

2.对幼儿园的意义

第一,开发特色的园本课程。贵州的竹编工艺是贵州人民传承下来的传统工艺,幼儿园可以充分开发利用先辈留下来的珍贵技艺,开设适合本园的课程,让幼儿从小就学习了解本地区的优秀文化。这不仅丰富了幼儿园课程内容,还有利于本地传统文化的传承和保护。

第二,改变幼儿园的教育方式。一些幼儿园的课程还存在小学化倾向,也不注重传统文化的教育。幼儿园可以将竹编文化与本园特点结合在一起。在探索新课程的开发过程中,幼儿园也能认识到优秀传统文化对学前教育发展带来的积极影响,进而改变本园的教育方式,调整课程结构,而不再局限于文化教育。

第三,开发新的区角活动。区角活动是幼儿教育活动中的重要形式。将竹编工艺融入幼儿园区角活动,让幼儿可以根据自己的喜好选择相应的竹编活动,为幼儿提供一个具有主动性、自由性和创造性的活动空间。[1]通过有趣的区角活动,提高幼儿的兴趣,激发他们学习的欲望。教师在投放区角材料时,要注意材料的安全性,把幼儿的安全放在第一位;同时,还要注意材料的趣味性和艺术性,吸引幼儿的注意,引导幼儿积极参与进来。

3.对教师的意义

开设具有特色的传统文化课程,对于教师来说既是机遇也是挑战。

---

[1] 许芳春.闽南本土工艺"竹编"走进幼儿园[J].教育教学论坛,2015(16):283—284.

(1)树立正确的儿童观与教育观

教师是幼儿园课程的设计者,教师所拥有的儿童观和教育观,是决定课程质量的重要因素。在编排传统文化课程的过程中,教师需要积极思考如何引导幼儿积极主动地参与到活动中。教师只有亲身体验,对幼儿充满爱心、细心、耐心和诚心,认可幼儿发展的可能性,才能充分了解幼儿的需要,发挥幼儿的创造性,调动幼儿的潜能,发展幼儿的独立性与自主性,使幼儿拥有独立的人格。[①]如果教师的儿童观与教育观不正确,在课程设计以及教学的过程中就会出现各种各样的问题,对幼儿发展造成不利影响。

(2)提高自己的专业素养

教师是教育活动的组织者,也是教育活动方向的把握者。教师组织的竹编工艺课程质量直接影响幼儿的发展程度。竹编工艺课程不仅是简单地教会幼儿如何制作竹编制品,还需要融入与竹编工艺相关的其他内容,使幼儿更多地了解竹编文化,激发幼儿对传统文化的热爱之情,培养幼儿积极的情感态度,进而促进幼儿全面发展。因此,教师要精心计划课程的每一个环节,包括教学目标、教学活动以及教学反馈等方面。这对教师的专业素养有一定要求。在整个过程中,教师和幼儿教学相长,幼儿获得了知识、技能以及情感态度方面的成长,而教师也能提高自己的教学技能。

(二)竹编工艺在幼儿园教育活动中的应用过程

竹编工艺在幼儿园教育活动中的应用过程主要包含教师交流培训、材料准备、设定活动目标、确定活动内容、明确活动过程五个部分。

1.教师交流培训

竹编工艺是一项烦琐、复杂的手工活,对幼儿来说相对较难,因此,幼儿园教师在设计竹编课程时,应该将竹编工艺程序进行简化。这就需要幼儿园教师自己先了解、学习这门技艺。专业的竹编艺人拥有精湛的手艺,而幼儿园教师则对幼儿的认知程度、身心发展水平有着清晰的认识,通过整合校内和校外的资源,给幼儿园教师提供交流培训的机会,提升幼儿园教师的专业水平,有助于其编制出符合幼儿水平的教学活动,达到理想的活动目标。

2.材料准备

需要准备的材料分为两类。一类是为幼儿进行活动准备的材料。因为竹编工艺的材料存在一定的危险性,为幼儿提供的材料可考虑用其他材料代替。比如对于年龄较小的小班和中班的幼儿,可选择缎带、纸藤等材料来代替篾丝。而对于年龄较大的大班幼儿,

---

[①] 钱梦婕.体验竹之趣,生文化自信之根——记幼儿园班本微课程"竹编之趣"[A].北京教育音像报刊总社学前教育杂志社.第二届张雪门教育思想研讨会[C].北京教育音像报刊总社学前教育杂志社:北京教育音像报刊总社学前教育杂志社,2020:6.

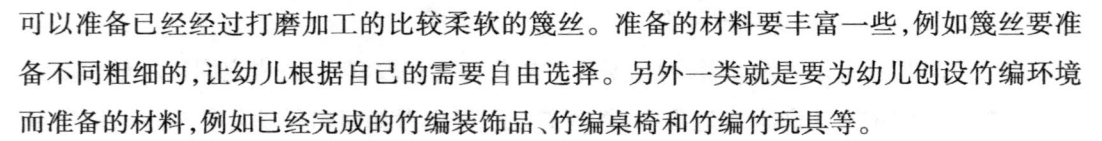

可以准备已经经过打磨加工的比较柔软的篾丝。准备的材料要丰富一些,例如篾丝要准备不同粗细的,让幼儿根据自己的需要自由选择。另外一类就是要为幼儿创设竹编环境而准备的材料,例如已经完成的竹编装饰品、竹编桌椅和竹编竹玩具等。

3.设定活动目标

课堂活动组织、活动内容的选择、活动方法的选取都是围绕着活动目标进行的。在活动中,教师根据所设定的活动目标评价幼儿的学习状态,及时调整自己的活动组织和进度,以有效地达成目标。活动目标可以分为三个维度。

①知识与技能目标:了解传统竹编的历史以及出色的竹编艺术家;了解竹编的编织工序,能够自己编织出简单的作品;能够通过自己的想象力和创造力,创造新的竹编作品。

②过程与方法目标:幼儿通过轻松、愉快、有趣的活动方式,视频、图片资料,专业老师的介绍和演示,进行模仿、互相合作、亲子活动等来掌握这一项技能。

③情感与态度目标:了解家乡的宝贵财富,激发热爱家乡、热爱祖国之情;通过动手操作,培养细心、耐心、认真、坚毅和勇于克服困难的品质;通过与同学协作完成作品,培养团结友爱的精神;通过自己动手完成自己想象中的作品,培养创新精神。

4.确定活动内容

在遵循活动目标的基础上,活动内容要符合幼儿的身心发展规律。竹编工艺相对幼儿来说复杂一些,因此,在组织活动内容时,对编织工序进行简化处理是非常有必要的。活动内容应丰富多样,以吸引幼儿对于竹编的兴趣,激发幼儿的主动性。活动内容分为独立活动和合作活动。对于较简单的活动,可以让幼儿自行探索完成;对于具有一定挑战性的活动,教师可引导幼儿通过合作完成,让幼儿明白团结合作的力量。幼儿园还可以设计一些亲子活动,邀请家长到幼儿园和幼儿一起完成竹编作品。

5.明确活动过程

第一,寻找生活里的竹编。将竹编工艺融入幼儿园课程,不仅可以提高幼儿的学习兴趣,也可以让幼儿进一步了解这一项非物质文化遗产。竹编制品对幼儿来说并不算陌生,幼儿在日常生活中也会接触到各种各样的竹编制品。课程开始前,可设计"寻找生活里的竹编"这个环节,由家长与幼儿一起来完成。家长和幼儿可以一起去超市、工艺品市场等地寻找竹编制品,并且拍照记录或者购买实物。上课时,幼儿可以与其他同学一起分享自己的发现。

第二,体验与竹编有关的游戏。游戏是幼儿最喜欢的活动形式之一,也符合幼儿的发展特征。教师可设计丰富的与竹编有关的游戏,让幼儿在游戏活动中积极探索。例如,幼儿可以用竹条玩跳高、并排跳等游戏,也可以用竹编球玩抛接、投掷等游戏。这些有趣的游戏,一方面促进了幼儿的体能发展,将室内学习拓展为户外活动;另一方面,让幼儿通过游戏去认识周围的世界,在轻松愉快的氛围中,激发幼儿学习的主动性与想象力。

第三,观看与竹编工艺有关的视频、图片等。根据幼儿的认知程度,幼儿园活动应对竹编的编织工序进行简化,但应让幼儿了解传统竹编工艺的相关内容。在幼儿开始制作竹编作品前,可让幼儿先观看与竹编工艺有关的视频、图片等。通过观看视频,幼儿可以了解竹编的主要材料篾丝是由竹子制作的,以及篾丝的制作方法。了解完材料以后,教师还可以带领幼儿一起看看竹编上的不同花纹,例如方格纹、米字纹、回纹、波纹等。随后,教师可以通过相关视频向幼儿介绍常见的竹编技巧,如人字编、十字编、五角眼编、六角眼编、穿丝编、螺旋编、菊花编等。在了解了竹编工艺的相关知识后,教师可以选择一个幼儿比较感兴趣的编织技巧,为后续学习作准备。

第四,自己动手做一做。四角孔编底和菊花编对于幼儿的吸引力比较大。四角孔编底对于幼儿来说易于操作,适合幼儿独立完成。此方法就是将篾丝(小班和中班的活动中可以用缎带代替)挑一压一,上下交叉编织,要求篾丝距离相等且平行排列,留四方孔。菊花编也称米字形编底,此方法是将篾丝十字形交叉重叠,渐次展开(如扇形),再用两条篾丝挑一压一由中心逐渐向外圈编绕。与四角孔编底相比,菊花编会稍难一些,可由幼儿自由选择任意一种方法来进行编织。

第五,竹编创新。幼儿在了解并且学习了一些基础的编织技巧以后,教师可以引导幼儿发挥想象力,自己创造竹编作品。幼儿可以先在纸上绘制出自己想要编织的作品,教师了解完幼儿的想法后,可以对幼儿进行辅导,指导幼儿完成自己的作品。这不仅有助于培养幼儿的想象力和创造力,对传统竹编工艺的传承与创新也是极其有意义的。

第六,亲子活动。亲子活动不仅对幼儿的身心健康发展有极大促进作用,而且通过参加亲子活动,家长可以更了解自己的孩子,进而培养家长的责任感。在活动中,家长对幼儿园想要传承优秀传统文化的课程理念有了更深入的了解,并对其逐渐产生认同感,进而成为传承优秀传统文化的倡导者。幼儿园竹编工艺活动中的亲子活动形式多样,家长和幼儿可以一起进行有关竹子的诗朗诵、一起完成竹编作品、一起完成与竹编有关的绘画作品等。这些活动不仅让幼儿学习了竹编工艺这项非物质文化遗产的知识,还能让家长乐在其中,与幼儿共同感受非物质文化遗产的美。

第七,竹编区角。园区环境属于隐形课程的一部分,能让幼儿在潜移默化中领悟传统工艺的美。教师可以通过社区、家庭、网络等途径挖掘与竹编工艺有关的各种资源来创设竹编区角,让幼儿在区角中主动探索、主动感知和主动创造。区角由教师和幼儿一起来创造,教师可以提前准备已经编织好的桌椅、玩具、装饰品等,幼儿可以发挥自己的创造力,布置竹编区角。幼儿在活动中完成的竹编作品也可以展示在竹编区角。还可以投放一些没有使用过的缎带、篾丝等材料,以满足幼儿日后想要自己摆弄、自己创造、自己尝试的需要。

第八,学习成果评价。对幼儿的学习成果评价可采用形成性评价和终结性评价相结合的方式,充分体现"全面考核,注重过程,促进发展"的思想。就形成性评价而言,教师可制订相应的表格,对幼儿在学习中的表现进行评价,例如幼儿的专注度如何、在遇到困难时的态度如何等。形成性评价更多地关注幼儿在整个学习的动态过程中的状态,而不是局限于幼儿最后的作品评价。终结性评价是在学习活动结束后进行,主要方式是对幼儿制作的竹编作品进行评价。对幼儿的学习成果评价的主体应多元化,可以采用自评、幼儿与幼儿之间相互评价、教师对幼儿的评价等。多种评价方式结合,建立多维的评价体系,寻找幼儿身上的优点,尊重个体的差异性,可以使评价更具准确性和科学性,更有利于激励幼儿,增强幼儿的自信心,使其从学习中获得快乐、成就感,进而促进幼儿的全面发展。

第九,教师反思。优秀的教师不仅需要拥有丰富的教学经验,还要有对日常课程中出现的问题进行反思,不断积累经验的意识。因此,教师反思也是工作当中的重要一环。在此过程中,教师通过回忆教学过程、分析自己的观察记录表以及与其他老师交谈等方式,分析自己在竹编课程活动中,哪些方面是完成得不错的,而哪些方面又是自己做得不足的,从而获得自己的心得体会,找到自己的缺点并在以后的工作中逐步改善,提高自己的自我监控能力,使自己获得专业化成长。

(三)竹编工艺在幼儿园活动中应用的思考

根据上述分析,探究性地从幼儿园、家长、社会三个方面对竹编工艺在幼儿园活动中的应用进行了思考。

1.幼儿园方面

(1)创新传统教学

将竹编工艺加入幼儿园课程中,不仅使幼儿园课程变得丰富多彩,而且还能启发教师转变传统的教学观念,从新的角度编创本园的特色课程。教师在创新课程内容的同时,也应转变课程实施方式,由幼儿被动接受转变为幼儿主动探究。教学应该是多角度的,是有很多可能性的,幼儿园特色课程不应局限于只教授幼儿竹编工艺的制作方法,而是要深入挖掘竹编工艺的教育价值,寻找竹编工艺与幼儿的德育、智育、美育等方面的契合点,为幼儿的全面发展奠定基础。

(2)建立工作小组,制订长期、完善的计划

开设新的课程,需要做很多校内校外的资源整合工作。这样的工作是很烦琐的。幼

儿园可以将领导和教师分成不同的小组,明确每个小组的工作任务、工作内容。

就目前来看,幼儿园开设的竹编工艺特色课程还没有形成持续性。若要发挥民族文化的价值,打造特色的园本课程,就需要制订长期且完善的教学计划。教学计划的内容和水平决定了幼儿园教育教学活动的内容和水平,完备的教学计划是幼儿园教学质量的保证。教学计划中的教学目标,既是教学的起点,也是衡量教师教学水平的标准。制订长期且完善的计划,能让教师的教学更具策略性,使教师在了解幼儿基本情况的基础上,明确自己的教学任务,进而使教学更有效率。

(3)调动教师的积极性

教师是幼儿园特色课程的开发者和实施者,要使竹编工艺等特色民族文化融入幼儿园课程,就得充分调动幼儿园教师的积极性。首先,幼儿园可以组织教师参加不同形式的活动,例如参观博物馆、参观特色手工艺品市场、体验竹编工艺等,充分调动教师的积极性。其次,幼儿园应积极配合教师的工作,为教师提供开展民族文化特色课程的必备条件。幼儿园领导应在课程实践的过程中,参与到课堂中,了解课程进度,观察幼儿的学习状态,给予教师支持。最后,幼儿园教师并不是专业的手工艺人,在适当的时候,幼儿园可以邀请专业的手工艺人到幼儿园,给教师做培训或者给幼儿上课,一起协助幼儿园教师完成课程。

(4)尊重个体差异,因材施教

每一个幼儿的成长环境不同,所受到的家庭教育也不相同。在教学过程中,幼儿园教师应该尊重幼儿的差异性,不用单一的标准去指导幼儿,而是要观察幼儿的表现,并及时且恰当地给予幼儿帮助。开设新的民族文化课程,不仅是对幼儿园和教师的挑战,也是对幼儿的挑战。比如对于竹编工艺,有些幼儿在生活中接触过,但有些幼儿则完全没有接触过。接触过竹编的幼儿对于竹编工艺课程的接受程度相对更高一些。教师应理解幼儿的差异,并遵循儿童的身心发展规律,关注幼儿的长处,让幼儿能够释放优点,改正缺点。

(5)积极召开家长会

家长会是幼儿园与家长沟通的一个良好平台。幼儿园教师可以就开展竹编工艺课程这一主题召开家长会。教师可以在会上向家长传达竹编工艺课程的教学计划、教学目标、教学内容等,让家长清晰地了解幼儿的学习内容;家长可以在会上就竹编工艺课程提出自己的疑问,与教师相互交流,让教师了解家长的想法,也可以给教师提供自家孩子的信息,让教师更了解幼儿,以便教师更好地因材施教。召开家长会的目的是增强家园沟通,让家长和幼儿园一起优化幼儿园课程,更好地实现家园共育。

2.家长方面

(1)积极了解幼儿园的教育理念

实现家园合作的前提是家长认同幼儿园的培养目标和教育理念。但是很多家长对幼儿园的培养目标和教育理念等并没有主动了解的意愿,不了解也就谈不上认同。这就导致在面对需要家长与幼儿共同完成的学习任务时,家长不愿意配合甚至反感。家庭是幼儿教育的重要力量,因此家长应积极主动地跟幼儿教师交谈,了解幼儿园的教育理念、课程设计等,从内心深处认同幼儿园的理念。

(2)关注幼儿的需要

家长与自己的孩子朝夕相处,对自己孩子的个性最为了解。不管是在家中,还是在幼儿园的亲子活动中,家长要密切关注幼儿的动态,了解幼儿的需求,并及时给予幼儿支持和关爱。比如,在幼儿园的竹编亲子活动中,幼儿或多或少都会遇到一些困难,家长要注意观察幼儿的困难是什么,是编织手法出现了问题,还是在与其他小朋友的沟通上出现了问题,然后具有针对性地引导幼儿,帮助幼儿解决困难。

(3)发挥家庭教育的力量

家庭教育是教育的起点和基点,但许多家长总是忽略家庭教育,认为教育是学校的事情。实际上,家长的一言一行都在影响着孩子,所以家长一定要注意自己的言行。家长应发挥自己的主动性,引导幼儿关注民族文化。比如,家长可以带领孩子一起阅读有关民族文化的书籍,一起观看与民族文化有关的视频,也可以准备一些材料和幼儿一起做相关的手工。在家庭教育的过程中,家长要学会鼓励幼儿,增加幼儿的自信心,让他们努力发挥自己的优点。

3.社会方面

(1)借助社区的力量

保护与传承优秀的民族文化,只靠某一特定人群的力量是不行的,而是需要发挥整个社会的力量。对此,社区可以举办各式各样的关于民族文化的活动,粘贴宣传标语、宣传图画,播放宣传片,让人们能够感受和欣赏民族文化魅力,从而更有效率地推动幼儿园的民族文化特色课程。

(2)借助媒体的力量

一些优秀的民族文化是鲜为人知的。如今已经是互联网时代,网络媒体具有很好的开放性以及很高的信息共享度,其信息传播突破了时间和空间的限制。可以借助网络媒体宣传我国优秀的民族文化。比如可以制作一些关于民族文化的高质量宣传片,在网络平台上播放,让更多人知晓我国优秀的民族文化,扩大其影响力,营造保护与传承优秀民族文化的社会环境,为幼儿园民族文化课程的开展打下基础。

（3）政府加大资金投入

无论以什么样的方式宣传民族文化，都需要大量的资金投入，这就需要政府部门的支持。政府可以通过财政拨款，以建立专门的博物馆、培养优秀的传承人等方式保护和传承优秀民族文化。

四、苗族蜡染在幼儿园教育活动中的应用

蜡染技艺是国家级非物质文化遗产代表性项目。在贵州，蜡染亦称作"贵州蜡花"，是贵州省丹寨、安顺、织金等地苗族世代传承的传统技艺，古称"蜡缬"。蜡染以素雅的色调、优美的图案、丰富悠久的文化内涵在贵州乃至世界民间艺术中独树一帜。

（一）苗族蜡染的审美及文化特征

1. 苗族蜡染的审美特征

作为一种有着悠久历史的民间传统工艺，苗族蜡染采用苗家人自产自织的棉麻布料，以天然蜂蜡、蓝靛膏子、碘为主要蜡染原料，其图案、花纹既保持传统苗族特色，又有现代文化元素，体现了苗族群众的智慧与独特的审美。

第一，实用性和美观性兼具。苗族蜡染是苗族人民依据自身需要而创造的技艺，兼具实用性和美观性是苗族蜡染的典型特征。贵州苗族蜡染用途广泛，其产品主要为生活用品，如服装、床单、被面、包头巾、背包等。在追求实用性的同时，苗族人从未忽视它们的美观性。贵州苗族蜡染在长期的传承、发展中，既具有浓郁的民族风情，又融入了贵州地域特色的蜡染艺术风格。苗族蜡染色彩质朴、图案丰富、造型生动，纹样反复排列、重叠交错，富有鲜明的节奏感和韵律感。

第二，寓意深刻、内涵丰富。苗族蜡染历史悠久，在发展过程中，制作技艺不断演进和革新，图案也越来越多样化。苗族蜡染的图案与苗族人民的日常生活息息相关，既有写实的山川、河流、花鸟鱼虫，也有从实物抽象而来的螺旋纹、水波纹、云纹、菱形纹等图形，极具艺术美感，也反映了苗族人民的自然崇拜和图腾崇拜意识，表现了人与自然和谐的意境。凤凰、鱼鸟等组合的图案，还有吉祥、和谐、幸福、安康等寓意，表达了苗族人民对美好生活的追求和向往。

第三，格调高雅、古朴纯粹。苗族蜡染的色彩丰富，有蓝色、黑色、红色、黄色等。其中，蓝白配色的苗族蜡染是最为常见的，蓝色通常为底色，花纹图案则为白色。苗族蜡染色彩素雅，构图讲究对称、均衡，图案活泼有趣、天真自然，格调高雅。苗族蜡染的染料来自植物、矿物等自然物，图案也以自然界的植物、动物、山川河流及由此抽象而来的纹样为主，显得古朴纯粹。

2. 苗族蜡染的文化特征

苗族蜡染是苗族文化的重要组成部分。其形成和发展与苗族人民的生活息息相关，是苗族人民表达自己思想观念的重要方式,是"人化自然"的具体表现,蕴含深厚的文化底蕴。

第一,崇尚自然的文化特征。苗族先民有着"万物有灵"的思想,其催生了苗族先民的自然崇拜。自然崇拜在苗族蜡染中得到了淋漓尽致的体现。苗族蜡染的图案主要是自然界中的事物。苗族人民创作时,并不局限于对自然界的模仿,而是充分发挥想象,将图形抽象化,创作出水波纹、云纹等图形。或者将图像打散、提炼、组合,创作出许多自然界并不存在的事物,最具典型性的是龙纹。龙是自然界不存在的动物,是先民根据自己的想象而创造出来的。在苗族先辈的意识中,龙主管山川河流,具有呼风唤雨的力量,可保一方风调雨顺。苗族先辈大胆想象,结合现实生活中的动物,在蜡染中呈现了龙的纹样。

第二,崇尚祖先的文化特征。祖先崇拜也是苗族文化的特征之一,在苗族蜡染中也有所体现。在苗族的神话传说中,蝴蝶妈妈是从古枫树变来的,被视为苗族人共同的祖先。蝴蝶妈妈是苗族蜡染中常见的图案。不同地区苗族蜡染中的蝴蝶妈妈造型不尽相同,有的呈爬行的形态,有的是飞舞的形象,但它们都反映出苗族同胞亲缘意识的萌生以及对本族始祖的崇敬。

第三,崇尚生命的文化特征。除了崇尚自然和祖先,苗族蜡染的另一个文化特征便是崇尚生命。从自然纹样来看,无论是动物,还是植物,都是具有生命的。每一种事物都有其寓意,比如鱼寓意多子。古时候,由于生产力低下,婴幼儿的成活率不高,繁衍生息是一个很大的问题。苗族人在生活中观察到鱼腹多卵,产子多,便希望像鱼一样拥有旺盛的生殖能力,能够多子多孙。苗族蜡染中鱼的形象,大都躯体肥硕,表达了苗族人对生命的渴望,对绵延子嗣、生生不息的诉求。

(二)苗族蜡染的教育价值

艺术教育是学前教育五大领域之一,而美术教育是艺术教育的重要方面。贵州苗族蜡染具有独特的审美价值,这为苗族蜡染融入幼儿园美术活动提供了可能性。苗族蜡染的美术教育价值主要体现在美术鉴赏和美术创作两方面。

(1)苗族蜡染的美术鉴赏价值

目前,幼儿园的美术教育仍停留在教师指导幼儿"动动笔、画一画、互动一下"的美术创作阶段,对美术鉴赏的重视程度不够。美术鉴赏是美术教育中的重要内容,其不同于一般意义上的欣赏,而是一种主动的、积极的审美再创造活动。苗族人不用圆规、直尺等作图工具,而是凭借精巧独特的艺术构思和巧夺天工的工艺,手绘出一件件文化内涵深厚、形式丰富多样、艺术感染力和审美价值兼具的蜡染艺术品。苗族蜡染寄托着苗族人真挚的情感、淳朴的愿望以及对未来生活的美好向往,是幼儿园开展美术鉴赏课程的宝贵资源。

(2)苗族蜡染的美术创作价值

美术创作是一种精神生产,具有自己独特的规律和特征。充沛的情感和丰富的想象力是美术创作的基础。创作者本身的情感、感受、愿望、兴趣对美术创作有重要意义。目前,幼儿园的美术教育大多关注知识和技艺的传授,忽视了对观察力、想象力和丰富情感的培养。苗族蜡染是苗族文化的典型代表,表现了苗族人民对宇宙的认知、对自然的崇敬和对美好生活的追求。这对于激发幼儿的创作情感,促进幼儿的个性化表达大有裨益。把苗族蜡染应用在美术教育中,可以引导幼儿主动关注生活中蜡染制品的图案及其寓意等,有助于"课堂学习+生活感受"的立体化、浸入式教学形式的形成。

(三)苗族蜡染在幼儿园美术活动中应用的过程

本部分主要介绍了苗族蜡染在幼儿园美术活动中应用的过程,并探究性地提出一些思考与建议。

1.苗族蜡染在幼儿园美术活动中应用的过程

苗族蜡染在幼儿园美术活动中的应用过程包含准备阶段、实施过程、收获与问题三部分。

(1)苗族蜡染在幼儿园美术活动中应用的准备阶段

准备阶段包含苗族蜡染的搜集与筛选、活动设计要点、策划活动环节、拟定活动方案、把握实践原则五个内容。

①苗族蜡染的搜集与筛选。

在美术活动开始的前期,通过网络搜索、实地走访等形式,搜集苗族蜡染资源。根据《幼儿园教育指导纲要(试行)》和《3—6岁儿童学习与发展指南》对不同年龄阶段幼儿美术活动的要求,结合幼儿园以及幼儿的实际情况,整理并筛选出适合本园幼儿美术教育的苗族蜡染资源,包括图案造型、制作材料、制作工具等。

②活动设计要点。

第一,设定活动目标。

活动目标是教育活动的出发点和归宿,是教育活动评价的重要指标,教育活动过程要始终围绕目标进行。幼儿园教育活动目标一般由总目标、幼儿年龄阶段目标和具体活动目标构成。将苗族蜡染应用于幼儿园美术活动,总目标的制订包含以下三个方面:能初步感受并喜爱苗族蜡染的美;能用自己喜欢的方式进行蜡染艺术表现活动;喜欢参加苗族蜡染活动,并能大胆地表现自己的情感和体验。从幼儿年龄阶段目标来看,可以将幼儿园苗族蜡染大班美术活动的目标制订为:喜欢参加蜡染美术活动;欣赏蜡染工艺品的造型、色彩、构图,感受对称、均衡的美,初步学会正确评价美;较熟练地使用和选择手工工具与材料,用苗族蜡染表达自己。

第二,选择活动内容。

根据《3—6岁儿童学习与发展指南》中的感受与欣赏、表现与创造两个目标,可设计欣赏活动、绘画活动与手工活动3个大类的活动。再结合相关目标要求以及幼儿园的实际情况,设计具有可操作性的数个子活动,根据每个活动的主题,结合前期筛选的苗族蜡染资源,选择适宜的苗族蜡染活动内容。

③策划活动环节。

第一,开始阶段,即活动的导入部分。学龄前儿童主要靠感知和行动获得经验。幼儿需要直观的感受,离不开对事物、对生活的观察。教师可以通过多媒体展示、实物展示等方式,引导幼儿欣赏、感受苗族蜡染的美,让幼儿积累苗族蜡染所呈现的视觉语言和符号。幼儿所积累的东西会转化为幼儿关于苗族蜡染的内在经验,通过教师的引导,幼儿能将这些视觉语言、符号迁移到操作中来,帮助自己进行表达。

第二,中间阶段,即活动的实施部分。在活动实施过程中,教师需要创造适宜的创作环境。首先,需要为幼儿提供丰富的创作材料和工具,激发幼儿创作的兴趣。其次,教师要为幼儿创造一个自由的环境,使幼儿拥有足够的创作空间,并且要给幼儿足够的创作时间。最后,要给予幼儿一个无拘无束、有安全感的心理环境。在活动中,教师应尽可能地少干预幼儿的创作,多用鼓励性话语,营造一个轻松的氛围,给予幼儿安全感,使幼儿能够大胆、自由地表达自我,最大限度地发挥潜能。

第三,结束阶段,即活动的总结回顾、拓展延伸部分。结束阶段是对幼儿创作的作品进行评价、展示,以及对活动过程进行回顾的阶段。在活动结束后,首先要对幼儿创作的作品进行评价。评价主体应多元化,可采取幼儿自评、幼儿互评、教师评价等多种评价方式。其次,要为幼儿提供展示作品的环境,比如在班级中设置展示区,让每个幼儿都有机会展示自己的作品,使其体验创作的喜悦感和成就感。重视作品的展示是尊重幼儿的体现,有助于激发幼儿的主动性,使幼儿从内心生发出对苗族蜡染的喜爱之情。最后,教师要回顾整个活动过程,分析问题所在,为下一次活动开展积累经验。

④拟定活动方案。

活动方案是具体的教育活动的实施细则、步骤、安排,其包括活动名称、活动目标、活动准备、活动过程、活动延伸等内容。在明确了活动意图、设计活动目标、选择活动内容和策划活动等环节的基础上,按幼儿园艺术领域的目标拟定"感受与欣赏""表现与创造"两个类型的美术活动方案。活动方案是苗族蜡染融入幼儿园美术活动实践沿着预定轨道、朝着预期目标展开的保障。

⑤把握实践原则。

根据《幼儿园教育指导纲要（试行）》和《3—6岁儿童学习与发展指南》中的艺术领域认知发展目标，并结合幼儿园幼儿的发展情况，为保证活动顺利进行，还应遵守以下几个原则。

第一，适宜性原则。苗族蜡染应用于幼儿园美术活动时，要符合两点要求：一是要适合幼儿的兴趣和身心发展水平，能满足幼儿的需要，幼儿的兴趣、需要等是筛选活动内容的基本出发点；二是要符合美术活动选材的要求。

第二，审美性原则。审美教育是美术教育的核心内容，因此幼儿园美术活动遵循审美性原则是必然的。苗族蜡染极具审美价值，其富有民族特色的形式美、内容美对培养幼儿的审美能力有着促进作用。在活动中，教师引导幼儿发现苗族蜡染的美，使幼儿获得真的启发、善的熏陶、美的感受。

第三，生活性原则。幼儿在生活中学习，在学习中生活。因此，幼儿园在开展苗族蜡染美术活动时，教师应选择幼儿常见的苗族蜡染作品供幼儿欣赏，以幼儿熟悉的文化为背景创设贴近幼儿生活的情境，从而引起幼儿的情境体验，如此才能调动幼儿的活动积极性。

第四，家长参与原则。家长参与到苗族蜡染美术活动中，是家园合作最基本的条件。家长参与不仅可以增进亲子间的感情，也有助于家长对幼儿园教育理念的理解。家园合作是苗族蜡染在幼儿园美术活动中实现教育价值的重要保障。

（2）苗族蜡染在幼儿园美术活动中应用的实施过程

依据《3—6岁儿童学习与发展指南》中艺术领域的分类目标以及幼儿的年龄特点、实际发展等情况，将幼儿园苗族蜡染美术活动按"以感受与欣赏为主"和"以表现与创造为主"的活动内容，设置欣赏活动、绘画活动、手工活动三类幼儿园美术活动。

①以感受与欣赏为主的美术活动。

欣赏活动是幼儿教师引导幼儿感受美术作品、自然景物等美好事物，使幼儿提高审美情趣和审美能力的活动。现以欣赏活动"蜡染衣服真美丽"为例进行阐释。

第一，"蜡染衣服真美丽"的设计意图。苗族蜡染与苗族人民的生活息息相关，其用途广泛，最常见的就是用在苗族服装上。苗族的蜡染服装常以花边装饰袖口、领口和裙摆。"蜡染衣服真美丽"活动以蜡染服装的花边作为重点欣赏的内容。苗族蜡染图案的造型清新质朴、题材寓意吉祥。在活动中，教师引导幼儿观察蜡染花边的图案，体会其造型、色彩和构图等方面的特征，使幼儿直观地感受苗族蜡染的美。

第二，"蜡染衣服真美丽"的实施。活动要联系幼儿的生活实际，让幼儿真听、真看、真

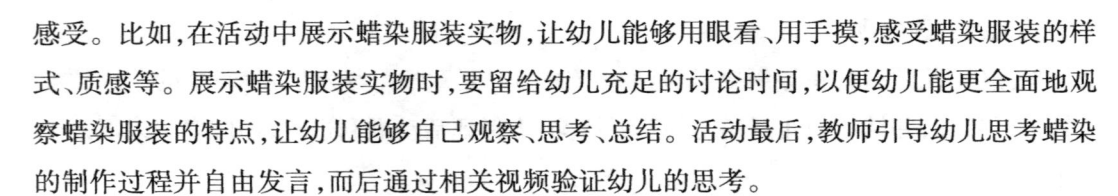

感受。比如，在活动中展示蜡染服装实物，让幼儿能够用眼看、用手摸，感受蜡染服装的样式、质感等。展示蜡染服装实物时，要留给幼儿充足的讨论时间，以便幼儿能更全面地观察蜡染服装的特点，让幼儿能够自己观察、思考、总结。活动最后，教师引导幼儿思考蜡染的制作过程并自由发言，而后通过相关视频验证幼儿的思考。

②以表现与创造为主的美术活动。

依据《3—6岁儿童学习与发展指南》中艺术领域的目标要求，将幼儿园以表现与创造为主的美术活动划分为绘画活动和手工活动两个类型。绘画活动是教师引导幼儿使用笔、纸等各种绘画工具和材料，运用线条、色彩、构图等艺术语言创造出视觉形象，从而表达情感的一种教育活动。手工活动是教师引导幼儿直接用双手或借助简单工具，对材料进行加工、改造，制作出平面或立体的物体形象的一种教育活动。现以绘画活动"小小蜡染设计师"和手工活动"苗族染坊"为例进行阐释。

A.绘画活动"小小蜡染设计师"。

第一，"小小蜡染设计师"的设计意图。苗族蜡染的图案表现了苗族人民对大自然的歌颂和对美好生活的向往，其中的几何图案很符合幼儿抽象且简单的绘画特点。通过欣赏和分析苗族蜡染图案的色彩美、线条美和造型美，引导幼儿自由地想象，激发幼儿的绘画灵感和创作热情，进而培养幼儿创新、想象、联想、求异的思维方式，体验设计蜡染图案的快乐。

第二，"小小蜡染设计师"的实施。首先，以苗族蜡染的传说故事导入，然后展示各种各样的蜡染花布让幼儿欣赏。其次，教师引导幼儿重点感受图案的构图形式，指导幼儿设计蜡染花布的图案。在幼儿作画完成后，在课上展示幼儿的作品，给幼儿分发小红花，让幼儿贴在自己喜欢的作品下方。最后，让幼儿将自己的作品带回家，给家人讲关于蜡染的故事。

第三，"小小蜡染设计师"的效果及反思。幼儿虽然喜欢听故事，但是活动导入要联系幼儿的生活实际，引起幼儿对日常生活的回忆，适当地让幼儿进行经验迁移。在幼儿创作环节中，教师要引导幼儿设计以对称、规整为美的简单的几何形构图，并且要体现蜡染的"冰纹"质感。"冰纹"被喻为蜡染的灵魂，是由于蜡在染色过程中因搅拌而产生裂缝，染剂渗入裂缝而引起的神奇肌理。

B.手工活动"苗族染坊"。

第一，"苗族染坊"的设计意图。通过前期活动，幼儿对苗族蜡染已经有了一定的了解，并且有了一定的创作基础和创作欲望。在此基础上，设计手工活动"苗族染坊"。本活动的目的是让幼儿创作蜡染手帕，亲身体验传统苗族蜡染的制作工艺，体会动手操作的快乐。幼儿虽然已经体验过画蜡染花布图案，但是真正用蜡染材料进行创作还是第一次。本活动以蜡染工艺创作为载体，教师首先要给幼儿介绍蜡染常识与制作方法，为幼儿提供适宜的涂蜡工具。

第二，"苗族染坊"的实施。活动开始时，展示苗族蜡染画，引入主题，引导幼儿思考蜡染的制作方法；进而，向幼儿展示制作蜡染的材料和工具，让幼儿观看蜡染制作流程图或者相关视频。活动过程中，教师讲解蜡染的制作步骤，强化幼儿的记忆，指导幼儿尝试涂蜡、染色，制作出自己的蜡染画。活动结束时，幼儿相互交流、展示作品。活动的实施，应注意两点。首先，在具体操作的过程中，部分幼儿无法很好地掌握蜡染制作的技巧要领。对此，教师应当进行引导，给幼儿充足的练习机会，让幼儿熟悉材料的特性和工具的使用技巧。若部分幼儿较难完成创作，就得考虑给这些幼儿换一些操作简单的材料，降低活动难度，让所有幼儿都能完成作品，体会创作的喜悦。其次，部分未能完成作品的幼儿可能是因为图稿没有画正确。图稿过于复杂、线条过密等会导致图稿不好涂蜡。因此，教师应当在此环节作重点指导。在染布环节，应该降低染布难度，比如将一次性手套改为筷子、高桶改为盆，让幼儿能够全程参与蜡染制作。

第三，"苗族染坊"的效果及反思。手工活动对幼儿的智力发展极其重要。大部分幼儿都能按照蜡染制作步骤安全地进行操作，幼儿表现得非常积极活跃。整个活动完整，流程清晰。

（3）苗族蜡染在幼儿园美术活动中应用的收获与问题

①苗族蜡染在幼儿园美术活动中应用的收获。

第一，促进了幼儿多方面的成长。首先，提高了幼儿的审美感知能力。苗族蜡染是苗族的艺术瑰宝，其独特的制作工艺和丰富的图案内容让幼儿受到了艺术的熏陶。幼儿不仅能感知苗族蜡染的色彩搭配，还能获得色彩带来的情绪体验，能感受苗族蜡染构图的对称性和程序化造型的特点。其次，丰富了幼儿的生活体验。苗族蜡染美术活动需要以幼儿的兴趣为出发点，教师从幼儿的实际生活入手，引导幼儿观察自己身边的事物，感受大自然的神奇和魅力，感受家乡的民族风情和艺术文化，帮助幼儿积累生活经验。最后，萌发了幼儿对苗族蜡染文化的认同感。在此活动开始前，部分幼儿已有了对苗族蜡染的认知经验，但是其经验是散乱的。在幼儿园苗族蜡染美术活动中，教师引导幼儿感知苗族蜡染的美，理解苗族蜡染与苗族人民生活的内在联系，使幼儿萌发对苗族蜡染的认同感，进而生发出爱家乡、爱祖国的情感。

第二，促进了教师的成长。幼儿园教师是幼儿园民族文化课程的设计者和实施者。教师通过设计、实施苗族蜡染美术活动，积累开展苗族蜡染美术活动的教学经验，了解幼儿的学习特点和兴趣需求，合理选择开展活动的内容和教学方法，预估活动中遇到的各种突发情况并及时做反应。同时，在活动后，教师通过相互交流探讨和自我反思，不断调整与改进课程。教师在不断地改进和尝试中，提升了活动指导策略以及教学能力。

开展苗族蜡染美术活动，教师需要在前期搜集、整理、筛选苗族蜡染资源。在这个过程中，教师对苗族蜡染这一非物质文化遗产有了更深入的了解，对其文化内涵、制作流程、知名传承人等有了进一步认识。教师在活动过程中，学习了苗族蜡染，挖掘了丰富的课程资源，设计与实施了园本特色课程，也提升了自己的反思能力和教研能力。

②苗族蜡染在幼儿园美术活动中应用的问题。

第一，对苗族蜡染资源的认识有待进一步深入。蜡染作为苗族的一项特色民间工艺，其历史十分悠久，蕴含深厚的文化内涵。以苗族蜡染作为教育资源，不仅要了解其工艺，更要了解其历史和文化。由于时间有限，教师很难长时间浸润于蜡染文化之中，也没有系统而全面地学习蜡染文化。因此，在活动过程中，对蜡染的历史文化介绍得不够有趣，也比较零散，没有形成体系。此外，对苗族蜡染资源的挖掘也尚浅。目前，苗族蜡染主要应用于美术教育之中，其所蕴含的其他教育价值暂未得到挖掘。因此，教师还需要进一步探索如何将苗族蜡染应用到其他教育领域中，以促进幼儿全面发展，助力苗族蜡染的传承与发展。

第二，缺乏对蜡染文化资源的系统梳理。教师在活动实施之前，需要对蜡染文化资源进行搜集、整理、筛选，力求选出最具特色并且适合幼儿教学的蜡染文化资源。教师在筛选蜡染文化资源时，需要结合理论与实际。教师对理论的学习主要是参照相关书籍。但是目前还没有成体系的关于民族文化融入幼儿园课程的参考资料，教师的资料搜集与整理可能有疏失之处。因此，单个实践活动看起来比较圆满，但是其中所涉及的文化资源却是不成体系的。这与开始阶段所设立的活动目标也有一定的关系。在开始阶段，活动目标倾向于实践，而相对忽略对蜡染文化资源的系统挖掘。在未来，可弥补这一不足，对蜡染文化资源进行全方位、系统化的挖掘与整合。在整合过程中，依据难度由浅入深的标准，将蜡染文化资源按照其内在联系进行整理，以便蜡染实践活动的系统开展。

第三，幼儿在苗族蜡染美术活动中出现的问题。目前，苗族蜡染美术活动主要在大班中开展，大班幼儿具备图形感知能力以及初步的逻辑思维能力，但仍有些幼儿无法理解蜡染图案的寓意，也有些幼儿无法感知蜡染图案的抽象性。蜡染作品所蕴含的是苗族人民对于美好生活的期盼，是一种有意义的艺术形式。但是在具体创作的时候，有一部分幼儿所创作出来的作品缺乏意义表达，仅是凭借本能绘制图案。此外，还有一部分幼儿难以理解图案的排列，这就导致其在绘制蜡染图案时出现困难。在进行实际操作的时候，部分幼儿对制作蜡染的工具、材料使用不当,操作不规范。这些问题还需在今后得到解决。

2.苗族蜡染应用于幼儿园美术活动的思考与建议

根据苗族蜡染在幼儿园美术活动中应用的实践,探索性地提出以下思考与建议。

(1)苗族蜡染应用于幼儿园美术活动的思考

①目标的制订。

目标是活动开展的出发点和落脚点。目标制订要以《幼儿园教育指导纲要(试行)》中艺术领域的教育目标为总依据,并综合考虑幼儿的认知特点、社会需求、生活环境等因素。目标制订要从幼儿认知、能力与技能、情感与态度三个维度出发,要考虑幼儿能否达成,不能过高或过低,应遵循"最近发展区"原则,让幼儿在最近发展区内得到更好的发展。

②内容的选择。

第一,内容的挖掘。《幼儿园工作规程》指出:教育活动内容应当根据教育目标、幼儿的实际水平和兴趣确定,以循序渐进为原则,有计划地选择和组织。苗族蜡染是苗族人民智慧的结晶,有各异的风格、多样的款式、精彩的传说故事,具有独特的魅力,是非常有价值的幼儿园课程资源。挖掘幼儿园苗族蜡染课程资源,在内容上要注意三点:一是挖掘能反映苗族蜡染文化特色的内容,二是挖掘符合幼儿学习特点和发展阶段的内容,三是挖掘具有积极的教育意义和审美价值的内容。

第二,内容的筛选。首先,内容儿童化。苗族蜡染的一些操作材料和图案过于复杂,考虑到幼儿的身心发展特点,应将一些内容简单化,才能激发幼儿的兴趣点。在活动过程中,可以将复杂的制作程序简单化。比如,部分幼儿不能灵活使用制作传统苗族蜡染的工具铜刀。对此,教师可将铜刀换为幼儿十分熟悉的排笔。此外,苗族蜡染通常用木桶进行染布,但是木桶太深,幼儿难以快速将布捞起。对此,教师可将木桶换为较浅的塑料盆,使幼儿操作更顺利。其次,内容具象化。学前期幼儿的思维处于具体形象阶段,对很多内容幼儿无法通过联想体会。苗族蜡染的工艺较复杂,必须让幼儿多听、多看、多感受,才能让幼儿理解。因此,教师除了让幼儿观看视频,还应在课堂上展示苗族蜡染工具和苗族蜡染工艺品等实物,这有助于幼儿理解,进而激发幼儿创作的欲望。最后,内容整合化。《幼儿园教育指导纲要(试行)》指出,幼儿园的教育内容是全面的。因此,在编排课程内容时要考虑将多种资源整合到同一个活动中。美术活动也不是独立存在的,有时会和其他领域的活动相互渗透。苗族蜡染文化中的传说故事、制作工艺、图案造型、产品用途等有着紧密的关联性,将这些内容进行筛选并整合,可以让幼儿系统地了解苗族蜡染文化。在美术活动中整合各类资源,使美术活动从易到难,由简单到复杂,逐步深化。这样的苗族蜡染美术活动内容更丰富,也更有质量。

③活动的组织。

《幼儿园教育指导纲要(试行)》指出:教育活动内容的组织应充分考虑幼儿的学习特点和认识规律;教育活动的组织形式应根据需要合理安排,因时、因地、因内容、因材料灵活地运用。首先,活动的开始部分,应以欣赏活动为基础,如观看蜡染制作视频、展示服装和工艺品的实物等。其次,活动的主体部分,根据具体内容让幼儿进行操作、绘画、表演、游戏、制作、参观等活动。最后,活动的结束部分,以教师小结和幼儿评价为主要内容。

目前,幼儿园苗族蜡染活动的组织形式以课堂集体活动为主。这种组织形式虽然方便,但也有缺点,即在活动中教师不能顾及每一个幼儿。因此,在条件允许的情况下,应将集体活动、小组活动、非课堂活动和个人活动几种组织形式交替或配合使用,以达到更好的效果。

④评价的方式。

首先,幼儿美术活动的评价应当以过程性的评价机制为主。通过过程性的动态评价机制,在活动过程中,不断发现问题,从而为调整活动建立前提。其次,应当注重价值观的评价。在美术活动开展的过程中,应通过价值观评价,让幼儿懂得合作、分享与沟通的意义。最后,应结合互动评价的模式,让幼儿也成为评价的主体。在小组合作探究过程中,让幼儿进行自评和互评。教师作为指导者参与这个过程,不再是唯一的评价主体。

(2)苗族蜡染应用于幼儿园美术活动的建议

根据苗族蜡染融入幼儿园美术活动的实践,以及学前教育发展、保护与传承苗族蜡染的需要,在前文所述基础上,提出一些苗族蜡染应用于幼儿园美术活动的建议。

①教师层面。

第一,选择适宜的欣赏作品。目前,幼儿园美术活动较注重幼儿美术技能的习得,忽视了对幼儿审美能力的培养。审美能力不是一朝一夕能获得的,需要长期的熏陶和滋养才能获得。苗族蜡染美术活动也应重视对幼儿审美能力的培养,这可以通过设计苗族蜡染欣赏活动来实现。在苗族蜡染欣赏活动中,教师要选择适宜的苗族蜡染作品供幼儿欣赏,所选作品应符合几个条件:适合幼儿年龄特点,符合幼儿兴趣,能满足幼儿的需要,符合幼儿生活经验,综合考虑图案的线条美、形状美、色彩美、构图美等。

第二,提供多样的美术媒介和材料。在美术活动中,教师事先预设好活动材料不仅限制了幼儿想象力的发挥,还可能让幼儿失去对优秀的民间手工艺的兴趣。因此,教师要给幼儿提供多样的美术媒介和材料,鼓励幼儿勇于尝试新材料,让幼儿自己探索材料的用法,开发材料的多种用途。同时,鼓励幼儿相互交流、合作探索。

第三,注重幼儿的前期体验。幼儿园美术活动中通常会设置"示范环节",如果示范过早,会扼杀幼儿的想象力和创造力。教师应该在示范操作步骤之前,留给幼儿自由探索和联想的时间,让幼儿酝酿自己的创作灵感,保持对活动的专注度和参与度。

第四,创设温馨的艺术创作氛围。严肃的课堂氛围会使幼儿感到约束,甚至会扼杀幼儿的好奇心和兴趣。温馨、舒适、安全的环境能够保障幼儿园美术活动顺利进行,幼儿在这样的环境中会很放松,更能发挥其积极主动性。因此,教师指导幼儿时,要积极乐观,要有耐心,多鼓励幼儿,注意语气、表情和身体动作的管理,让幼儿在放松的心情下创作。

第五,丰富幼儿生活经验。苗族蜡染美术活动的开展,需要以幼儿的兴趣为内在动力,而贴近幼儿生活的活动内容更容易激发幼儿的兴趣。因此,教师在活动设计时,应从幼儿的实际生活入手,选择适宜的活动内容,增进幼儿对苗族文化的了解,丰富幼儿的生活经验。

第六,注重幼儿美术语言的积累。绘画是绘画者使用美术语言来表达自己的思想和情感的一种艺术形式。积累越多的美术语言,越有利于幼儿用画笔自由地表达自我。美术语言主要包括线条、形状、色彩、构图等。美术语言是后天习得的,因此,教师在美术活动中要注重引导幼儿积累美术语言,为幼儿未来的美术学习奠定基础。

第七,丰富活动组织与开展形式。幼儿园美术活动包括正规的美术活动以及非正规的美术活动。其中,正规的美术活动可分为欣赏活动、绘画活动、手工活动,三种活动形式相互联系、不可分割。此外,在正规的美术活动之外,还可开展非正规的美术活动作为补充,如幼儿园环境布置活动、美术角活动、美术室活动和随机的美术指导等。在开展苗族蜡染美术活动时,教师应该利用好各方面的教学资源,丰富幼儿园美术教育的活动形式,使幼儿能更加积极地参与到活动中。

第八,给予幼儿积极合理的评价。积极合理的评价有助于突出幼儿的主体地位,有助于培养幼儿自信、自尊、积极进取等良好品质。评价的方式多种多样,对于幼儿在活动中表现的评价,应以过程性评价为主。教师在评价幼儿的表现时,不宜用"对、不对""好、不好"等词语,应该给予幼儿全面的、积极的、清晰的评价。在活动中,教师要综合各种因素,如幼儿在活动中是否做到全程参与、深度参与,幼儿在活动中的情感态度是否积极乐观,幼儿在活动中是否积极与其他幼儿以及教师互动,等等。综合考虑多种因素后再进行评价,才能够给予幼儿有益且客观的评价。

②幼儿园层面。

第一,重视对苗族蜡染资源的开发利用。传承民族文化应从幼儿抓起。《幼儿园教育指导纲要(试行)》提出:充分利用社会资源,引导幼儿实际感受祖国文化的丰富与优秀,感受家乡的变化和发展,激发幼儿爱家乡、爱祖国的情感。苗族蜡染是我国民族文化的瑰宝。幼儿园要认识到苗族蜡染的教育价值，将其融入幼儿园课程中，引导幼儿了解和学习苗族蜡染，感受苗族蜡染的美，激发幼儿对民族文化的热爱之情，进而培养幼儿爱家乡、爱祖国的情感。此外，幼儿园应拓展苗族蜡染的应用范围，除了将苗族蜡染应用于幼儿园美术活动中，也可将其渗透到其他教育领域当中，还可以在区域活动、日常生活教育等环节中融入苗族蜡染元素。幼儿园可以对苗族蜡染资源进行系统、全面的开发利用，尝试将它作为幼儿园办学的特色，最终形成独具特色的园本课程体系。

第二，提高教师开发利用苗族蜡染资源的意识和能力。幼儿园教师是幼儿园课程资源开发的主力，也是幼儿园课程的设计者和实施者，其主导作用发挥与否直接影响课程开发与实施的效果。很多教师能意识到开发课程资源的重要性，但是缺乏合适的方法和理论的支撑。因此，幼儿园要发挥领导优势，为幼儿教师提供条件，帮助幼儿教师提高专业技能。

其一，加强教师的专业学习。幼儿园应采取多种培训方式，提升幼儿教师的美术专业能力和课程资源开发能力。培训方式应多样化，比如进行集体研讨，请相关领域的专家开展专题讲座，组织教师到其他幼儿园观摩学习，等等。幼儿园还可以积极寻求政府部门的支持，组织师资培训工作。

其二，提高教师对苗族蜡染的认识。一方面，幼儿园可以通过搭建与高校、科研院所等单位的合作平台，邀请相关领域的专家以专题讲座的方式对教师进行培训，让教师多角度地了解和认识苗族蜡染文化。在此基础上，教师结合幼儿园和幼儿的实际情况进行园本课程的开发，使苗族蜡染文化真正融入幼儿园教育活动中。另一方面，邀请本地蜡染手艺人对幼儿园教师进行专业技能培训，搭建蜡染手艺人与幼儿教师的合作平台，提高幼儿教师的蜡染技艺水平。也可以让蜡染手艺人在活动课上亲自向幼儿演示制作方法，带领幼儿一起制作蜡染工艺品。

③家庭层面。

《幼儿园教育指导纲要（试行）》提出：幼儿园应与家庭、社区密切合作，与小学相互衔接，综合利用各种教育资源，共同为幼儿的发展创造良好的条件。家庭是幼儿日常生活的主要场所，对幼儿的成长和发展起着至关重要的作用，加强家园合作，可以使教育的功能最大限度地发挥，从而促进幼儿全面发展。

第一，以家庭为依托，让幼儿接触生活中丰富多样的苗族蜡染，增长幼儿对苗族蜡染的认知，提高幼儿的艺术审美能力。这需要幼儿园主动加强和家庭、社区的联系，促进家庭和社区对苗族蜡染的重视。幼儿园应尽可能多地搜集可利用的苗族蜡染资源，并把这些丰富的资源与幼儿家长共享，从而丰富家庭教育资源。

第二,幼儿园要为家庭教育提供一定的帮助与支持。许多幼儿家长对民族文化的保护与传承的意识不强,幼儿园应多与家长沟通,让家长了解幼儿园的教育理念以及幼儿园课程的教育内容,强调传承苗族蜡染文化的必要性。幼儿园以苗族蜡染美术活动为契机,加强与家庭的沟通与联系。比如,幼儿园可组织家长与幼儿共同参与一些有意义的亲子活动,也可以组织家长与幼儿去以苗族蜡染为特色的小镇春游,还可以将园内打造的蜡染艺术特色区向家长开放,等等。

【课后实践】

1. 谈谈如何发展贵州民族地区文化与学前教育。

2. 简述贵州幼儿园民族文化课程实施经验。

3. 借鉴贵州幼儿园民族文化课程实践经验,自选一个民族文化元素,尝试设计一个幼儿教育主题活动。

第七章　四川民族文化传承与学前教育课程发展实践

【学习目标】
1. 了解四川幼儿园民族文化课程实施现状。
2. 总结四川幼儿园民族文化课程实施经验。
3. 分析四川幼儿园民族文化课程实践。

【课前思考】
1. 查阅相关资料,了解四川民族地区比较有代表性的文化。
2. 搜集相关文献,思考当前四川地区学前教育发展的困境与出路。

本章围绕四川地区幼儿园民族文化传承与学前教育课程发展,重点解析四川幼儿园民族文化课程实施现状、四川幼儿园民族文化课程实施经验与四川幼儿园民族文化课程实践。

第一节　四川幼儿园民族文化课程实施现状

由于文化与语言之间的冲突、生产力发展水平与家长观念滞后、学前教育经费投入总体不足与分配不均等方面的原因,四川民族地区学前教育遭遇发展瓶颈。而这也在一定程度上制约了民族地区幼儿园民族文化课程的发展。

一、文化与语言之间的冲突

教育是一种社会现象,与人类社会共同产生、共同发展。教育是为了传承人类文化而产生的,教育的内容与教育方式受人类文化的制约,同时教育又具有创造、更新、发展文化的功能。语言是人类文化的重要组成部分,同时又是教育得以实施的重要载体。

中华民族由56个民族构成。各民族在漫长的发展进程中形成了自己的文化。我国根据多民族、多语言的特点,建立了以汉语为主要教学语言、以民族语言辅助教学,以及以民族语言为主要教学语言、以汉语为辅助语言等不同的教学模式,形成了具有中国特色的民族教育模式。

四川民族地区的幼儿园主要以汉语教学,以民族语言作为辅助。少数民族幼儿进入幼儿园后,语言环境发生变化,需要进行本民族语言与汉语的转换。语言是思维的工具,幼儿的思维能力相对较低,因而少数民族幼儿在语言转换过程中会遇到很大的困难。语言习惯影响着少数民族幼儿的认知与思维习惯,语言环境改变导致幼儿在学习过程中出现语言障碍与文化困扰。

汉语学校的学校文化与少数民族幼儿生活环境中的传统文化存在着差异,这也给少数民族幼儿的学习带来了困难。对四川民族地区幼儿入园的情况进行研究,发现文化和语言的冲突是造成幼儿学习困难的主要因素。这种文化和语言的冲突影响了少数民族幼儿在幼儿园的学习与生活,进而影响了四川民族地区学前教育的整体质量,成为民族地区学前教育发展的主要瓶颈之一。

二、生产力发展水平与家长观念有待提升

学前教育的发展需要一定的人力、物力、财力作为支撑和保障。生产力的发展水平对学前教育的发展起着制约作用。我国地域广阔,不同区域的生产力发展水平各不相同。总体上看,四川民族地区属于欠发达地区,生产力发展水平相对较低。这对四川民族地区学前教育的发展形成了阻碍。

学前教育不属于义务教育,不具有强制性,家长自愿决定其是否将子女送入专门的学前教育机构。家长对于学前教育的观念直接决定了他们是否愿意将自己的子女送入专门的学前教育机构,也决定了家长是否配合、支持学前教育机构的工作开展。四川民族地区大多数家长受传统的文化、经济发展水平、受教育程度等方面的影响,没有形成关于学前教育的正确观念,主要表现在两个方面。第一,学前教育无用论。很多家长认为学前教育机构就是看孩子的地方,教师不过是"保姆",爷爷奶奶或外公外婆也可以照看孩子,因此没必要花钱将孩子送入专门的学前教育机构。第二,学前教育小学化诉求。父母为了不让孩子输在起跑线上,要求学前教育机构进行识字、算术、英语等知识的教学,违背了学前

教育的本质规律,导致学前教育机构难以走出小学化误区。家长不正确的学前教育观念在一定程度上阻碍了四川民族地区学前教育的普及与质量的提升。

三、学前教育经费投入与分配有待合理化

学前教育是基础教育的基础,其质量影响整个教育的质量。充足的国家财政经费支持是教育事业发展的根本保障。学前教育事业是一项重要的公益性事业,更需要国家经费的支持与保障。长期以来,学前教育经费在教育经费总量中的占比较低。政府有限的学前教育经费也主要投向了少数公办幼儿园。资源的分配不均使得学前教育发展的动力不足。这种情况在经济欠发达的少数民族地区更加严峻,严重影响了其学前教育质量的提升。少数民族地区学前教育发展的规模与速度因此受到很大的约束。

第二节 四川幼儿园民族文化课程实施经验

要突破民族地区学前教育发展的瓶颈,就要在尊重其民族、地方文化的基础上,通过建立科学的管理制度,进一步增加经费投入,开发具有民族特色的学前教育课程。在这方面,四川民族地区幼儿园积累了如下经验。

一、注重民族语言在幼儿园教学中的作用

许多少数民族幼儿在入园前都是说本民族的语言,突然转换语言环境会引发幼儿在学习等方面的困扰。因此,幼儿园应根据自己所在地区的情况,打造双语环境(即汉语和少数民族语言共同运用于教学的环境),让少数民族幼儿在进行以汉语为主的学习前,实现民族语言环境向汉语言环境的平缓过渡。这样,既能帮助少数民族幼儿克服语言困难,也有助于传承本民族的语言文化。这要求幼儿园教师掌握本民族的语言。对此,地方的师范学院可定向招收本地区的少数民族学生,为当地幼儿园培养专门的学前教育师资。

二、挖掘贴近幼儿生活的民族文化,开发具有民族特色的学前教育课程

我国实行国家课程、地方课程、校本课程三级管理体系。国家三级课程管理政策为四川民族地区学前教育课程的多样性、适宜性发展提供了政策支持。各地方幼儿园可以根据本地区及本幼儿园实际情况开发具有特色的课程。

四川民族地区幼儿园应争取当地高校专家支持,致力于开发具有本地区特色的园本课程。在开发特色园本课程的过程中,注重挖掘与幼儿生活紧密联系,并且对幼儿长远发展具有价值的民族文化资源。这些资源源自幼儿生活,因此具有适宜性,可激发幼儿的兴趣。具有民族文化特色的园本课程可以增进幼儿对本民族文化的认同,进而培养幼儿爱

民族、爱家长、爱祖国的情感。

第三节　四川幼儿园民族文化课程实践

四川有中国第二大藏区，最大的彝族聚居区和唯一的羌族聚居区，少数民族文化资源丰富，这为四川幼儿园民族文化课程的开发与实践提供了资源保障。本节从彝族文化、藏族文化以及羌族文化在幼儿园教育教学活动中的运用阐释四川幼儿园民族文化课程实践。

一、彝族文化在幼儿园教育活动中的运用

彝族是四川境内人数最多的少数民族，主要聚居在凉山彝族自治州。彝族文化是四川地区特色民族文化之一。

（一）彝族文化在幼儿园教育活动中的意义

1.保护少数民族的传统文化，增强幼儿的民族认同感和民族自豪感

幼儿园作为幼儿教育的主要场所，担负着促进幼儿全面发展的重要职责。同时，幼儿园作为社会的重要单元，还具有弘扬优秀的民族文化，推进优秀民族文化传承的社会功能。幼儿园的教育职责与社会功能是紧密联系的，其社会功能的发挥以其教育职责的落实为基础。

丰富多彩的彝族文化是彝族人民智慧的结晶。彝族文化融入幼儿园教育活动，有助于培养幼儿对彝族文化的认同感，使幼儿在情感上以及心理上都接受彝族文化。幼儿的文化认同是民族认同、社会认同以及国家认同的根基。幼儿园可通过形式多样的活动，将彝族文化融入幼儿园课程。比如，在环境创设中融入彝族物质文化，打造具有彝族特色的幼儿园环境，让幼儿能够沉浸式地感受彝族文化；以讲故事、唱儿歌、念童谣等活动形式，让幼儿了解彝族的历史文化；等等。通过多样的活动，引导幼儿形成积极良好的民族心态和强烈的民族归属意识，激发幼儿对本民族文化的喜爱之情，进而提升幼儿的民族认同感和民族自豪感。

2.促进幼儿身心和谐发展

发展适宜性教育实践理念提倡关注幼儿个体适宜性、年龄适宜性和文化适宜性。其中文化适宜性就强调充分考虑幼儿身处的社会文化环境，基于社会文化的差异性和多样性进行教育活动的设计，尊重幼儿的民族特征、语言特征和家庭文化背景。根据文化适宜性理念，良好的学前教育应该是适宜不同地域和不同文化的人群的教育。

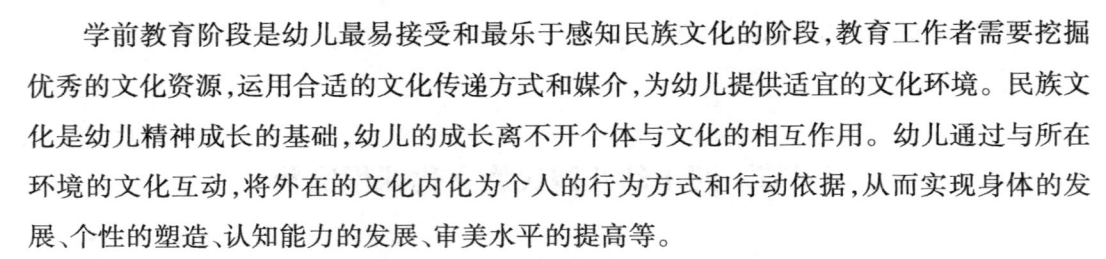

学前教育阶段是幼儿最易接受和最乐于感知民族文化的阶段,教育工作者需要挖掘优秀的文化资源,运用合适的文化传递方式和媒介,为幼儿提供适宜的文化环境。民族文化是幼儿精神成长的基础,幼儿的成长离不开个体与文化的相互作用。幼儿通过与所在环境的文化互动,将外在的文化内化为个人的行为方式和行动依据,从而实现身体的发展、个性的塑造、认知能力的发展、审美水平的提高等。

(二)彝族文化融入幼儿园教育活动的实施建议

根据彝族文化融入幼儿园教育活动的实践,提出了以下三点实施建议。

1.从环境创设入手,为幼儿打造富有民族特色的环境

生态人类学非常强调环境对幼儿的影响。学前儿童以直接体验的方式从自己的"生态系统"出发,充分理解幼儿园教育活动的内容,将幼儿园教育、家庭生活和社会生活有机地联系起来,形成比较完整的认知。

基于生态人类学的理论,创设优质的幼儿园环境对幼儿发展具有积极影响。幼儿园环境包括三个方面。一是物质环境,包括园内的建筑、设备、材料等;二是文化环境,如幼儿园的各种仪式活动等;三是人际环境,如幼儿园的园风、办园理念、师幼关系、同伴关系等。

幼儿园教师应充分利用环境,在反映主流文化的同时,根据幼儿身心发展特点,融入适宜的民族文化元素,为幼儿营造具有民族特色的氛围,以激发他们的文化认同感和民族自豪感。

彝族漆器是彝族人民创造的文化遗产,其纹饰源于自然,来自生活,丰富多彩,生动形象,常见的纹饰有圆月、弯月、水浪、山形、鱼泳、鸟翔等。彝族漆器的颜色主要为红、黄、黑三种,颜色明快艳丽,极具装饰性。可在幼儿园环境创设中融入彝族漆器元素,例如:可以将教室主题墙面、教室外的走廊墙面当作漆器表面,以红色、黄色和黑色绘以常见的彝族漆器花纹;在每个教室的活动区域内,教师还可以设置一些呈现彝族漆器元素的区域,如漆器制作小工坊、漆器作品展示区等。通过环境创设,让幼儿从小认识本民族的优秀文化。

此外,可以根据每个班的实际情况,设置一些富有民族特色的区角活动。如在"娃娃家"中,幼儿可以扮演"娃娃"的"妈妈"或者"爸爸",给"娃娃"喂饭、穿衣服、梳头等。在"娃娃家"区角中,教师可以投放一些彝族儿童的传统服饰,让幼儿在玩耍时,直观地了解彝族的服饰文化。教师可以引导幼儿欣赏彝族传统服饰的色彩、花纹、样式,鼓励幼儿给"娃娃"换装,增加活动的趣味性,提高幼儿的动手能力与审美能力。

2.开展各种类型的教育活动,将民族文化融入各领域的教学中去

幼儿园的教育活动是民族文化传承的媒介。《3—6岁儿童学习与发展指南》提出,要关注幼儿学习与发展的整体性,注重领域之间、目标之间的相互渗透与整合。这要求幼儿园的教育活动要围绕五大领域开展,以促进幼儿身心全面协调发展。幼儿园教师可以设计集体活动、小组活动、亲子活动等各种形式的活动,并将彝族文化元素融入其中。活动应尽可能涵盖幼儿教育的五大领域。

以彝族的节日文化融入幼儿园教育活动为例。彝族年、火把节是彝族重大的节日,也是彝族十分具有代表性的节日。可将彝族年引入幼儿园的语言活动,在活动中,教师鼓励幼儿叙说自己家过年的情景,提高幼儿的语言表达能力;也可将彝族年引入幼儿园的社会活动,教师在活动中引导幼儿了解彝族年的来历,感受彝族年的悠久历史和深厚底蕴。另外,还可以运用火把节的相关节日文化元素,设计以"火"为主题的活动,以科学活动的形式将彝族节日文化引入幼儿园教学之中,丰富幼儿的经验,培养幼儿的观察能力,树立幼儿的安全意识。

3.充分发挥各种彝族民间游戏的价值,丰富幼儿的文化体验

游戏是幼儿最喜欢的活动形式,也符合幼儿的学习特征。《幼儿园工作规程》强调了游戏对于幼儿的重要性,提出:幼儿园应当将游戏作为对幼儿进行全面发展教育的重要形式;幼儿园应当因地制宜创设游戏条件,提供丰富、适宜的游戏材料,保证充足的游戏时间,开展多种游戏。

陈连山根据美国民俗学家布鲁范德的观点,按游戏的基本内容将游戏划分为三大类:身体活动游戏、巧用器具游戏与智力游戏。[①]彝族民间游戏主要指流传于彝族地区民间的已形成传统的游戏。彝族民间游戏历史悠久,内容丰富,具有鲜明的民族特色和突出的教育价值。将彝族民间游戏引入幼儿园教学活动中,既是学前教育发展的要求,也是保护和传承彝族文化的重要途径。

"花脸狐狸"游戏在凉山彝族地区流传甚久,较为适合在幼儿园教学中进行。它的规则是:让一名幼儿扮演"花脸狐狸",在游戏时蒙上眼睛,凭听觉伸手摸人、捉人。"花脸狐狸"游戏可对幼儿的感统能力进行有效的锻炼。

"斗草"游戏是用草茎等进行各种形式的比试,或用草茎等来做"预测",以此取乐。该游戏在彝族地区广泛流行,它可以训练幼儿的思维能力,培养幼儿对大自然的热爱之情。

"猜谜"游戏也在彝族地区较为流行。彝族"猜谜"游戏的谜语多以隐喻、形似、暗示等方法做谜题,谜底多为身体器官、衣物、家具、植物、动物、自然现象等。

---

① 陈连山.游戏[M].北京:中央民族大学出版社,2000:38.

合理利用这些彝族民间游戏不仅可以激发幼儿玩耍的乐趣,还能使幼儿在玩耍的过程中积累经验,体验与同伴进行竞赛的快乐,提升幼儿各方面的能力。①

(三)彝族文化融入幼儿园教育活动的思考

课程内容选择是根据特定的教育价值观、相应的课程目标、学科知识、社会生活需要和儿童发展需要而选择课程要素的过程。②在幼儿园中传承彝族文化,可以大力开发符合当地文化传统的地方课程和园本课程,从适应当地的经济文化出发,充分挖掘优秀的民族文化教育资源。

课程开发不仅要重视物质文化资源的开发,如民居、服饰等,也要重视非物质文化资源的开发,如歌曲、舞蹈、礼仪等。两种类型的文化都是彝族人民在长期的生产劳动中所创造的。幼儿园教育活动是传承民族文化的载体之一,教师要根据幼儿发展目标、幼儿身心发展特点等,精心选择活动内容。

在幼儿园彝族文化课程资源开发的过程中,要重视通过仪式文化在课程中的融入,构建幼儿的文化认同感。仪式本身具有教化作用。无论是新生入园仪式、升旗仪式、毕业典礼仪式等幼儿园公共仪式,还是节日庆典等民族传统仪式,都有着教育作用。如在彝族火把节时,人们以耍火把、舞火把以及火把节最后一天的送火把等仪式来象征烧灭害虫、去灾除秽。这些仪式蕴含了彝族人对美好生活的期盼,体现了彝族人在恶劣环境中求生存的积极乐观的心理状态。教师可以将这些仪式引入教学中,组织幼儿合作完成扎火把、打火把等活动,培养幼儿的协作精神以及勇于战胜困难的品质,进而帮助幼儿构建文化认同感。

文化是教育之源,缺乏了文化的滋养,幼儿园教育将变成无源之水。同时,文化的传承离不开幼儿园这块阵地的坚守。挖掘优秀的文化资源并将其融入幼儿园教育中去,这对于文化的传承和幼儿的发展都有着不可估量的价值。

二、藏族文化在幼儿园教育活动中的运用

四川是我国第二大藏族聚居地,四川的藏族主要居住在甘孜藏族自治州、阿坝藏族羌族自治州和凉山彝族自治州的木里藏族自治县等地区。藏族文化是四川地区特色民族文化之一。本部分主要从藏族锅庄舞、藏族图案、藏族传统体育项目三个方面介绍藏族文化融入幼儿园教育活动。

(一)藏族锅庄舞融入幼儿园教育活动

锅庄舞,又称为"果卓""歌庄""卓"等,藏语意为圆圈歌舞,是藏族三大民间舞蹈之一,

---

① 颜雪艺,龙雪娜.凉山彝族文化在学前教育中的传承路径研究[J].成都师范学院学报,2019(1):73—78.
② 张华.论课程选择的基本取向[J].外国教育资料,1999(5):25—31.

深受藏族人民喜爱。藏族锅庄舞具有灵活敏捷、朴实自如、自由奔放等特点,是藏族人民基于日常生活经验所创造的极具民族特色的舞蹈形式。

1.藏族锅庄舞融入幼儿园教育活动的意义

(1)学前教育发展的需要

我国民族众多,民族文化丰富,这些丰富多彩的民族文化是学前教育发展不可或缺的教育资源。藏族锅庄舞是藏族人民在长期的生产生活中所创造的艺术形式,其舞姿矫健、动作挺拔,在跳舞时注重情绪表达,体现了藏族人民勤劳勇敢、热情奔放、纯朴善良的民族性格。藏族锅庄舞具有多方面的教育价值。

①藏族锅庄舞具有健康教育价值。

藏族锅庄舞的动作幅度大,需要一定力度,有时还需要奔跑跳跃,不仅具有娱乐作用,也具有健身作用。因此,可将藏族锅庄舞融入幼儿园体育活动中,让幼儿在学习藏族锅庄舞的过程中,获得肢体协调性、体力等方面的发展。此外,藏族锅庄舞是藏族人民表达情感的方式之一,其整体氛围轻松、欢乐。幼儿在参与藏族锅庄舞活动的过程中,情绪得到了释放,获得了精神上的愉悦感。这有助于幼儿心理的健康发展。

②藏族锅庄舞具有艺术教育价值。

藏族锅庄舞本身就是一种载歌载舞的艺术形式,其与幼儿园艺术教育有着天然的契合性。其音乐、韵律、舞步、队形等具有浓郁的民族特色。将藏族锅庄舞进行科学的创编,让幼儿从小接触和感受民族舞蹈,进而学习和表现民族舞蹈,培养幼儿对藏族锅庄舞的兴趣。幼儿在接受美、表现美、创造美的过程中,审美能力、节奏感等都得到了提升,为其学习其他舞蹈,欣赏其他艺术形式积累了实践经验。

(2)民族文化传承与发展的需要

民族文化的传承和发展与教育有着紧密的关系。弘扬民族文化,就必须将其融入教育之中。幼儿园是民族文化传承与发展的重要阵地。

从教师层面来看,教师是藏族锅庄舞融入幼儿园教育活动的实施者。这就要求教师自己要对藏族锅庄舞有一定程度的了解。教师挖掘藏族锅庄舞资源、编创与实施藏族锅庄舞活动的过程,实际上就是传承与发展藏族锅庄舞的过程。在这个过程中,教师扮演了传承者的角色。

从幼儿层面来看,幼儿参与藏族锅庄舞活动,在活动中感受藏族锅庄舞的节奏美、音乐美、韵律美,获得了良好的审美体验和愉悦的情感体验,萌发了热爱藏族锅庄舞的情感,进而产生了热爱本民族文化、热爱家乡、热爱祖国的积极情感。幼儿从被动参与藏族锅庄舞活动,到形成愿意参加藏族锅庄舞活动的积极态度,从而实现民族文化传承和幼儿自身发展的共赢效果。

2.藏族锅庄舞融入幼儿园教育活动的原则

(1)集体性原则

藏族锅庄舞是多人参与的舞蹈艺术。因此,幼儿教师在将藏族锅庄舞融入幼儿园教育活动时,应遵循集体性原则,创设适宜幼儿的藏族锅庄舞集体活动。在活动中,提高幼儿与幼儿、幼儿与教师之间的交互性,让幼儿通过体验藏族锅庄舞,既锻炼了身体,又培养了团队协作精神。

(2)简单易学原则

传统的藏族锅庄舞舞蹈动作丰富、音乐篇幅长。一支完整的藏族锅庄舞总时间很长,活动量也很大,对于学前期的幼儿来说,难以完成。因此,要将藏族锅庄舞融入幼儿园教育活动,就必须对藏族锅庄舞进行简化。对于一些较难的舞蹈动作,可根据幼儿的实际情况,改为适应幼儿身体条件的动作,如抬抬手、跳一跳等;根据幼儿的体力及平时活动的强度,适当删减传统藏族锅庄舞中的段落,缩短时长,让幼儿有能力完成。

(3)趣味性原则

在设计藏族锅庄舞教育活动时,应凸显趣味性,以调动幼儿参与的积极性,激发幼儿跳藏族锅庄舞的热情。因此,幼儿教师在编创藏族锅庄舞活动时,应避免出现过多重复性舞蹈动作,也可以将藏族锅庄舞动作适当地夸张化,或者增加一些具有互动性的动作,以提高藏族锅庄舞活动的趣味性。

3.藏族锅庄舞融入幼儿园教育活动的建议

(1)根据幼儿成长特点设计教育计划,激发幼儿的学习兴趣

幼儿教师在设计藏族锅庄舞教育活动时,必须制定科学的教育计划,要围绕不同年龄段幼儿的学习能力和成长特点进行具有针对性的教育指导。为激发幼儿对藏族锅庄舞的学习兴趣,教师可以通过让幼儿观看视频或者带领幼儿参加本地民俗活动等方式,帮助幼儿在感受风土人情的基础上对藏族锅庄舞产生学习兴趣。

(2)藏族锅庄舞教育活动要适宜幼儿

幼儿在体力、动作协调能力等方面不如成年人。因此,在设计藏族锅庄舞教育活动时,应考虑幼儿身心发展的实际情况,对传统藏族锅庄舞进行适当改编。首先,要适当删减藏族锅庄舞的内容。传统藏族锅庄舞时间很长,活动量也很大。将其融入幼儿园教育活动时,就必须对其进行适当删减。在活动中,教师要把控好每一段舞蹈的时长,控制在

一两分钟为宜。其次,对藏族锅庄舞的动作要进行简化。藏族锅庄舞部分动作较为复杂,对于学前阶段的幼儿来说较难,可将这些动作适当简化。

(3)藏族锅庄舞教育活动要体现阶段性

不同年龄阶段的幼儿,身心发展特点有明显差异。因此,在设计藏族锅庄舞教育活动时,幼儿教师要根据幼儿的年龄阶段特点,进行具有针对性的舞蹈动作编排,要围绕幼儿的认知以及肢体运动能力,设计三套藏族锅庄舞,分别应用于大、中、小班的藏族锅庄舞教育活动。分阶段的教育活动,更具针对性,更能满足幼儿的实际需求,也更易获得教学效果,激发幼儿对藏族锅庄舞进行探索的兴趣,强化他们参与藏族锅庄舞教育活动的欲望。

(4)设计舞蹈动作的同时融入音乐和唱词

藏族锅庄舞是一种载歌载舞的艺术形式。因此,设计藏族锅庄舞教育活动时,也应融入适当的音乐,注重唱词的教学,引导学生感受藏族锅庄舞的音乐,学习藏族锅庄舞中的唱词。教师应去掉唱词中不适合幼儿学习的内容,教幼儿唱词时,要让幼儿体会唱词的内涵,这样才能让幼儿在藏族锅庄舞活动中收获更多有关民族文化的知识。载歌载舞的藏族锅庄舞可以营造欢乐的气氛,幼儿既获得了身体素质和审美能力的提升,也获得了精神上的愉悦感受,进而对藏族文化产生热爱之情。

(二)藏族图案融入幼儿园艺术教育活动

本部分主要阐述了藏族图案融入幼儿园艺术教育活动的意义、建议及思考。

1.藏族图案融入幼儿园艺术教育活动的意义

(1)激发幼儿对本民族文化的认同感

藏族图案是藏族艺术中的图案装饰,是藏族文化的表现形式之一,有深厚的文化底蕴,带有鲜明的民族文化烙印。藏族图案形式多样、颜色鲜艳、造型华丽,极具美感。藏族图案渗透在藏族人民生活的各个方面,建筑、服饰、餐具等物体上都常见精美的藏族图案。将藏族图案融入幼儿园艺术教育活动中,引导幼儿感受藏族图案的美,丰富幼儿的审美体验,陶冶幼儿的情操,进而激发幼儿对本民族文化的认同感。

(2)建设具有民族特色的园本课程体系

藏族文化博大精深。藏族的舞蹈、绘画、歌曲、工艺美术等艺术形式有鲜明的民族特色。这些艺术形式都是开展幼儿艺术教育活动的重要资源,对促进幼儿全面发展有着重要意义。藏族图案是藏族艺术的重要内容,其形式符合幼儿的学习心理,可提升幼儿的审美能力,对幼儿园艺术教育具有适应性。在园本课程体系建设中,教师将藏族图案资源融入其中,以丰富幼儿的情感,培养幼儿感受美、表现美的能力,也使园本课程充分体现出藏族特色。这不仅是幼儿园构建具有民族特色的园本课程体系的重要途径,也是传承和发扬藏族艺术的有效途径。

2.藏族图案融入幼儿园艺术教育活动的建议

本部分从开展藏族图案艺术欣赏活动、开展藏族图案艺术绘画活动、开展藏族图案艺术手工活动、创建藏族图案艺术教育环境等几个方面提出藏族图案融入幼儿园艺术教育活动的建议。

(1)开展藏族图案艺术欣赏活动

藏族图案丰富多样,见于建筑、服饰、生活用品、艺术作品等。可以说,藏族图案浸透于藏族人民生活的方方面面。幼儿园教师可以从图书、网络平台、生活环境等途径,搜集藏族图案资料。这些资料的形式不限,可以是图片、视频,也可以是藏族服饰、藏族餐具、藏族工艺品等带有藏族图案的实物。搜集藏族图案资料后,结合幼儿的学习特点,教师选择适合幼儿且具有代表性的图案,融入幼儿园艺术欣赏活动中。在活动中,教师要向幼儿展示自己搜集到的图片和实物,让幼儿看一看、摸一摸、说一说、认一认,充分调动幼儿的多种感官,让幼儿感受藏族图案的美,进而培养幼儿的感受能力和审美能力。

唐卡是藏族的宗教艺术形式,也是藏族图案最具特色的表现形式。唐卡的图案纹样丰富,主要可分为三大类:宗教题材的图案、表现自然的图案、几何图案。在幼儿园艺术欣赏活动中,教师可给幼儿欣赏经典的唐卡作品《八吉祥图》,使其了解宝瓶、宝伞、吉祥结、金轮等藏族特有的图案样式以及这些特色图案的构成与色彩搭配,让幼儿对藏族图案样式形成粗浅的认识,帮助幼儿积累绘画素材,激发幼儿的创作兴趣,为幼儿今后的绘画活动打下良好的基础。

(2)开展藏族图案艺术绘画活动

藏族图案较为抽象,其线条复杂、构图严谨、画面呈现规律性。通过开展藏族图案艺术欣赏活动,幼儿对藏族图案已有了粗浅的认识和了解,在此基础上,教师可开展藏族图案艺术绘画活动,让幼儿画一画藏族图案,将感性认知转变为形象认识,将脑海中的抽象图案转变为具象实物。在藏族图案艺术绘画活动中,普遍存在幼儿不理解图案的意义、不知如何表现图案、不知如何下笔绘画等问题。为了有效解决这些问题,教师可采用以下教学策略。

一是临摹。教师可让幼儿用较粗的线条临摹藏族图案,熟悉图案的线条规律,认识更多的图案样式。

二是涂色。教师可先让幼儿观察藏族图案的基本色彩,然后让幼儿根据自己的观察对图案进行涂色,使幼儿进一步了解图案的色彩构成。

三是主题创作。在幼儿初步掌握藏族图案的线条规律和色彩构成的基础上,教师可开展主题创作美术活动,比如以"多彩的帐篷"为题,让幼儿用藏族图案装饰帐篷,使帐篷具有民族特色,以此深化幼儿对藏族图案的认识。

(3)开展藏族图案艺术手工活动

幼儿园艺术教育要重视幼儿创作意识与创作能力的培养。通过开展藏族图案艺术手工活动,引导幼儿运用工具和材料进行探索和实践,培养幼儿对藏族图案艺术作品的创作能力。藏族图案艺术手工活动的形式应尽可能多样化,比如剪纸、拓印、泥工等都可以应用到藏族图案艺术手工活动中。教师应向幼儿提供丰富的手工材料,让幼儿充分发挥自己的想象力,利用手工材料创作出属于自己的藏族图案艺术作品。

(4)创建藏族图案艺术教育环境

《幼儿园教育指导纲要(试行)》指出,要引导幼儿接触周围环境和生活中美好的人、事、物,丰富他们的感性经验和审美情趣,激发他们表现美、创造美的情趣。因此,幼儿园应营造处处呈现藏族图案元素的教育环境,积极建设具有藏族特色的园本课程,形成完善的藏族图案艺术教育体系。比如:教师可在幼儿活动区域内设立藏族图案区角,让幼儿活动时可以欣赏到藏族图案,加深对藏族图案的印象,唤起幼儿的创作意识;教师可在幼儿园楼道上用藏族图案绘制壁画,营造浓浓的民族文化氛围;教师可将自己所拍摄的壁画、雕刻等摄影作品用相框装起来,悬挂在幼儿活动区域的墙上,让幼儿直观地感受藏族图案的呈现方式。[1]

3.藏族图案融入幼儿园艺术教育的思考

幼儿艺术教育活动的目的是激励幼儿,使他们对艺术产生浓厚的兴趣,提高他们对美的感受力和表现力。在开展艺术教育活动时需要把握以下两点。

一是注重挖掘、整理和归类。开展艺术教育活动,首先要挖掘用于艺术教育活动的民族文化资源,然后要对所挖掘的民族文化资源进行整理并归类。归类的依据各不相同,比如可以按照建筑、风景、生活、节庆活动、装饰艺术等类型进行素材归类。在此基础上,结合幼儿园实际以及幼儿年龄特点,从中筛选出适宜开展艺术教育活动的民族文化元素,通过教学设计,形成具有民族文化特色的园本课程。

二是要以幼儿为本。选择贴近幼儿生活的民族文化内容,从幼儿的认知水平和绘画能力出发,由简到繁,由易到难,循序渐进,提高幼儿使用艺术语言表达自己的能力,真正发挥艺术教育活动的作用。要在各领域教学中融入民族文化知识,增进幼儿对本民族文化的认识,进而使幼儿热爱民族文化,激发幼儿的想象力和创作能力。

---

[1] 卓玛吉.藏族图案艺术在幼儿园艺术教育中的运用和研究[J].家长,2019(3):153—154.

幼儿艺术教育活动是培养幼儿观察能力、思维能力、想象力、审美力以及创造性思维，使之得以全面发展的重要手段。我们一定要努力发挥藏族文化在幼儿艺术教育活动中的独特功能，使幼儿的智力和艺术才能得以发展，也使藏族文化得以传承、发展和创新。[①]

（三）藏族传统体育项目融入幼儿园教育活动

本部分主要阐述了藏族传统体育项目融入幼儿园教育活动的意义及建议。

1. 藏族传统体育项目融入幼儿园教育活动的意义

藏族传统体育项目融入幼儿园教育活动不但可以促进幼儿身体的发展，还可以潜移默化地对幼儿进行民族文化教育。

（1）促进幼儿身体的发展

藏族有许多传统体育项目，这些体育项目需要调动人身体的运动功能，如跑、走、跳、钻、爬、攀登等。这些运动会全面调动人体的大肌肉群，有利于促进幼儿身体的发展。比如，藏族摔跤：首先，摔跤时要下盘稳，才不会被轻易摔倒，这就需要幼儿有足够的下肢力量；其次，摔跤时需要转动身体，这就需要核心腰腹力量；再次，与对方对抗、抓摔对方则需要上肢力量。此外，摔跤还能考验幼儿肌肉的耐力、爆发力以及个人的意志力和反应能力。可见，摔跤是一个需要调动全身肌肉的运动项目，能够促进幼儿身体获得全面的发展。

（2）潜移默化地对幼儿进行民族文化教育

藏族摔跤历史悠久，在古时候，摔跤还被用在军队训练中。藏族摔跤作为一种深受藏族群众喜爱的体育活动，常在祭祀、节日、集会、庆典等活动中出现，也具备娱乐功能。藏族摔跤是藏族传统文化的一部分。让幼儿玩藏族摔跤游戏，能够在他们的心中留下关于藏族文化的基本印象。通过这种方式，幼儿既锻炼了身体，也认识了这种民族文化，潜移默化地接受了民族文化教育，并在内心萌生了对这种民族文化的喜爱之情，进而乐于了解和传播这一文化。

2. 藏族传统体育项目融入幼儿园教育活动的建议

根据藏族传统体育项目融入幼儿园教育活动的实践，提出了对传统体育项目进行改良、丰富传统体育项目的文化内容两点建议。

（1）对传统体育项目进行改良

藏族的传统体育项目大多具有很强的对抗性，肢体冲撞频繁且十分激烈。虽然这些体育活动趣味性很强，但在幼儿园中，我们除了要让幼儿锻炼身体，还要保障幼儿的安全。因此，要将藏族的传统体育项目融入幼儿园教育活动中，就必须根据幼儿的发展特征，对

[①] 何学萍. 挖掘藏族地域文化开展幼儿园美术活动的探索[J]. 新课程（综合版），2019(9)：162.

其进行改良。以藏族摔跤为例,传统的摔跤活动中,摔跤者有身体上的激烈对抗和冲撞。但是,在幼儿园教育活动中,教师应简化摔跤的动作,减少身体冲撞的部分,降低幼儿身体受到伤害的可能性,也让整个活动气氛更加和谐。此外,教师还可以铺上柔软的地垫,防止幼儿在活动中摔伤。通过这种全方位优化,既保障了幼儿的安全,也让幼儿体会到摔跤活动的快乐。

(2)丰富传统体育项目的文化内容

将藏族传统体育项目融入幼儿园教育活动,除了能锻炼幼儿的身体外,还能促进文化传播。比如,在藏族传统体育活动中,除了身体运动,还有交流活动。幼儿在真正开始运动之前,会进行多轮对话。在对话中,幼儿的交际能力得到提升。为了让这种作用充分发挥出来,教师可以适当增加对话内容,融入更丰富的文化元素,以激发幼儿的兴趣。甚至可以让幼儿用藏族语言对话,让活动更具民族特色。通过这些调整,幼儿在锻炼身体的同时,也锻炼了自己的表达能力,增进了对藏族文化的了解。[1]

三、羌族文化在幼儿园教育活动中的运用

羌族主要居住在岷江上游的茂县、汶川、黑水、松潘、北川等地。羌族文化是四川地区特色民族文化之一,本部分主要介绍了羌族舞蹈融入幼儿园教育活动、羌族文化融入幼儿园桌面游戏两大内容。

(一)羌族舞蹈融入幼儿园教育活动

羌族是一个喜爱歌舞的民族。在数千年的历史发展中,羌族人民创造了丰富多彩的舞蹈文化。羌族舞蹈基本上是集体舞蹈,大多以踏歌的形式出现,无乐器伴奏,参加者人数不限,舞者边歌边舞,或以呼喊声、踏地声协助表演,动作没有严格的规范,变化丰富,风格质朴,生活气息浓郁,具有极强的艺术感染力和生命力。在舞蹈时,舞者通常围成一圈,沿逆时针方向边歌边舞,直到尽兴为止。另外,在祭祀性舞蹈中,除有踏歌形式外,也有靠乐器发出的音响伴舞的形式,常用羊皮鼓、铜铃、肩铃等乐器。羌族舞蹈大致可分为自娱性舞蹈、祭祀性舞蹈、礼俗性舞蹈三种类型。

1.要为幼儿创设羌族舞蹈环境

在幼儿一日生活的各个环节中,和幼儿共同创建一个良好的羌族舞蹈环境,营造良好的艺术氛围,增加幼儿倾听、感受、表达、交流的机会,引导幼儿在舞蹈的感染下陶冶性情,从而激发幼儿热爱生活的情感。

舞蹈环境是指为幼儿参与舞蹈活动所提供的条件,包括物质环境和心理环境两个方面。物质环境主要包括舞蹈空间和场地、舞蹈素材、参加舞蹈活动的时间等;心理环境是

---

[1] 普化草.在幼儿园活动中融入藏族传统户外体育项目[J].科学咨询,2020(15):287.

指环境中的人际关系及心理气氛,包括师幼关系、幼儿间的同伴关系、良好的活动氛围等。创设羌族舞蹈环境,可从以下几个方面实施:

首先,实物展示。教师可收集羌族服饰、乐器等实物,如羌族麻布长衫、羊皮背心、包头帕、束腰带、绣花鞋等服饰以及手铃、肩铃、羊皮鼓等乐器,并将这些实物展示给幼儿,让幼儿看一看、摸一摸、试一试,以激起幼儿学习羌族舞蹈的兴趣。

其次,图片、视频等资料展示。除了实物,教师还应收集有关羌族舞蹈的图书、图片、视频等资料并展示给幼儿,让幼儿对羌族舞蹈形成直观的认识。幼儿通过观看图片、视频中翩翩起舞的人物形象,可以初步了解羌族人民跳羌族舞时的着装、羌族舞蹈的基本动作以及羌族舞蹈的基本表现形式,比如,萨郎舞是许多人手拉手载歌载舞,羊皮鼓舞是手持羊皮鼓进行舞蹈。通过这样的方式,激发幼儿的想象,让幼儿将自己代入羌族舞蹈的氛围之中。

再次,打造轻松、愉悦的课堂氛围。在观看实物以及相关资料时,教师可以引导幼儿自由交流与讨论,让幼儿在欣赏羌族舞蹈时充分发挥自己的想象,自主展开对羌族舞蹈的探索,以此营造轻松、愉悦的氛围,为幼儿打造放松的心理空间。当幼儿处于一种欣赏舞蹈的放松状态时,就会萌生跳舞的欲望,这也为羌族舞蹈活动的开展奠定了心理基础。

2.要筛选和创编适合幼儿身心发展特点的舞蹈内容

羌族人喜欢用歌舞抒发感情,以歌舞赞美劳动,赞美生活。他们会为庆祝春耕与秋收而歌舞,在祭祀活动以及节日庆典中更是离不开歌舞。羌族舞蹈非常丰富,但并不是所有舞蹈都适合幼儿学习。因此,教师必须根据幼儿的身心发展特点,挖掘适合幼儿的羌族舞蹈素材,并在原有素材基础上通过提炼、加工而创编适合幼儿的舞蹈。

(1)从传统的羌族舞蹈中汲取灵感

萨朗舞是羌族古老的舞蹈类型,其一般为自跳自唱,节奏欢快、粗犷豪放,是羌族地区最为流行的羌族舞蹈。通过对萨朗舞进行创编与运用,让幼儿在舞蹈活动中感受欢快的氛围,用简单的舞步表达自己的情感,进而增进幼儿对羌族舞蹈文化的了解。

羊皮鼓舞是羌族最具典型性的祭祀性舞蹈,其原为一种宗教性舞蹈,后逐渐具有了世俗娱乐功能。幼儿园教师可对羊皮鼓舞进行系统的整理,并从中提炼出典型动作,创作出适合各个年龄段幼儿的羊皮鼓舞作品,从而激发幼儿对羌族文化的积极情感,增强幼儿的民族认同感。

(2)借鉴经典的羌族舞蹈作品

羌族舞蹈作品是文艺工作者们汲取羌族舞蹈文化元素所创作的精神文化产品。这些作品具有鲜明的民族特色,也反映了创作者个人的思想以及时代特征,是很好的幼儿园教育资源。教师可以借鉴经典的羌族舞蹈作品,并进行适当改编,以适宜幼儿的身心发展水平。

《腰带舞》是一个经典的羌族舞蹈作品,其以国家级"非遗"羌族刺绣为素材,通过艺术的手法展现羌绣的精美。该舞蹈为女子群舞。跳舞时,舞者会着漂亮的羌族服装,会用到精美的舞蹈道具——彩色腰带。这些精美的服饰能激发幼儿的舞蹈兴趣。《腰带舞》欢快、热情,表现了羌族人民对美好生活的热爱和追求,也可以激发幼儿表现美、创造美的情趣。

《尔玛依萨》取材于羌族舞蹈,也是很适合在幼儿园进行教学的舞蹈。它表现了一群活泼可爱的羌族小姑娘与憨态可掬的熊猫嬉戏玩耍的场景,展现出羌族人民对美好生活的向往和热爱。

3.将羌族舞蹈融入幼儿园课间操

羌族舞蹈融入幼儿园教育活动是多方面的,除了物质环境创设、专门的舞蹈教育课程外,还可将羌族舞蹈融入幼儿园课间操。这既丰富了课间操的形式,也有助于激发幼儿对羌族舞蹈的兴趣。

在课间操活动中,可以让幼儿手持精美的彩色腰带,随着节奏明快、热情洋溢的音乐节奏做各种舞蹈动作。也可以让幼儿围成圆圈,手牵手跳简单的萨朗舞,教师引导幼儿,一会儿向左转、一会儿向右转、一会儿前移、一会儿后移。除了跳羌族舞蹈,还可以融入羌族民歌,让幼儿载歌载舞,既锻炼了身体,又愉悦了心情。

4.用"家园合作"的方式来开展活动

家庭是幼儿接受教育的重要场域。在羌族舞蹈教育的探索过程中,应该充分发挥家长的教育作用,实现幼儿园教育与家庭教育的协调发展。因此,幼儿园开展羌族舞蹈教育活动时,应该取得家长的支持,鼓励家长积极参与,充分挖掘家长的舞蹈教育资源,发动家长搜集有关羌族舞蹈的图片资料、声像资料等。幼儿园还可以请会跳羌族舞蹈的幼儿家长到幼儿园,为幼儿讲述羌族舞蹈的历史,表演羌族舞蹈。家长可以带领幼儿参加羌族的盛大节日,比如羌族领歌节,让幼儿欣赏羌族舞蹈的现场表演,从而使幼儿多方面、多渠道地理解和感受羌族舞蹈文化。[①]

(二)羌族文化融入幼儿园桌面游戏

幼儿园桌面游戏是促进幼儿手、眼、脑协调发展的良好方式,可以有效地开发幼儿的智力,促进幼儿想象力和动手能力的发展。

羌族文化蕴含着丰富的教育内容,将羌族文化融入幼儿园桌面游戏,有利于丰富桌面游戏内容,激发幼儿兴趣。创设羌族特色桌面游戏,既要考虑选择适合幼儿的文化内容,

---

① 韩云洁.羌族民间舞蹈融入幼儿教育的路径探析[J].四川教育学院学报,2011(5):31—34.

又要符合幼儿桌面游戏的特点,还应突出羌族文化特色。在选择羌族文化元素时,要找准幼儿的兴趣点,根据幼儿的认知和发展特征,选择易于幼儿理解、接受的文化内容,充分激发幼儿探索的欲望,促进幼儿积极情感的发展。

根据不同的羌族文化元素可以创设不同类型的幼儿桌面游戏,下文以羌绣、羌碉以及羌族乐器为例,阐述具有羌族文化特色的幼儿桌面游戏的创设思路。

1.羌绣桌面游戏

羌绣是羌族文化艺术宝库中的一朵奇葩,极具民族特色。羌绣是羌族妇女在生产生活中所创造的,既美观又实用,反映了羌族人民对美好生活的憧憬。2008年,羌绣被纳入国家级非物质文化遗产代表性项目名录。设计羌绣桌面游戏,让幼儿从小接受羌绣艺术的熏陶,既有利于培养幼儿的动手能力、审美能力,也有助于弘扬这一优秀的民族艺术。

(1)遵循由易到难的原则

对于幼儿来说,要直接进行羌族刺绣太难了。传统羌绣需要使用针线,对手部肌肉发育尚不完善的幼儿来说,有一定的安全隐患。因此,可以根据幼儿喜欢穿洞游戏的特点,将羌绣针法的练习与穿洞游戏巧妙结合,让幼儿从练习羌绣针法的游戏开始,对羌绣产生极大的兴趣,在熟练的基础上,再进阶学习。根据由易到难的原则,设计了以下两个桌面游戏。

游戏一:光盘上的羌绣。在光盘上画出简单的羌绣图案,用电烙铁烫出洞眼,再用记号笔在光盘正面标示针法走向,幼儿可以在提示线的引导下进行刺绣游戏。让幼儿运用穿洞游戏的方式,用彩色编织绳在光盘上练习羌绣的基本针法,这样实现了无针刺绣,既安全又有趣。

游戏二:纱网上的羌绣。将蚊帐布固定在直径约20厘米的塑料圈上,然后在蚊帐布上画出羊角花、云朵等羌绣特色图案,用彩色塑料线直接进行刺绣。

游戏二相对游戏一,难度更大,是游戏一的进阶版桌面游戏。幼儿通过游戏一,积累了一定的羌绣经验,并在此基础上做游戏二,促进幼儿相关能力的进一步提升。

(2)美工类羌绣桌面游戏

除了设计具有操作性的羌绣桌面游戏,还可以将羌绣文化融入美工活动中,创设美工类羌绣桌面游戏。在美工类羌绣桌面游戏中,幼儿可以通过拼图与嵌图游戏,充分感受羌绣图案的构成、色彩的搭配特点。幼儿还可以通过装饰花围腰的游戏,感受羌族花围腰图案的构成与位置摆放,发展认知能力和审美情趣,培养创新能力。

游戏一:羌绣拼拼乐。在蛋糕盘上画出羌绣特色图案并上色,然后将蛋糕盘剪成若干形状,让幼儿拼回原形。所剪形状可以是规则的,也可以是不规则的,可根据幼儿的身心发展特点来决定。

游戏二:羌绣嵌图。用彩色泡沫地垫做成羌绣嵌图玩具。

游戏三:漂亮的羌族长袍和花围腰。让幼儿用准备好的花边、团花、角花等装饰羌族长袍和花围腰。待幼儿熟练后,让其用各种圆形、心形、花瓣形、叶片形等图案,自己进行创意组合装饰图案。有能力的幼儿,还可以自己设计图案进行装饰。

2.羌碉桌面游戏

羌碉即羌族碉楼,是羌族特有的建筑形式。在古代,它是羌族人用来御敌、储存粮食、柴草的建筑。羌碉的石墙内侧与地面垂直,外侧由下而上向内稍微倾斜,类似金字塔的造型结构使其无比牢固。幼儿喜欢拼拼搭搭,运用羌碉元素设计不同的羌碉桌面游戏,幼儿会很感兴趣。

(1)建构类羌碉桌面游戏

幼儿在建构羌碉的游戏中了解羌碉的结构,充分感知羌碉上小下大的结构形式和无比稳固的特点,体验建构的快乐。

游戏一:小小砌墙师。让幼儿用"石头"(不同颜色的梯形泡沫块)进行搭羌碉游戏。

游戏二:木板搭羌碉。用"木板"(泡沫垫做成一片片长短不一且边缘呈锯齿状的条)让孩子拼插羌碉。

游戏三:让孩子用玉米核搭建羌碉。

(2)装饰类羌碉桌面游戏

为幼儿提供四片相同的一头宽一头窄的硬纸,让幼儿对硬纸进行不同形式的装饰,可以绘画,也可以用塑料瓶盖、橡皮擦拓印,还可以用吸管、蛋壳等废旧材料进行装饰。装饰完成后,幼儿将四片硬纸粘贴好,即成别样的羌碉。装饰羌碉的游戏可以发展幼儿的审美能力和创造能力。

(3)嵌图类羌碉桌面游戏

用硬纸板做成立体羌碉,用泡沫地垫做成不规则形状的"石片"或长方形"砖",让幼儿在羌碉外围的墙面上做嵌图游戏。这既可以激发幼儿的兴趣,还可以发展幼儿的观察能力和空间想象能力。

3.羌族乐器桌面游戏

可根据羌族舞蹈、舞麻龙等活动中所用到的打击乐器设计羌族乐器桌面游戏,让幼儿在认识羌族乐器的基础上,利用废旧材料自制打击乐器。幼儿还可以用自制的打击乐器演奏,进而感受羌族音乐的节奏和韵律。

游戏一:羊皮鼓。在圆形的饼干铁盒或相似的圆形桶盖上装饰羌族的特色图案,做成

"羊皮鼓",再用塑料棍子等材料做成弓形的鼓槌,然后就可以进行游戏了。

游戏二:响铃。将啤酒瓶盖和铜铃铛用长约10厘米的水管和彩色绳串起来,再在水管上装饰花边,即成响铃。

游戏三:锣。在油漆桶盖上装饰羌族图案,周围用花边围起来,即成锣,再用棍子做成锣槌。

游戏四:镲。在不锈钢平底油碟底部凿出两个洞,然后用手提袋绳穿过洞,做成镲的形状,两个为一对。[1]

【课后实践】

1.当前四川民族地区学前教育发展遇到了什么瓶颈?请尝试分析。

2.简述四川幼儿园民族文化课程实施经验。

3.结合云贵川民族地区幼儿园民族文化课程实践情况,谈一谈促进幼儿园民族文化课程资源开发和利用的路径。

---

[1] 高玲昭.羌族幼儿桌面游戏创新的实践探索[J].亚太教育,2015(25):298+277.

参考文献

[1]霍习霞.学前教育原理与应用[M].上海:华东师范大学出版社,2014.

[2]王换成.学前教育学[M].北京:清华大学出版社,2019.

[3]赵小华.学前教育基础知识[M].北京:北京师范大学出版社,2016.

[4]邹联克.民族地区学前教育改革与发展研究(第一辑)[M].北京:民族出版社,2018.

[5]张念芸.学前儿童美术教育(第3版)[M].北京:北京师范大学出版社,2014.

[6]高立士.西双版纳傣族传统灌溉与环保研究[M].昆明:云南民族出版社,1999.

[7]吴刚平,李茂森,闫艳.课程资源论[M].北京:北京师范大学出版社,2014.

[8]唐纳德·L.哈迪斯蒂.生态人类学[M].郭凡,邹和,译.北京:文物出版社,2002.

[9]吴晓东.苗族图腾与神话[M].北京:社会科学文献出版社,2002.

[10]曹亚萍.浅析少数民族文化的传承[J].才智,2016(20).

[11]楚艳芳,刘文武.民族地区学前教育发展现状与思考——以贵州省为例[J].西部素质教育,2018(18).

[12]邓大河.学前教育师资队伍现状调查研究——以四川民族地区为例[J].长江丛刊,2017(17).

[13]邓祎,罗岚,杜红春.蒙台梭利教育本土化的探索[J].学前教育研究,2016(7).

[14]段连花.浅谈学前教育民俗文化课程资源的开发与利用[J].中国科教创新导刊,2013(24).

[15]郭窈君,邓桦.云南贫困民族地区学前教育发展困境与对策研究[J].佳木斯职业学院学报,2018(2).

[16]何静.少数民族文化融入幼儿园课程的个案研究[D].长春:东北师范大学,2016.

[17]胡云聪,李容香.贵州发展农村学前教育的现状及思路[J].遵义师范学院学报,2018(1).

[18]黄萍,沈茜.幼儿园里的川西民间艺术教育活动探索[J].教育科学论坛,2006(3).

[19]姜越亚.农村学前教育发展问题的现状分析——基于四川省南充市顺庆区华凤镇的现状调查[J].教育现代化,2017(34).

[20]巨灿.四川省农村学前教育面临的问题初探[J].青年与社会,2014(13).

[21]巨灿.四川省农村学前教育现状浅析[J].才智,2014(11).

[22]赖艳妮.传承与创生:少数民族文化与基础教育课程整合研究——以龙胜各族自治县M校为例[D].桂林:广西师范大学,2014.

[23]雷经国.贵州民族地区农村幼儿园本土化学前课程体系建构[J].教育文化论坛,2015(5).

[24]李方璐,陈惠菊.民族地区民办幼儿园的发展现状及促进策略——以云南省丽江市古城区R园、K园为个案[J].曲靖师范学院学报,2016(3).

[25]李红运.农村学前教育发展现状与对策探讨[J].学周刊,2018(13).

[26]李玲.西部少数民族地区学前教育的现状调查与思考——以贵州省遵义务川仡佬族苗族自治县为例[J].黑龙江民族丛刊,2011(2).

[27]李姗泽.学前教育应重视中华民族优秀传统文化——论民间游戏在幼儿园课程资源中的地位和作用[J].课程·教材·教法,2005(5).

[28]李晓梅.基于民族地区幼儿园课程实施现状的思考——以张家川回族自治县为例[D].兰州:西北师范大学,2008.

[29]刘启艳,刘锰.西部城乡学前教育现状、问题及其对策——以贵州省学前教育发展为例[J].贵州社会科学,2013(4).

[30]刘幼玲.近年来国内外幼儿教师专业发展研究的回顾与展望[J].陕西学前师范学院学报,2018(8).

[31]鲁丽萍.少数民族地区幼儿园民族文化课程实施研究——以云南省C幼儿园为例[D].长春:东北师范大学,2018.

[32]马胜强.现代化进程中少数民族文化的传承与发展[J].中共伊犁州委党校学报,2008(2).

[33]马秀花.对国内外学前教育发展的现状研究[J].速读(中旬),2016(11).

[34]马亚玲.在传承民族传统优秀文化中促进少数民族幼儿全面发展[J].学前教育研究,2011(8).

[35]沈晓莉.刍议学前教育文化内涵的创新策略[J].情感读本,2017(9).

[36]宋生涛.我国民族地区多元文化园本课程开发研究[J].当代教育与文化,2016(1).

[37]孙娓娓.蒙台梭利课程模式与瑞吉欧课程模式比较研究[J].黑河学刊,2014(8).

[38]滕少卿.关于学前儿童社会教育教学分析[J].赤子,2015(4).

[39]田景正,周端云.论少数民族地区幼儿民族文化教育的困境[J].当代教育论坛,2009(5).

[40]王莉.少数民族地区幼儿园民族文化课程资源开发与利用的个案研究[D].长春:东北师范大学,2018.

[41]王蕊.国内外学前教育的发展趋势[J].新课程学习,2011(7).

[42]徐亚妮.学前儿童健康教育探析[J].兰州学刊,2002(3).

[43]徐昱.儿童社会能力培养在学前教育中的意义[J].百科知识,2019(21).

[44]颜兰,高春玲,张红梅.农村学前教育发展现状调查与思考——以云南省昭通市若干所农村民办园为调查对象[J].课程教育研究(新教师教学),2014(12).

[45]杨江莎.学前儿童语言教育研究[J].速读(上旬),2018(2).

[46]何媛,张丽莉.意大利瑞吉欧课程模式[J].学前教育研究,2003(2).

[47]臧国书.云南民族地区学前教育发展现状与对策研究——以西双版纳州为例[J].学园(教育科研),2012(19).

[48]张卫民,彭月芳,詹霞.学前儿童艺术教育内容创新浅探[J].学前教育研究,2003(11).

[49]张玉姬.如何培养学前儿童的科学教育[J],中外交流,2018(28).

[50]赵敏,姜枫.少数民族地区农村学前教育的困境与出路[J].当代教育论坛(综合研究),2011(5).

[51]朱从梅,阮桯.走进高瞻课程[J].幼儿教育(教育教学),2007(10).

[52]吴丹.人本主义课程理论当代价值[J].科技展望,2017(5).

[53]夏蔚.民族文化在学前教育中的价值探讨[J].吉林省教育学院学报,2016(9).

[54]谢应宽,田兴江,吕晓.西南民族地区农村学前教育发展的瓶颈与突破[J].学前教育研究,2014(4).

[55]罗雄岩.羌族舞蹈文化传承与发展规律的探索[J].北京舞蹈学院学报,2006(3).

[56]颜雪艺,龙雪娜.凉山彝族文化在学前教育中的传承路径研究[J].成都师范学院学报,2019(1).

[57]卓玛草.谈藏族地区锅庄舞在幼儿园传承与创编的实施策略[J].新智慧,2020(11).

[58]曹艳.藏族锅庄舞在幼儿园的传承与创编探究[J].读写算,2020(9).

[59]周冰洁.非物质文化遗产传承与保护面临的主要问题探析[J].文化产业,2021(5).

[60]包兵兵.贵州省黔南州学前教育三年行动计划实施的现状、问题及对策[J].教育与教学研究,2017(10).

[61]曹能秀.关于民族地区学前教育发展的若干思考[J],中国民族教育,2013(6).